权威·前沿·原创

皮书系列为
"十二五""十三五""十四五"时期国家重点出版物出版专项规划项目

BLUE BOOK

智 库 成 果 出 版 与 传 播 平 台

甘肃蓝皮书
BLUE BOOK OF GANSU

甘肃县域和农村发展报告（2023）

COUNTY AND RURAL DEVELOPMENT REPORT OF GANSU (2023)

主　编／陈　波　王　琦　王建兵

社会科学文献出版社
SOCIAL SCIENCES ACADEMIC PRESS (CHINA)

图书在版编目(CIP)数据

甘肃县域和农村发展报告 . 2023 / 陈波，王琦，王
建兵主编.--北京：社会科学文献出版社，2022.12
（甘肃蓝皮书）
ISBN 978-7-5228-1179-6

Ⅰ.①甘… Ⅱ.①陈… ②王… ③王… Ⅲ.①县级经
济-经济发展-研究报告-甘肃-2023②农村经济发展-
研究报告-甘肃-2023 Ⅳ.①F127.42

中国版本图书馆 CIP 数据核字（2022）第 225619 号

甘肃蓝皮书

甘肃县域和农村发展报告（2023）

主　　编／陈　波　王　琦　王建兵

出 版 人／王利民
责任编辑／薛铭洁　张雯鑫
责任印制／王京美

出　　　版／社会科学文献出版社·皮书出版分社（010）59367127
　　　　　　　地址：北京市北三环中路甲 29 号院华龙大厦　邮编：100029
　　　　　　　网址：www.ssap.com.cn
发　　　行／社会科学文献出版社（010）59367028
印　　　装／天津千鹤文化传播有限公司

规　　　格／开本：787mm×1092mm　1/16
　　　　　　　印张：22　字数：325 千字
版　　　次／2022 年 12 月第 1 版　2022 年 12 月第 1 次印刷
书　　　号／ISBN 978-7-5228-1179-6
定　　　价／158.00 元

读者服务电话：4008918866

主要编撰者简介

陈　波　甘肃省统计局党组书记、局长，经济学博士，高级统计师，甘肃省政府参事室特约研究员，甘肃省社会科学院特聘研究员。长期从事统计工作和宏观经济领域研究，为全省经济运行提出精准对策建议，为省委省政府决策提供参考，主导规划建立了甘肃省十大生态产业统计监测和核算体系。在任职甘肃省发展改革委副主任、甘肃省西部地区开发领导小组办公室主任期间，深度参与了省委省政府"三重""三一"工作方案等重要政策决策的制定。著有《甘肃城乡一体化的演变和发展模式研究》等专著，先后主编出版《跨世纪的中国人口（甘肃卷）》《甘肃藏族人口》《当代甘肃人口问题研究》《甘肃人口与可持续发展》《甘肃人口生活质量研究》《世纪之交的中国人口（甘肃卷）》《迈向小康社会的中国人口（甘肃卷）》等著作。

王　琦　甘肃省社会科学院党委委员、纪委书记。历任甘肃省医药管理局医药总公司经贸处副处长、行业管理处副处长、市场营销处副处长，甘肃岷县副县长，甘肃省医药行业管理办公室规划发展处处长，甘肃省精神文明建设指导委员会办公室秘书处处长、协调处处长、副主任。先后主持完成中央文明办和甘肃省文明委关于农村精神文明建设工作调研、志愿服务工作调研、甘肃省治理高价彩礼专项调研等多项重点课题，并被中央文明办和省文明委采用。在《甘肃日报》发表多篇评论员文章、甘肃省精神文明建设工作实践和典型宣传文章，推出了一批在全国有影响力的先进典型。

王建兵 甘肃省社会科学院农村发展研究所所长，三级研究员，农学博士。主要从事县域经济、农村发展和贫困问题领域的研究工作。社会主要兼职有甘肃省政协农业委委员、甘肃农业大学硕士研究生导师、中国农村发展学会理事、中国劳动经济学会理事、中国农经学会理事、甘肃省"四个一批"理论人才，甘肃省委讲师团成员、甘肃省政协智库专家、甘肃省政府参事室特约研究员。主持完成国家社会科学基金项目2项，主持或参与完成国家自然科学基金项目、世界银行项目、联合国环境署项目、省科技厅软科学项目、省级部门规划和专题调研报告近百项，出版专著10余部，在国家级、省级刊物上发表学术论文数十篇。连续八年作为首席专家主编《甘肃县域和农村发展报告》；专著《与农民朋友谈旱作农业》于2010年获西部优秀科技图书二等奖和甘肃省社科优秀成果二等奖；专著《甘肃省水利与经济社会协同发展研究》于2018年获甘肃省社科优秀成果三等奖。

总　序

2022年10月16日，中国共产党第二十次全国代表大会在北京召开。这次会议是在全党全国各族人民迈上全面建设社会主义现代化国家新征程、向第二个百年奋斗目标进军的关键时刻召开的一次十分重要的大会。甘肃省社会科学院高举中国特色社会主义伟大旗帜，全面贯彻习近平新时代中国特色社会主义思想，弘扬伟大建党精神，自信自强、守正创新，踔厉奋发、勇毅前行，在甘肃省委、省政府的正确领导和有关部门、单位的大力支持下，倾力打造"甘肃蓝皮书"品牌。

"甘肃蓝皮书"作为甘肃经济社会各领域发展的年度性智库成果，从实证研究的视角记录了甘肃经济社会的巨大变迁和发展历程。2006年《甘肃经济社会发展分析与预测》《甘肃舆情分析与预测》面世，标志着"甘肃蓝皮书"正式诞生。至"十一五"末，《甘肃社会发展分析与预测》《甘肃县域和农村发展报告》《甘肃文化发展分析与预测》相继面世，"甘肃蓝皮书"由原来的2种增加到5种。2011年，我院首倡由陕西、甘肃、宁夏、青海、新疆西北五省区社科院联合编研出版《中国西北发展报告》。从2014年起，我院加强与省直部门和市州合作，先后与省住房和城乡建设厅、省民族事务委员会、省商务厅、省统计局、酒泉市合作编研出版《甘肃住房和城乡建设发展分析与预测》《甘肃民族地区发展报告》《甘肃商贸流通发展报告》《甘肃酒泉经济社会发展报告》。2018年，与省精神文明办、平凉市合作编研出版《甘肃精神文明发展报告》《甘肃平凉经济社会发展报告》。2019年，与省文化和旅游厅、临夏回族自治州合作编研出版《甘肃旅游业发展报告》《临夏回族自治州经济社会发展形势分析与预测》。2020 年，与兰州市社会科学院合作编研出版《兰州市经济社会发展形势分析与预测》，与沿黄九省区（青海、四川、甘肃、宁夏、内蒙古、陕西、山西、河南、山东）社科院合作编研出版《黄河流域蓝皮书：黄河流域生态保护和高质量发展报告》。2021 年，与省人力资源和社会保障厅合作编研出版《甘肃人力资源和社会保障发展报告》。2022 年，与武威市、肃北蒙古族自治县合作编研出版《武威市文化与旅游发展报告》《肃北蒙古族自治县经济社会发展报告》，至此"甘肃蓝皮书"的编研出版规模发展到 19 种，形成"5+2+N"的格局，涵盖了经济、社会、文化、生态、舆情、住建、商贸、旅游、民族、人力资源和社会保障等领域，地域范围从酒泉、武威、临夏、平凉、兰州等省内市州拓展到"丝绸之路经济带"、黄河流域以及西北五省区等相关区域。

十七年筚路蓝缕，十七年开拓耕耘。如今"甘肃蓝皮书"编研种类不断拓展，社会影响力逐渐扩大，品牌效应日益凸显，已由院内科研平台，发展成为众多省内智库专家学者集聚的学术共享交流平台和省内外智库研究成果传播转化平台，发展成为社会各界全面系统了解甘肃推进"一带一路"建设、西部大开发形成新格局、黄河流域生态保护和高质量发展等国家战略实施，以及甘肃经济发展、生态保护、乡村振兴、文化强省等领域生动实践和发展成就的重要窗口，成为凝结甘肃哲学社会科学最新成果的学术品牌，体现甘肃思想文化创新发展的标志品牌，展示甘肃有关部门、行业和市州崭新成就的工作品牌，在服务省委省政府重大决策和全省经济社会高质量发展中发挥了越来越突出的重要作用。

2022 年"甘肃蓝皮书"秉持稳定规模、完善机制，提升质量、扩大影响的编研理念，始终融入大局、服务大局，始终服务党委政府决策，始终坚持目标导向和问题导向，坚定不移走高质量编研之路。在编研过程中遵循原创性、实证性和专业性要求，聚焦省委省政府中心工作和全省经济社会发展中的热点难点问题，充分运用科学方法，深入分析研判全省经济建设、社会建设、生态建设、文化建设总体趋势、进展成效和存在的问题，提出具有前瞻性、针对性的研究结论和政策建议，以便更好地为党委政府决策提供事实依据充分、分析深入准确、结论科学可靠、对策具体可行的参考依据。

　　2023 年，甘肃省社会科学院将认真学习贯彻党的二十大精神和省第十四次党代会精神，全面落实习近平总书记对甘肃重要讲话和指示精神，坚持为人民做学问，以社科之长和智库之为，积极围绕国家发展大局和省委省政府中心工作，进一步厚植"甘肃蓝皮书"沃土，展现陇原特色新型智库新风貌，书写好甘肃高质量发展新篇章，为加快建设幸福美好新甘肃、不断开创富民兴陇新局面贡献社科智慧和力量。

　　此为序。

李兴文

2022 年 11 月 22 日

摘　要

　　甘肃蓝皮书——《甘肃县域和农村发展报告（2023）》，是甘肃省社会科学院和甘肃省统计局合作编写的关于甘肃县域经济社会分析的年度报告，由社会科学文献出版社出版。在2021年9月召开的第二十二次全国皮书年会上，《甘肃蓝皮书：甘肃县域和农村发展报告（2020）》荣获第十二届"优秀皮书奖"一等奖，这是本书第四次获奖，标志着蓝皮书工作上了一个新的台阶，为不断提升蓝皮书的学术质量和社会影响力提供了良好的契机。

　　本书由三部分组成。一是总报告，由甘肃县域经济社会发展报告和2021年甘肃县域发展综合分析与评价报告组成。分析了甘肃省86个县（市、区）县域经济社会发展情况，结合构建的县域竞争力评价指标体系进行比较分析，总结出县域发展的现状与特点，并提出相应的对策与建议。二是调查篇。按照甘肃省四强行动中"强县域"的要求，选择工业主导、农业优先、城市服务、生态功能、科技创新等5种具有典型示范意义的县域为调查对象，从发展历程、主要经验和做法、发展启示几个方面进行调查分析。三是农业农村篇。选择当前与甘肃农村发展相关的专题和热点进行研究，主要有甘肃省农村基本公共服务水平的测度及区域差异分析、甘肃数字乡村发展的问题与对策研究、甘肃特色农产品全产业链增值机理研究、甘肃城乡融合发展路径研究等，通过专题研究，以期为甘肃县域和农村发展提出可参考的建议与对策。

　　通过对甘肃省86个县（市、区）经济社会发展数据处理分析，总结出2021年甘肃省县域经济社会竞争力发展特征：一是县域产业结构不合理，发展动力严重不足；二是综合竞争力整体不断增强，但县域间发展水平差异增大；三是居民生活质量不断提高，但县域城乡居民收入水平较低；四是城乡一体化水平不断提升，但劳动力素质低是发展的短板；五是政府债务较高，商业银行存在一定的金融风险；六是县域基础设施不断完善，但县域之间发展差距明显；七是县域科技支出增长幅度大，但科教资源欠账较多。针对出现的问题，结合甘肃省省情从以下六个方面提出了甘肃县域经济社会发展的对策与建议：一是要加强党的建设与经济发展相结合；二是要把县域经济发展和富民强县相结合；三是优化城乡布局，实现城乡融合发展；四是持续提升科技、人才在县域经济发展中的作用；五是积极应对危机，防范化解政府债务风险；六是健全基本公共服务体系，提高公共服务水平。

深入贯彻习近平总书记对甘肃重要指示要求，全面落实省第十四次党代会决策部署，深刻认识强县域行动的现实意义，立足功能定位，找准用好推进强县域行动的路径方法，通过深化改革开放推动县域发展破题，各级各方面要凝聚强大合力，强化政策集成，激发内生动力，有力有效推动强县域行动落到实处，以县域高质量突破助力全省发展突围进位。

Abstract

Blue Book of Gansu—*County and Rural Development Report of Gansu* (2023) is an annual report on economic and social analysis of Gansu County, which was jointly written by Gansu Provincial Academy of Social Sciences and Gansu Provincial Bureau of Statistics and published by China Social Science Literature Publishing House. In September 2021, 《Gansu Blue Book: Gansu County and Rural Development Report (2020) 》 won the first prize of the 12th "Excellent Leather Book Award" in the 22nd National Leather Book Annual Conference. This is the fourth time this book has won the award, which marking the Gansu county blue book work on a new level and provide a good opportunity for the continuous improvement of the county blue book academic quality and social influence.

This book consists ofthe three parts. The first part is the chapter of county report, which is composed of economic and social development report and development comprehensive analysis and evaluation report in Gansu County. This part analyzes the economic and social development of 86 counties (cities and districts) in Gansu Province. Based on the comparative analysis of the constructed county competitiveness evaluation index system, the current situation and characteristics of county development are summarized, and the corresponding countermeasures and suggestions are put forward; The second part is the chapter of special subject investigation. In accordance with the requirement of "Strong County" in the "Four-strong Actions" of Gansu Province, five counties with typical demonstration significance are selected as the survey objects, such as industry-leading, agricultural priority, city service, ecological function and scientific and technological innovation. The investigation and analysis are mainly carried out from the aspects of development process, main experiences and practices, and the enlightenment of development. The third part is the chapter of agriculture and country. This chapter studies the relevant topics and hot spots of current rural development in Gansu, mainly including analysis on the measurement of basic public service level and regional differences in Gansu rural areas, research on the problems and countermeasures of digital rural development in Gansu Province, research on the value-added mechanism of the whole industry chain of Gansu characteristic agricultural products, research on the development path of urban-rural integration in Gansu Province and so on. Through the special subject research, it is expected to put forward some suggestions and countermeasures for Gansu county and rural development.

Based on the data processing and analysis of economic and social development of 86 counties (cities and districts) in Gansu Province, the development characteristics of economic and social competitiveness of counties in Gansu Province in 2021 are summarized as follows: Firstly, the county industrial structure is unreasonable, and the development power is seriously insufficient; Secondly, the overall comprehensive competitiveness has been continuously enhanced, but the development level difference between counties has increased; Thirdly, the quality of residents' life has been continuously improved, but the income level of urban and rural residents in the county is low; Fourthly, the level of urban-rural integration has been continuously improved, but the low quality of labor force is the weak point of the development; Fifthly, the government debt is high and commercial banks have certain financial risks; Sixthly, county infrastructure has been improved, but the development gap between counties is obvious; Seventhly, the science and technology expenditure of the county level has increased significantly, but the debt in the science and education resources is relatively high. In view of these problems, combined with the situation of Gansu province, the countermeasures and suggestions for the economic and social development of Gansu counties are put forward from the following six aspects: Firstly, we should strengthen the combination of the Party Construction and economic development; Secondly, we should combine the county economic development with enriching people and strengthening the county; Thirdly, we will optimize urban and rural distribution and realize integrated development between urban and rural areas; Fourthly, we need to continuously enhance the role of technology and talents in the economic development of the county; Fifthly, we will actively respond to the crisis, preventing and defusing government debt risks; Sixthly, we will improve the basic public service system and improve the quality of public services and so on.

Thoroughly implement the important instructions and requirements of General Secretary Xi Jinping to Gansu Province, fully implement the decisions and plans of the 14th provincial Party Congress, deeply understand the practical significance of strong county area action, based on functional positioning to find the right way to promote strong county action, and promote the development of county by deepening reform and opening up. All levels and aspects of Gansu Province must gather a strong synergy, strengthen policy integration, stimulate endogenous motivation, strongly and effectively promote the implementation of the strong county action, and promote the whole province's development to break out of an encirclement with high-quality breakthroughs in the county.

目 录 ⌐⊃

Ⅰ 总报告

Ⅱ 调查篇

Ⅲ 农业农村篇

皮书数据库阅读**使用指南**

CONTENTS ↰

I General Reports

II　Chapters of Special Subject Investigation

III　Chapters of Agriculture and Country

CONTENTS ⟨⟩

总 报 告

General Reports

B.1

甘肃县域经济社会发展报告

王建兵　王卫华*

摘　要： 深入学习贯彻省第十四次党代会精神，落实以县域突破助力全省突围，以县域起跳支撑全省起跑，真抓实干推动县域经济百花齐放高质量发展要求。课题组通过构建县域竞争力评价指标体系，运用甘肃省2021年86个县（市、区）的经济社会发展数据，经过计算比较分析，总结出2021年甘肃省县域竞争力发展特征：一是县域产业结构不合理，发展动力严重不足；二是综合竞争力整体不断增强，但县域间发展水平差异增大；三是居民生活质量不断提高，但县域城乡居民收入水平较低；四是城乡一体化水平不断提升，但劳动力素质低是发展的短板；五是政府债务较高，商业银行存在一定的金融风险；六是县域基础设施不断完善，但县域之间发展差距明显；七是县域科技支出增长幅度大，但科教资源欠账较多。针对出现的问题，结合甘肃省省情从以下六个方

---

* 王建兵，博士，研究员，甘肃省社会科学院农村发展研究所所长，主要研究方向为生态经济和农村发展；王卫华，甘肃省统计局农村处处长。

面提出了甘肃县域经济社会发展的对策与建议：一是要加强党的建设与经济发展相结合；二是要把县域经济发展和富民强县相结合；三是优化城乡布局，实现城乡融合发展；四是持续提升科技、人才在县域经济发展中的作用；五是积极应对危机，防范化解政府债务风险；六是健全基本公共服务体系，提高公共服务水平。

关键词： 县域　经济社会发展　甘肃省

甘肃省始终坚持把习近平总书记对甘肃重要讲话和指示精神作为全部工作的统揽和主线，努力实现习近平总书记"建设幸福美好新甘肃、开创富民兴陇新局面"的殷切嘱托，深刻认识加快县域经济发展的重要意义，清醒看到摆在眼前的欠账短板、迫在眉睫的发展形势和前景广阔的条件优势。县域经济的发展，不是狭义的经济发展，而是涵盖经济、社会、文化、生态等各个领域，强调各地立足于自身实际，坚持走特色化、差异化的发展路子，注重区域协调发展，逐步实现城乡融合发展，最终体现以人为本，把满足人民群众对美好生活的需要作为县域经济发展的根本目标。

甘肃省现设 14 个市州，包括 12 个地级市（兰州、嘉峪关①、金昌、白银、武威、酒泉、张掖、天水、定西、平凉、庆阳、陇南）和 2 个自治州（临夏回族自治州和甘南藏族自治州），下辖 86 个县级县（市、区）。根据甘肃省统计局 2021 年的县卡和财政厅等相关厅局的部门统计数据，课题组对甘肃省 86 个县（市、区）进行了县域经济社会发展的评价与分析。

---

① 嘉峪关市是全国几个不设市辖区的地级市之一，下辖 7 个街道办事处、3 个建制镇、61 个居民委员会、17 个村民委员会。

一 甘肃省县域经济社会发展基本情况

（一）宏观经济竞争力

1. 经济均量

2021 年，甘肃省县域人均国内生产总值为 42049.73 元，人均地方财政收入 2039.5 元，城镇居民人均可支配收入 32471.53 元，农村居民人均可支配收入 13608.33 元，人均社会消费品零售额 12866.89 元。人均国内生产总值与上年相比增长了 14.37%，与上年相比人均地方财政收入增长了 10.94%，城镇居民人均可支配收入较上年增长了 7.16%，农村居民人均可支配收入较上年增长了 12.61%，人均社会消费品零售额比上年增长了 13.18%。

2. 经济总量

2021 年县域国内生产总值为 9616.73 亿元，比上年增长了 13.15%；全省县域一般公共预算收入 397.38 亿元，比上年增长了 11.69%；社会消费品零售总额 3888.46 亿元，与上年相比增长了 11.1%；一般公共预算支出为 2488.45 亿元，与上年相比减少了 6.10%。

3. 金融资本

2021 年甘肃省县域金融机构存款余额 21141.74 亿元，县域金融机构贷款余额 18763.40 亿元，住户存款余额 12896.62 亿元。金融机构存款余额较上年增长 5.21%，金融机构贷款余额较上年增长 6.43%，住户存款余额比上年增长 4.94%。

（二）产业发展竞争力

1. 产业总量

2021 年县域第二产业增加值为 3104.15 亿元，与上年相比增长了 21.52%；第三产业增加值 5157.29 亿元，比上年增长了 8.49%；规模以上工业总产值 6471.27 亿元，比上年增长了 24.53%。

2. 产业结构

2021 年县域第二产业占 GDP 的比重为 26.63%，较上年增长了 1.42 个百分点；第三产业占 GDP 的比重为 52.21%，比上年第三产业占 GDP 的比重下降了 1.4 个百分点。

3. 产业效率

2021 年甘肃省县域第二产业近 5 年平均增长速度为 4.50%，县域第三产业近 5 年平均增长速度为 5.08%。

4. 农业产业化

2021 年县域设施农业面积占耕地面积的比重为 3.52%，较上年增加 0.43 个百分点；耕地灌溉面积占耕地面积的比重为 33.96%，较上年下降了 1.34%；"两品一标"农产品基地面积 1443 千公顷；2021 年县域机耕水平为 73.44%；农产品加工业产值占农业总产值的比重为 12.34%；县域农业机械总动力均值为 26.98 万千瓦；农村用电量均值为 7827.15 万千瓦时。

（三）基础设施竞争力

1. 生活条件

2021 年县域城乡住房砖木结构及以上的比重为 72.71%，较上年增加 0.87 个百分点；农村自来水受益村的比重为 98.51%，比上年增加 0.33 个百分点；农村通宽带的村及村庄比例均值为 96.02%，比上年增加 1.00 个百分点。

2. 互联通讯

2021 年县域国际互联网用户占总户数比重为 97.36%，固定电话用户占总户数比重为 32.05%，移动电话用户占总户数比重为 290.42%。

3. 公路交通

2021 年县域境内公路密度为 80.93km/百 km²，县域公路里程数 17.74 万千米。

（四）社会保障竞争力

1. 医疗保险

2021 年甘肃省县域城乡基本医疗保险参保率为 88.75%，比上年增加了

0.04 个百分点。

2. 养老保险

2021 年县域城镇基本养老保险参保率为 16.29%，新型农村社会养老保险参保率为 59.40%。

3. 基本生活保障

2021 年县域城镇最低生活保障人口占城镇人口比重（逆指标）为 3.40%；农村最低生活保障人口占农村人口比重（逆指标）为 6.43%；社会保障和就业支出占一般公共预算支出比重为 14.17%。

（五）公共服务竞争力

1. 科技文化

2021 年县域每万人专利授权数 6.36 个；每十万人拥有体育场馆 1.49 个；每十万人拥有剧场、影剧院 0.99 个；人均拥有公共图书馆图书 0.76 册；文化旅游体育与传媒支出占一般公共预算支出比重为 1.85%。

2. 医疗卫生

2021 年县域每万人拥有医疗卫生机构专业技术人员 70 人；每万人的医院、卫生院床位 68 张；每万人拥有执业（助理）医师数 28 人；医院总卫生技术人员 182098 人；医院总床位 167584 张。

（六）人居环境竞争力

1. 生活环境

随着人们对美好生活的向往，人居环境问题越来越受到人们的关注。2021 年县域森林覆盖率为 23.72%；污水处理率为 95%；污水处理厂集中处理率为 93.21%；生活垃圾无害化处理率为 97.12%。

2. 农业环境

2021 年县域草原综合植被覆盖度为 65.29%，畜禽粪污综合利用率为 83.51%，第一产业增加值使用化肥量 0.05 吨/万元（逆指标），第一产业增加值使用农药量 1.88 公斤/万元（逆指标），第一产业增加值使用地膜量 0.01 公斤/万元（逆指标）。

（七）社会结构竞争力

1. 人口结构

2021 年县域非农人口占总人口的比重为 48.82%，比上年增加了 1.09 个百分点。

2. 城乡结构

2021 年县域农村从事非农产业的劳动力占农村总劳动力的比重为 42.58%，比上年增加了 1.13 个百分点。

（八）科学教育竞争力

1. 科教支出

2021 年县域科技支出 9.97 亿元，较上年增加 13.32%；教育支出 492.06 亿元，较上年减少 2.22%；科技支出占 GDP 的比重为 0.16%；在校学生人均教育经费 18192 元/人，较上年减少了 1.43%。

2. 科教资源

2021 年县域每万名普通中学在校生拥有专任中学教师 1024 人；每万名小学在校生拥有专任小学教师 826 人；每千户居民拥有普通中学 0.21 所，每千户居民拥有小学 1.06 所，乡村从业人员高中及以上文化程度所占比重均值为 21.65%，较上年增加 0.95 个百分点。

二 甘肃县域经济社会竞争力评价结果

2021 年甘肃省县域经济社会竞争力评价指标体系共包括 8 个一级指标，分别为宏观经济竞争力、产业发展竞争力、基础设施竞争力、社会保障竞争力、公共服务竞争力、人居环境竞争力、社会结构竞争力、科学教育竞争力。一级指标对应的二级指标有 20 个，其中：宏观经济竞争力包含经济均量、经济总量、金融资本 3 个二级指标；产业发展竞争力包含产业总量、产业结构、产业效率、农业产业化 4 个二级指标；基础设施竞争力包含生活条件、互联通讯、公路交通 3 个二级指标；社会保障竞争力包含社会保险、社会保障 2 个二级指标；公共服务竞争力包含科技文化、医疗卫生 2 个二级指标；人居环境竞争力包含生活环境、农业环境 2 个二级指标；社会结构竞争力包含人口结构、城乡结构 2 个二级指标；科学教育竞争力包含科教支出、科教资源 2 个二级指标，与二级指标相对应的三级指标有 71 个。相对于 2020 年，指标构建方面做了调整。

通过对以上 8 个一级指标进行计算和分析，2021 年甘肃省县域经济社会发展各项竞争力排名前十位的情况如表 1 所示。

表 1　2021 年甘肃县域经济社会竞争力十佳县排名

指标名称	十佳县名单
综合竞争力	城关区、七里河区、肃州区、凉州区、西峰区、甘州区、西固区、白银区、崆峒区、临夏市
宏观经济竞争力	城关区、七里河区、西固区、肃州区、安宁区、白银区、凉州区、金川区、西峰区、甘州区
产业发展竞争力	皋兰县、金川区、城关区、凉州区、肃州区、榆中县、临夏市、七里河区、西峰区、白银区
基础设施竞争力	肃州区、西峰区、静宁县、榆中县、广河县、秦州区、甘州区、成县、武山县、和政县
社会保障竞争力	七里河区、西固区、城关区、崆峒区、永登县、金塔县、榆中县、红古区、甘州区、金川区
公共服务竞争力	肃北县、城关区、肃南县、阿克塞县、七里河区、崆峒区、甘州区、西峰区、肃州区、高台县
人居环境竞争力	两当县、宁县、卓尼县、夏河县、天祝县、安宁区、合作市、迭部县、崆峒区、肃南县
社会结构竞争力	城关区、临夏市、西固区、秦州区、白银区、凉州区、安宁区、武都区、七里河区、和政县
科学教育竞争力	通渭县、静宁县、民勤县、庄浪县、渭源县、张家川县、靖远县、两当县、肃南县、镇原县

从 2021 年甘肃省县域竞争力综合得分来看，均值为 75.31，县域竞争力整体处于中势；极差为 25.00，在最大赋值范围内偏离 100%，反映出县域竞

争力得分最高县域与得分最低县域存在很大差异，发展不均衡；同时方差为21.87，标准差为4.68，方差、标准差相对2020年小幅度减少，反映出甘肃省86个县域竞争力之间的差异有所减小。结合均值、极差、方差及标准差，2021年甘肃省县域竞争力整体发展处于较低水平，且存在区域不均衡性。

从2021年甘肃省县域竞争力水平归类分布来看，处于绝对优势的县（市、区）只有1个，兰州市城关区，与2020年相比减少了1个区：武威市凉州区（下降为一般优势）；处于一般优势的县（市、区）有13个，是省会城市兰州市4个区（县）和9个市（州）人民政府所在地，与2020年相比新增3个县（市、区）：武威市凉州区、平凉市崆峒区和天水市秦州区；处于中势的县（市、区）有32个，与2020年相比新增2个县：崇信县和宁县，减少5个县（市、区），其中2个区平凉市崆峒区和天水市秦州区上升为一般优势，3个县（区）陇南市武都区、镇原县和古浪县下降为一般劣势。处于一般劣势的县（市、区）有30个，与2020年相比新增5个县：陇南市武都区、镇原县、古浪县、漳县、宕昌县，减少了4个县，其中4个县中崇信县和宁县上升为中势，礼县和卓尼县下降为绝对劣势；处于绝对劣势的县（市、区）有10个，与2020年相比减少2个县，漳县和宕昌县上升为一般劣势，新增2个县礼县和卓尼县。2021年甘肃省县域竞争力分布与行政区域分布有较大相关性。

从均值分析，2021年甘肃省县域竞争力8个一级指标，基础设施竞争力均值82.96、人居环境竞争力81.31，处于一般优势；产业发展竞争力78.28、社会保障竞争力77.74、科学教育竞争力76.39、公共服务竞争力75.35、社会结构竞争力75.06，均处于中势；宏观经济竞争力73.33，处于一般劣势；从极差、方差、标准差来看，甘肃省县域竞争力8个一级指标均存在较大差异，近两年受疫情影响，县域经济发展动力不足，经济发展呈波动式上升，宏观经济竞争力不强。

通过构建甘肃省县域竞争力指标体系，运用统计分析方法对甘肃省86个县（市、区）2021年经济社会发展数据进行处理分析，得出以下结果。一是2021年甘肃省县域竞争力整体水平较低，但与2020年相比有所提升，综合竞争力得分均值及 5 个一级指标产业发展竞争力、基础设施竞争力、社会保障竞争力、公共服务竞争力和人居环境竞争力得分均值均高于 2020 年，综合竞争力得分均值及 3 个一级指标基础设施竞争力、人居环境竞争力和社会结构竞争力得分的方差、标准差均相对 2020 年出现缩小，2021 年甘肃省 86 个县域综合竞争力和部分一级指标竞争力较 2020 年有所提升，县域间的不均衡化也呈减弱趋势。二是 2021 年甘肃省县域综合竞争力各县（市、区）排序上下波动振幅略大于 2020 年，8 个一级指标中宏观经济竞争力、产业发展竞争力、基础设施竞争力和社会结构竞争力排序变化波幅较 2020 年小，公共服务竞争力和科学教育竞争力排序变化波幅与 2020 年相当，略有扩大，人居环境竞争力排序变化波幅较 2020 年增幅较大。三是 2021 年甘肃省各市（州）及各市（州）所辖县域之间竞争力差异性较大，县域竞争力发展不均衡，竞争力要素配置差异性较大，要素配置不均衡。四是 2021 年甘肃省县域之间县域竞争力呈现一定的地理位置、行政区域、经济结构、经济发展等因素制约下的分布特征。

三　甘肃县域经济社会发展的特征

（一）县域产业结构不合理，发展动力严重不足

从县域经济整体情况来看，2021 年甘肃省县域国内生产总值是 9616.73 亿元，较上年增长 13.15%，平均为 111.82 亿元，较上年增长 13.14%。2021 年全国县域竞争力第一名的昆山国内生产总值 4748.1 亿元，昆山一般公共预算收入 466.94 亿元，相比上年增长 9.09%。2021 年甘肃省县域国内生产总值超过百亿元的有 24 个县，县域国内生产总值 50 亿元以下的有 27 个县，其中不足 20 亿元的县有 4 个，县域经济发展落后，总量偏小。与上年相比，区域发展差异仍然较大，不仅仅是与国内发达地区的差距在拉大，省域内县域之间的差距也在逐渐拉大。县域国内生产总值排名第一的是排名最后一名的 107.66 倍。

从县域财政收支情况看，整体不容乐观。全省县域一般公共预算收入 397.38 亿元，一般公共预算支出 2488.45 亿元，财政自给率 15.97%。甘肃省县域财政自给率 60% 以上有 3 个区，51%~60% 有 1 个县，41%~50% 有 1 个县，31%~40% 有 5 个县，21%~30% 有 13 个县，10%~20% 有 30 个县，10% 以下有 33 个县（见图 1）。县域一般公共预算收入过 10 亿的只有 6 个县，有 6 个县不足亿元。公共预算支出严重超出公共预算收入，大多数县区承受着巨大的财政压力。

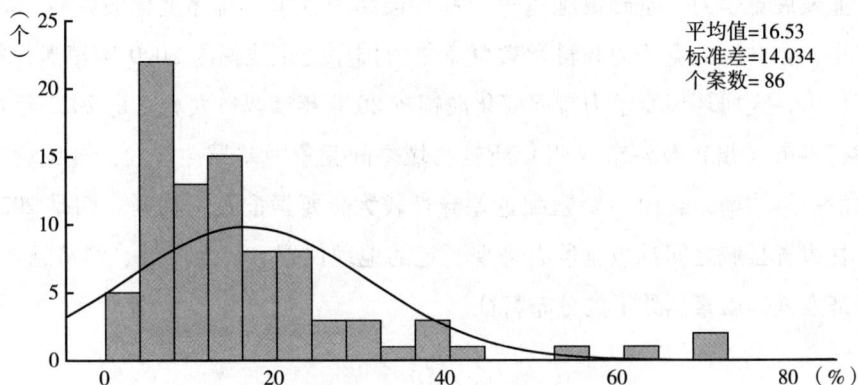

图 1　2021 年甘肃省县域财政自给率分布

金融作为现代经济的核心，是产业发展和实体经济增长的关键环节，县域金融主要通过存款、贷款、存贷比例、贷款质量等因素影响经济发展。[①] 2021 年甘肃省县域金融机构存款余额为 21141.74 亿元，县域平均值为 245.83 亿元，中位数为 118.51 亿元，86 个县（市、区）金融机构存款超过平均值的有 18 个。金融机构贷款余额为 18763.40 亿元，县域平均值为 218.18 亿元，中位数为 84.00 亿元，金融机构贷款超过平均值的有 18 个。平均值和中位数差异较大，说明县域之间存在差异，发展极不均衡。

从县域人均可支配收入情况来看，2021 年甘肃省县域城镇居民人均可

---

① 郭艳玲：《县域金融发展、金融体系效率与县域经济增长——基于山东省 91 个县的实证研究》，《南方金融》2013 年第 1 期。

支配收入 32472 元，占全国城镇居民人均可支配收入 47412 元的 68.49%，只有 3 个区（金川区、城关区、西固区）的县域城镇居民人均可支配收入超过全国城镇居民人均可支配收入。甘肃省县域农村居民人均可支配收入 13608 元，占全国农村居民人均可支配收入 18931 元的 71.88%，有 13 个县的农村居民人均可支配收入超过全国平均水平。

从产业效率来看，第二产业近 5 年平均增长速度为 4.5%，近 5 年平均增长速度超过 10% 的县有 9 个，增速为负值的县有 10 个。第三产业近 5 年平均增长速度为 5.08%，近 5 年平均增长速度没有超过 10% 的县，增速最高的为皋兰县（8.86%）。

从产业结构来看，产业结构是一个国家或一个地区经济发展水平、经济发展阶段和方向的标志。2021 年甘肃省产业结构为 21：27：52，产业结构严重不合理。二产比重严重不足，远远低于全国 44.4% 的水平，第二产业在 GDP 结构中占据最重要的地位，二产比重过低，造成县域经济发展的动力严重不足。二产比重超过 44.4% 的县有 18 个，31%~44.4% 的有 9 个县，21%~30% 的有 15 个县，10%~20% 的有 30 个县，不足 10% 的有 14 个县。三产比重在一定程度上反映经济发展和社会进步程度，甘肃省县域经济发展滞后，三产比重却畸高，三产比重超过 80% 的县有 2 个，71%~80% 的有 6 个县，61%~70% 的有 20 个县，51%~60% 的有 21 个县，41%~50% 的有 20 个县，30%~40% 的有 9 个县，30% 以下的有 8 个县（见图 2）。

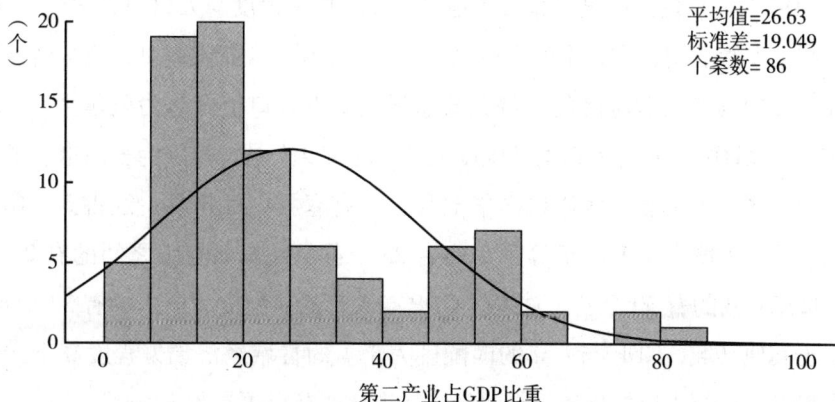

平均值=26.63
标准差=19.049
个案数=86

第二产业占GDP比重

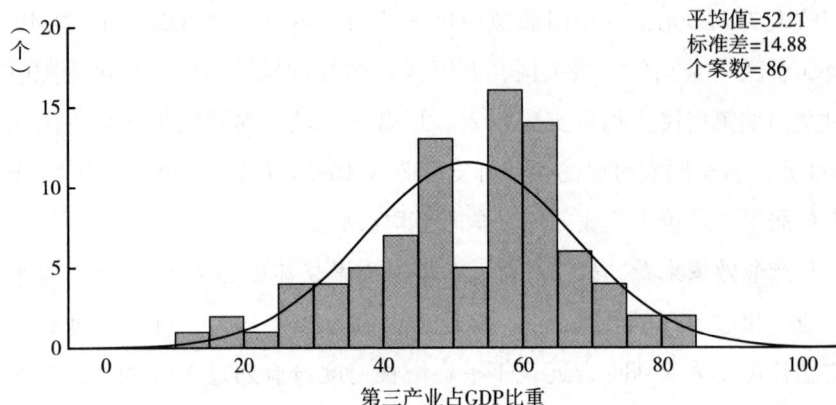

平均值=52.21
标准差=14.88
个案数= 86

第三产业占GDP比重

图2　2021年甘肃省县域二、三产业比重分布

2021年甘肃省县域宏观经济竞争力86个县（市、区）得分均值为73.33，处于一般劣势，其极差、方差、标准差均相对较大，差异性较大，86个县（市、区）之间发展不均衡；经济总量竞争力和经济均量竞争力的均值分别为76.15和75.96，均处于中势；金融资本竞争力得分均值为74.56，处于一般劣势；从3个二级指标的极差、方差、标准差来看，都存在较大差异，在86个县（市、区）之间，3个要素配置失衡。从86个县（市、区）宏观经济竞争力水平归类分布来看，行政区域分布特征明显：兰州市及河西地区周边县（市）及市（州）所在县域宏观经济竞争力得分较高，宏观经济竞争力总体高于其他县（市、区）。

GDP与人口的匹配度是指一个地区的经济集聚程度与人口集聚程度之比，很大程度上影响现在和将来的人口流向。一般来说，R指数越高，意味着该城市在区域中具有相对越高的经济集聚水平，城市人口扩张潜力就越大。2021年86个县域中GDP与人口的匹配度大于2的有9个县，分别为玉门市、肃北县、金川区、肃南县、西固区、华池县、阿克塞县、瓜州县、红古区；GDP与人口的匹配度大于1小于等于2的有23个县；在0.6与1之间的有24个县，低于0.6的有30个县。甘肃省GDP与人口的匹配度大于1的有32个县，相对于其他县域，GDP与人口的匹配度大于1的县域经济集聚程度高于人口集聚程度，单位人口能创造更高的经济产出从而获得更高收入。

（二）综合竞争力整体不断增强，但县域间发展水平差异增大

2021 年甘肃省县域经济社会发展水平不均衡，县域各子系统发展程度差异性较大。在测评的宏观经济竞争力、产业发展竞争力、基础设施竞争力、社会保障竞争力、公共服务竞争力、人居环境竞争力、社会结构竞争力、科学教育竞争力 8 项指标中，从均值来看，基础设施竞争力 82.96、人居环境竞争力 81.31，处于一般优势；产业发展竞争力 78.28、社会保障竞争力 77.74、科学教育竞争力 76.39、公共服务竞争力 75.35、社会结构竞争力 75.06，均处于中势；宏观经济竞争力 73.33，处于一般劣势；从极差、方差、标准差来看，甘肃省县域竞争力 8 个一级指标均存在较大差异。所以2021 年甘肃省县域竞争力在各县域要素投入方面存在较大差异。

从差异方面看，总体均值变化不大，但方差和标准差增大。2021 年宏观经济竞争力（4.67）、产业发展竞争力（5.67）、基础设施竞争力（4.37）、社会保障竞争力（5.58）、公共服务竞争力（4.82）、人居环境竞争力（3.43）、社会结构竞争力（4.20）和科学教育竞争力（5.22）8 项指标的标准差均超过 3，与上年各个子系统得分相比，基础设施竞争力、人居环境竞争力和社会结构竞争力标准差减小，其他 5 个子系统的标准差均增加，表明宏观经济竞争力、产业发展竞争力、社会保障竞争力、公共服务竞争力和科学教育竞争力地区发展不平衡趋势进一步上升，县域经济社会发展差异逐渐拉大（见表 2）。

表 2　甘肃省县域社会综合竞争力及子系统比较

指标	综合得分	2021 年县域竞争力得分							
		宏观经济得分	产业发展得分	基础设施得分	社会保障得分	公共服务得分	人居环境得分	社会结构得分	科学教育得分
均值	75.31	73.33	78.28	82.96	77.74	75.35	81.31	75.06	76.39
极差	25.00	25.00	25.00	25.00	25.00	25.00	25.00	25.00	25.00
方差	21.87	21.80	32.12	19.13	31.13	23.25	11.77	17.67	27.21
标准差	4.68	4.67	5.67	4.37	5.58	4.82	3.43	4.20	5.22

（三）居民生活质量不断提高，但县域城乡居民收入水平较低

从居民收入水平看，2021年甘肃省城镇居民人均可支配收入32471.53元，增长了7.16%，农村居民人均可支配收入13608.33元，增长了12.6%；2021年全国城镇居民人均可支配收入47412元，增长8.2%，农村居民人均可支配收入18931元，增长10.5%。与全国居民人均可支配收入增长水平相比较，甘肃省城镇居民人均可支配收入增长率低于全国1.04个百分点，农村居民人均可支配收入高于全国2.1个百分点。甘肃省县域城镇居民人均可支配收入最大值是金川区（50755元），最小值是会宁县（22341元），中位数30405.5元。2021年甘肃省县域农村居民人均可支配收入最高是最低的4.8倍，农村居民人均可支配收入最大值是阿克塞哈萨克自治县（34229元），最小值是东乡县（7126元），中位数为11171元（见图3）。

从农村居民消费支出水平来看，农村居民人均消费支出中食品烟酒消费支出和教育文化娱乐消费支出所占比重的平均值分别为31.91%和10.10%，农村居民人均消费支出中食品烟酒消费支出所占比重超过平均值的有44个县，教育文化娱乐消费支出所占比重超过平均值的有44个县。从86个县（市、区）食品烟酒消费支出和教育文化娱乐消费支出所占农村居民人均消费支出的地区分布来看，兰州市、河西等经济发展较好地区，教育文化娱乐消费支出相对较多，而定西市、陇南市、甘南州等经济相对落后地区，食品

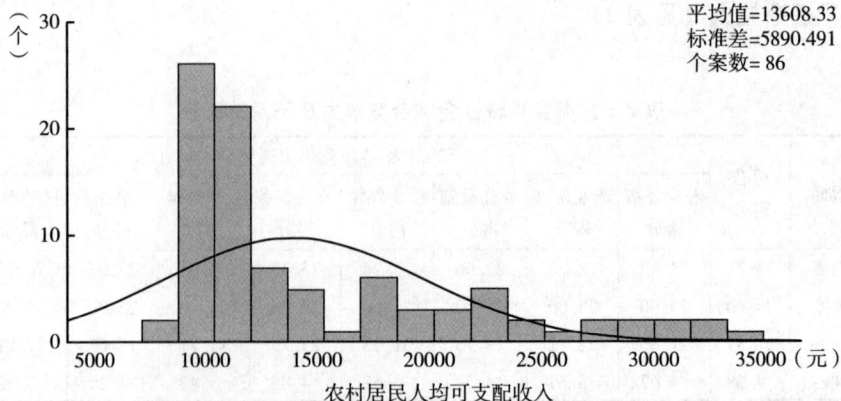

平均值=13608.33
标准差=5890.491
个案数=86

农村居民人均可支配收入

平均值=32471.53
标准差=6295.618
个案数= 86

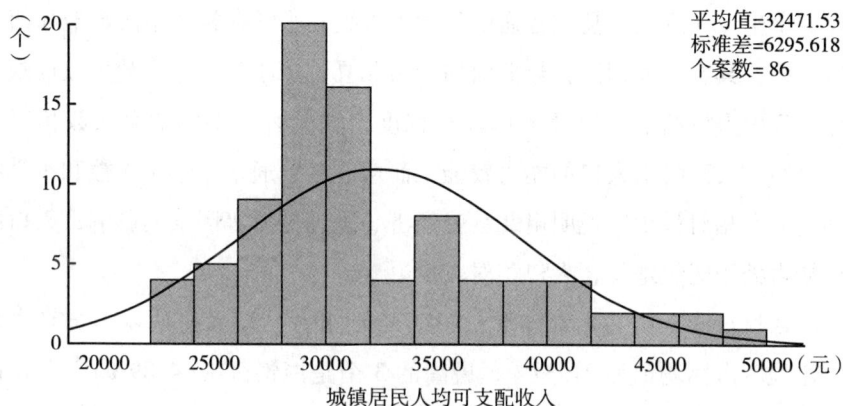

城镇居民人均可支配收入

图 3　2021 年甘肃省城乡居民收入分布

烟酒消费支出相对较多。

2021 年甘肃省县域公共服务竞争力 86 个县（市、区）得分均值为 75.35，处于中势，其极差、方差、标准差均相对较大，差异性较大，86 个县（市、区）之间发展不均衡；医疗卫生竞争力均值为 76.07，处于中势；科技文化竞争力均值为 68.92，处于绝对劣势；从 2 个二级指标的极差、方差、标准差来看，都存在较大差异，在 86 个县（市、区）之间，2 个要素配置失衡。从 86 个县（市、区）公共服务竞争力水平归类分布来看，地理位置特征及贫困特征均较为明显，公共服务竞争力强的县集中分布在河西地区等经济发展较好的地区，贫困地区公共服务竞争力水平相对较低。每万人拥有执业（助理）医师数县域平均值为 28 人，最高为合作市（58 人），最低为康乐县（10 人）；每万人拥有医疗卫生机构专业技术人员数县域平均值为 70 人，最高为兰州市城关区（145 人），最低为秦州区（17 人）；每万人的医院、卫生院床位数县域平均值为 68 张，最高为崆峒区（160 张），最低为安宁区（22 张）。

（四）城乡一体化水平不断提升，但劳动力素质低是发展的短板

从中小学学生人数看，2021 年甘肃省县域普通中学学生 135 万人，小学在校学生 199 万人。县域普通中学学生人数和小学在校学生人数最高值均为城关区，其次是凉州区，最低值均为肃北县，中小学学生人数可以反映一个地区吸引人口的能力以及人口聚集程度，城关区中小学学生人数相对最多，表明城关区吸引人口的能力较强。而肃北县普通中学学生人数和小学在校学生人数相对最少，说明肃北县受经济、地理位置等因素的影响，人口的集聚能力处于弱势地位，人口相对较少。

从乡村从业人员文化素养看，2021 年甘肃省县域乡村从业人员高中以上文化程度占比均值为 21.37%，最高的 3 个是白银区（44.89%）、平川区（36.83%）和崇信县（34.58%）。其中 30% 以上的有 10 个县，26%~30% 的有 15 个县，21%~25% 的有 30 个县，15%~20% 的有 17 个县，15% 以下的有 14 个县；初中文化程度占比均值为 17.06%，位于前三位的是敦煌市（60.6%）、七里河区（57.71%）、阿克塞县（56.14%），其中 50% 以上的有 11 个县，41%~50% 的县有 37 个，31%~40% 的县有 23 个，20%~30% 的县有 7 个，20% 以下的县有 8 个；小学文化程度占比均值为 33.23%，50% 以上的有 9 个县，41%~50% 的县有 8 个，31%~40% 的县有 25 个，20%~30% 的县有 38 个，20% 以下的县有 6 个；文盲及半文盲占比均值为 5.30%，10% 以上的有 14 个县。从整体看，乡村从业人员文化程度主要为初中和小学，高中及以上文化程度占比整体差异较小，各县域集中分布在 20% 左右，乡村从业人员文化程度为小学、文盲以及半文盲占比较高的地区集中在甘南州。

从县域内部横向比较来看，2021 年甘肃省县域非农人口占总人口的比重平均为 48.82%，中位数为 43.60%。其中，非农人口占总人口的比重不足 30% 的县有 11 个，比重在 30%~40% 有 23 个县，比重在 41%~50% 的有 18 个，50% 以上有 34 个县。从农村内部来看，2021 年甘肃省县域中，农村从事非农产业的劳动力占农村总劳动力的比重平均为 42.58%，中位数为 42.48%。从农业产业化发展水平看，2021 年县域设施农业面积占耕地面积的比重仅为 3.52%，耕地灌溉面积占耕地面积的比重为 33.96%，"三品一标"农产品基地面积发展程度县域间存在较大差异性。

从城镇化角度来看，甘肃省县域常住人口城镇化率为 48.82%，远远低于全国常住人口城镇化率 64.7% 的水平，超过全国水平的有 16 个县（市、区），分别是安宁区、城关区、阿克塞县、西固区、金川区等。81% 的县（市、区）城镇化率低于全国水平，其中 51%~65% 的有 18 个县，35%~50% 的有 29 个县，35% 以下的有 23 个县（见图 4）。城镇化水平是区域经济发展程度的重要标志，城镇化也是人口向城镇集聚的过程，甘肃省县域多一半的县（市、区）城镇化水平低于 50%，不利于发展城乡互动的双赢模式，缩小城乡区域差距。

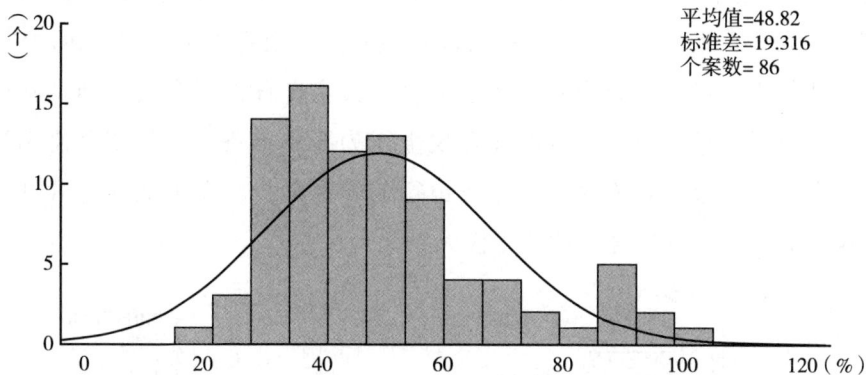

图 4 2021 年甘肃省县域常住人口城镇化率分布

（五）政府债务较高，商业银行存在一定的金融风险

甘肃省县域政府的债务率为 74.45%，高于国际通行的 60% 警戒线，风险水平整体基本可控。但部分县域债务规模过大，债务率较高，统计数据显示，17 个县域债务率超过 100%，其中有 7 个县域超过 120%，超出国际通行的 100%~120% 警戒区间。因此，从全省县域整体负债率和债务限额管理来看，地方政府显性债务问题存在，长久以来，地方政府在理念上已经形成了举债搞建设的思维模式。从个别县域的债务规模和债务率来看，债务风险有所显现，特别是财政收支矛盾突出的县域，只能依靠城投公司来满足资金

需求，城投公司承担的项目中，公益性项目比重较大，无法产生现金流，同时缺少能够产生足够经营收益的多元化投资，只能依靠政府补助等方式实现盈亏平衡。在这种背景下，如果地方财政困难，城投公司得不到政府补助，就会出现问题，存在一定偿债压力。

从市州看，14个市州中有7个贷存款比例超过75%，最高的市州达到127.91%。分县域来看，贷存比例均值为71.88%，最高为139.6%，最低为44.6%，超过75%的有30个县（见图5）。银行贷存比例不是越高越好，央行为防止银行过度扩张，目前规定商业银行最高的贷存比例为75%。虽然贷存比例由监管指标变成流动性监测指标，但是过高的贷存比仍意味着银行会承担较大的流动性风险。从银行抵抗风险的角度讲，贷存比例不宜过高，因为银行还要应付广大客户日常现金支取和日常结算，这就需要银行留有一定的库存现金作为存款准备金，如贷存比例过高，存款准备金就会不足，会导致银行的支付危机，有可能导致区域性的金融风险，对地区经济的危害极大。

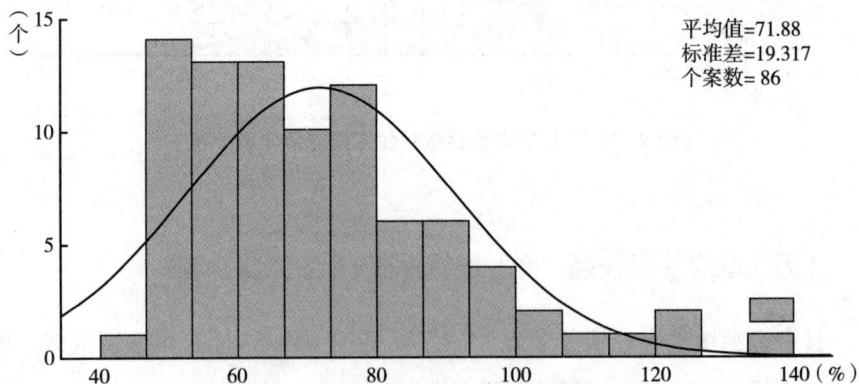

图5 2021年甘肃省县域贷存比分布

（六）县域基础设施不断完善，但县域之间发展差距明显

基础设施的建设不仅影响农村地区人民生活，而且对农村基层管理有

着重要作用，同时农村基础设施的完善也是实现乡村振兴的必要条件。为贯彻落实乡村振兴的重大任务，甘肃省县域地区全面推进农村人居环境改革重大工程，通过"三大革命"和"六项任务"等改革措施，全省部分地区村庄环境明显改善，已初步建立长期管护机制，形成了可供其他地区借鉴的整治模式。2021年甘肃省县域基础设施竞争力86个县（市、区）得分均值为82.96，处于一般优势，其极差、方差、标准差均相对较大，差异性较大，86个县（市、区）之间发展不均衡；生活条件竞争力和公路交通竞争力均值分别为84.97和81.51，均处于一般优势；互联通讯竞争力均值为73.95，处于一般劣势；从3个二级指标的极差、方差、标准差来看，均存在较大差异，在86个县（市、区）之间，互联通讯配置存在较大失衡。2021年甘肃省县域人居环境竞争力86个县（市、区）得分均值为81.31，处于一般优势，其极差、方差、标准差均相对较大，差异性较大，86个县（市、区）之间发展不均衡；农业环境竞争力均值为79.29，处于中势；生活环境竞争力均值为83.34，处于一般优势；从2个二级指标的极差、方差、标准差来看，都存在较大差异，在86个县（市、区）之间，2个要素配置较大失衡。从86个县（市、区）人居环境竞争力水平归类分布来看，经济结构特征均较为明显，工业化发展较快的地区人居环境竞争力水平相对较低，而产业单一或以农业和旅游业发展为主的地区人居环境竞争力水平相对较高。

从居住生活条件来看，2021年甘肃省县域城乡住房砖木结构及以上比重均值为72.71%（见图6）。县域自来水受益村比重均值为98.51%，有68个县实现了自来水全覆盖；2021年甘肃省县域农村通宽带的村及村庄比重均值为96.02%，有70个县普及率达到100%，仅有4个县不足50%。

从互联通讯方面来看，2021年县域国际互联网用户占总户数的比重均值为97.36%，中位数为90.44%，比重在10%以下的有4个县（宕昌县、东乡县、积石山县、夏河县）；移动电话用户占总户数的比重均值是290.42%，中位数为271.73%，只有4个县没有超过100%，比重最小的2个县是宕昌县（20.33%）和东乡县（34.63%）。

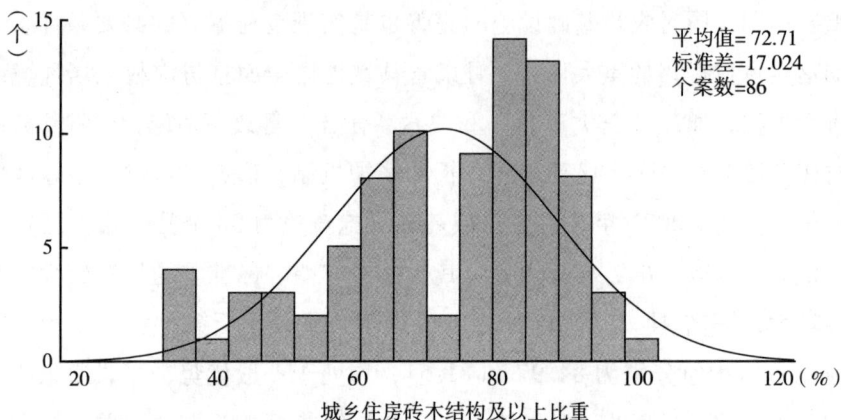

图6 2021年甘肃省城乡居住情况分布

从公路交通来看，县域境内公路密度均值为 80.93km/百 km²。县域平均公路里程数为 2063.21 千米（见图7）。

2021 年县域森林覆盖率为 23.72%，中位数为 15.81%。从 2021 年县域农业环境指标来看，草原综合植被覆盖度 65.29%，最大的县是两当县（98.9%），有 16 个县草原综合植被覆盖度在 90% 以上。畜禽粪污综合利用率为 83.51%，有 13 个县畜禽粪污综合利用率在 90% 以上。自然保护区面积 8822 千公顷，最大为肃北县（1919 千公顷），县域自然保护区面积平均值为 113 千公顷，有 15 个县自然保护区面积超过平均值。

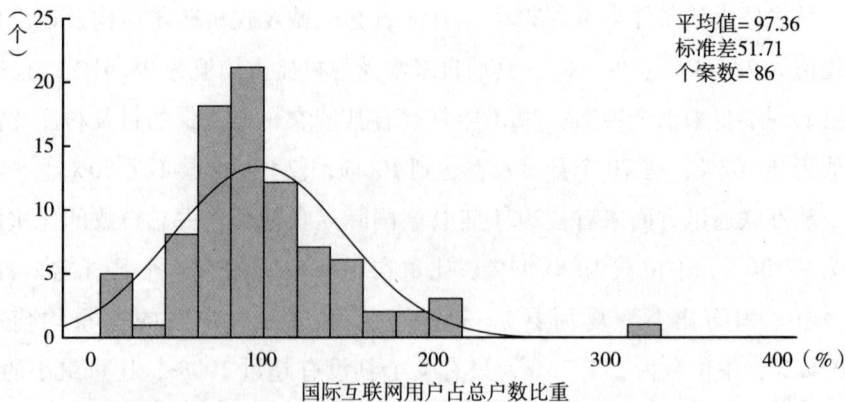

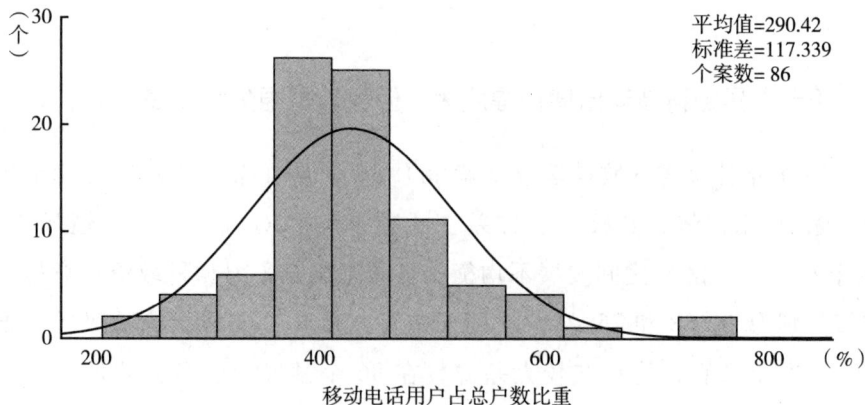

平均值=32.05
标准差=22.637
个案数= 86

固定电话用户占总户数比重

平均值=290.42
标准差=117.339
个案数= 86

移动电话用户占总户数比重

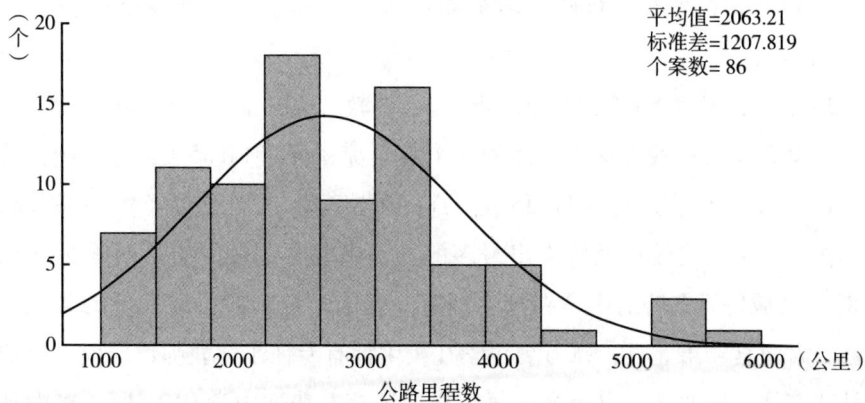

平均值=2063.21
标准差=1207.819
个案数= 86

公路里程数

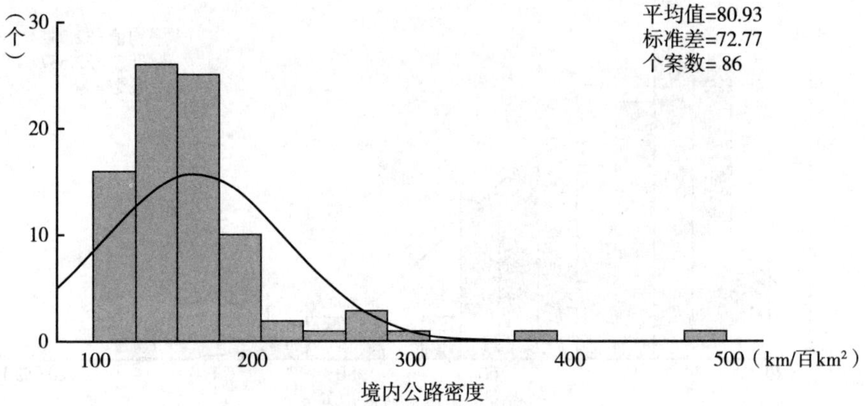

平均值=80.93
标准差=72.77
个案数= 86

境内公路密度

图7　2021年甘肃省城乡交通通讯分布

（七）县域科技支出增长幅度大，但科教资源欠账较多

2021年甘肃省县域科学教育竞争力86个县（市、区）得分均值为76.39，处于中势，其极差、方差、标准差均相对较大，差异性较大，86个县（市、区）之间发展不均衡；科教支出竞争力和科教资源竞争力均值分别为78.88和75.24，均处于中势。从2个二级指标的极差、方差、标准差来看，均存在较大差异，在86个县（市、区）之间，科教支出和科教资源配置存在不均衡。从86个县（市、区）科学教育竞争力水平归类分布来看，行政区域分布特征、地理位置特征及贫困特征均不太明显。

2021年甘肃省86个县（市、区）县域教育支出总计492.06亿元，较上年减少2.22%；教育支出最高的3个县是凉州区（14.35亿元）、城关区（13.11亿元）和镇原县（11.35亿元）；在校学生人均教育经费18191.88元，在校学生人均教育经费支出最多的县是肃北县，最少的是西固区（见图8）；县域每万名普通中学在校生拥有专任中学教师数居前三位的县是通渭县、肃南县、肃北县；每万名小学在校生拥有专任小学教师数居前三位的县是迭部县、碌曲县、肃南县；每千户居民拥有普通中学0.21所，肃南县排在第1位（0.4所），其次为通渭县（0.37所）和两当县（0.36所）；每千户居民拥有小学 1.06 所，每千户居民拥有普通小学居前三位的县是积石山县、张家川县和东乡县。

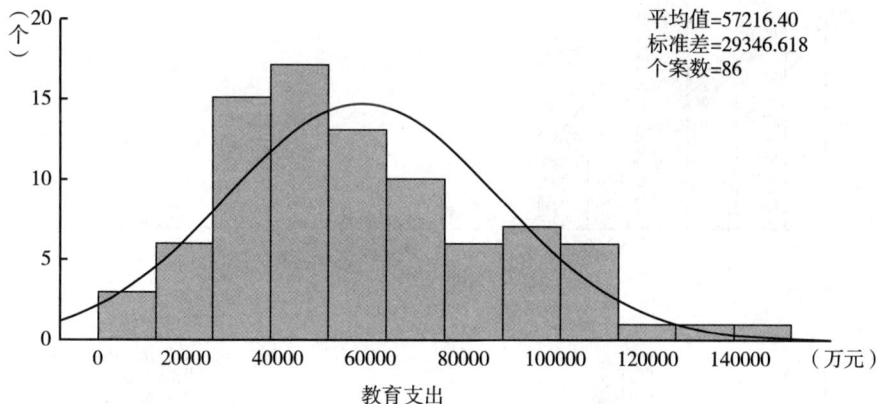

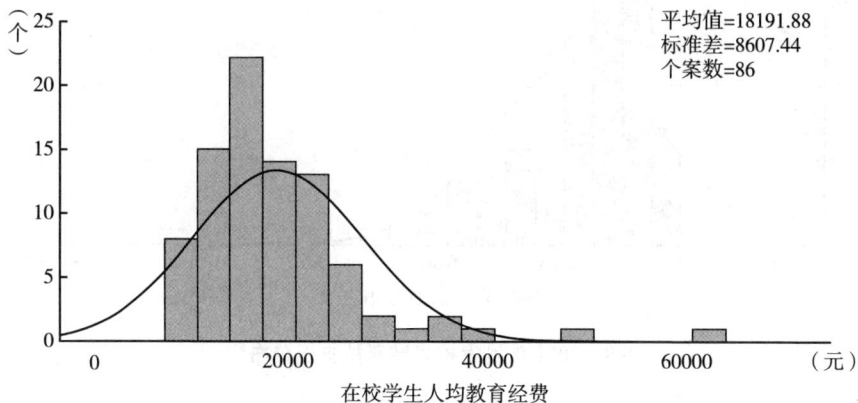

平均值=57216.40
标准差=29346.618
个案数=86

教育支出

平均值=18191.88
标准差=8607.44
个案数=86

在校学生人均教育经费

图 8　2021 年甘肃省城乡教育投入

科技经费投入占国内生产总值的比重可以说明一个地区科技支出在整个国民经济中所占的比重及其在社会再生产过程中的地位。2021 年甘肃省县域科技支出 9.97 亿元，较上年增加 13.3%；科技支出占 GDP 的比重为 0.16%，远远低于 2021 年全国 R&D 支出占 GDP 比重。2021 年甘肃省 86 个县（市、区）县域科技支出最高的 3 个区是兰州市城关区、秦州区、甘州区；县域科技支出占 GDP 的比重最高的 3 个县是两当县、康乐县、张家川县（见图 9）。

平均值=1159.10
标准差=967.38
个案数=86

科技支出

平均值=0.16
标准差=0.15
个案数=86

科技支出占GDP的比重

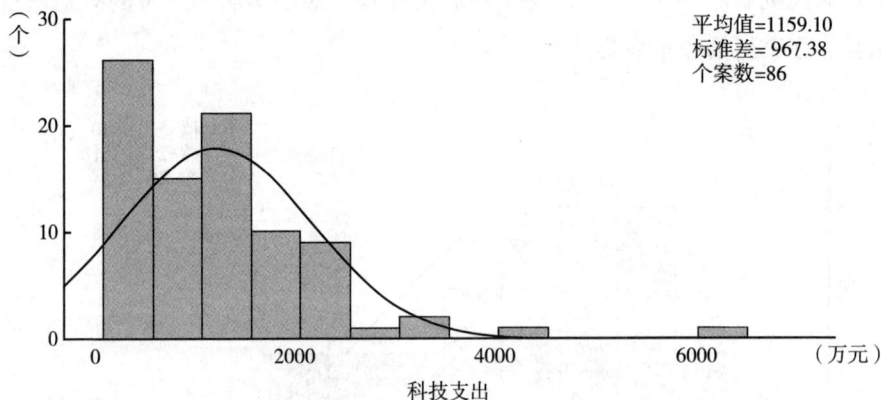

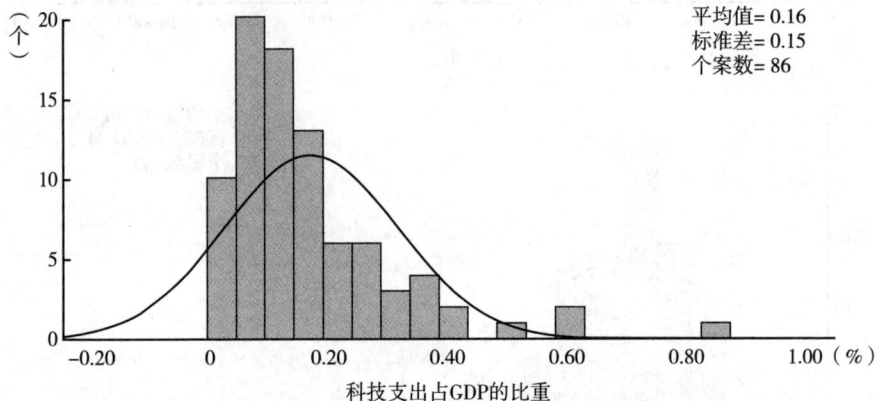

图9　2021年甘肃省县域科技支出分布

四　对策与建议

（一）要加强党的建设与经济发展相结合

党的十八大以来，以习近平同志为核心的党中央高度重视县域经济的发展，甘肃省委、省政府更是把发展县域经济作为十四次党代会的主要内容，大力实施强县域行动。一是我们要坚持党对一切工作的集中统一领导，坚持将党的全面建设融合到经济发展的各项事业中，以党建引领经济发展，以党建促进经济平稳运行。二是发展县域经济要促进党政同责，实行"第一书记"总抓手，负总责，将县域经济的发展程度置于党政领导干部的年度考核中，作为干部选拔任用的重要依据，要压实各方责任，切实发挥好统筹协调作用，定期研究重点工作，协调解决重大问题。三是要增强基层党组织的领导力、凝聚力，尤其是村（社）两委的主要领导力和群众组织力，定期开展组织培训，赋能农业产业知识，推动基层党组织党政建设向现代化方向发展。四是强化农村基层党组织的核心地位，整顿软弱涣散党组织，发挥党员先锋模范作用，实施"党员+，党建+"行动，把基层党组织建成富民兴农的坚强战斗堡垒。

（二）要把县域经济发展和富民强县相结合

坚定不移地走突出特色之路，这是市场经济条件下加快县域经济发展和富民强县的重要途径。一是县域要立足本地实际，制定适合自己的发展思路，找准重点，充分发挥自身的资源、区位等比较优势，抢抓"一带一路"建设、新时代西部大开发、黄河流域生态保护和高质量发展等政策机遇，注重投资效益，大力增加有效投资。二是要在调整产业结构上下功夫，把第二产业进一步做大做强，要不断地进行改革与创新，增强产品的科技含量，增强企业的市场竞争力。三是发展壮大县域经济必须把民营经济放在重要的位置，鼓励和引导民间资本进入基础产业、基础设施、公共事业、商贸物流、城乡设施等领域，为县域经济发展注入活力。四是要围绕实施乡村振兴战略，同发展农村新型经济组织相结合，鼓励建立各种形式的农村经济组织，支持它们在组织生产经营、开拓市场、技术创新等方面发挥带头作用。五是要把深化改革、对外开放结合起来，通过更高水平的开放，带动优质资源在县域集聚，全面优化营商环境，推动县域经济高质量发展。

（三）优化城乡布局，实现城乡融合发展

制定科学合理的县域经济发展规划，破除二元经济结构。一是促进城

市和乡村经济流通和协作，使城乡资源配置合理，差距逐渐缩小，渐趋一体化。切实处理好中心城市与县域经济发展的关系，发挥县城、中心城镇的辐射带动作用。二是建立健全双循环格局下的县域经济发展体制机制，促进县域经济发展。畅通县域微循环为商品特别是农产品打开销路，以优化营商环境为基础，融入国内大循环，为县域企业赢得更多机会。以壮大现代农业为保障，对乡村闲置的土地、厂房、生态资源等资源要素重新配置。三是积极探索户籍制度改革，创新土地流转体制，加快人口向城镇集聚。促进农民就地就近创业，落实各类农民稳岗就业政策，发挥大中城市就业带动作用，鼓励发展共享用工多渠道就业。农民工按规定参加职工基本医疗保险和城镇职工基本养老保险。四是注重乡村基础设施建设，加快推进农业现代化、农村工业化和农村城镇化，把提高农民收入和保护农村社会稳定放在重要地位。持续推进农村一、二、三产业融合发展。鼓励各地拓展农业多种功能，挖掘乡村多元价值，重点发展产品加工、乡村休闲旅游、农村电商等产业，推进现代农业产业园和农业产品产业强镇建设，培育优势特色产业集群，继续支持创造一批国家农村产业融合发展示范园。五是实施县域商业建设行动，促进农村消费扩容提质升级。加快农村物流快递网点布局，实施"快递进村"工程，促进农村客货邮融合发展。六是优化顶层设计，为高质量发展提供空间，结合县域具体区域情况，依托具有带动性和辐射性的城市或城市群，拓宽要素市场和商品市场的多样性和层次性。

（四）持续提升科技、人才在县域经济发展中的作用

坚持创新是引领发展的第一动力，加强创新资源共享，完善创业培育服务，激发全社会创新创业活力，加快形成具有县域特色的创新驱动发展路径。一是加大新一代信息网络、智能绿色制造等产业关键技术推广应用力度，培育具有核心竞争力的产业集群。高起点规划、高标准建设高新技术产业开发区、农业科技园区创新创业平台，并将相关园区纳入县域总体规划统一管理，引领县域创新驱动发展。二是在有条件的县（市）建设创新型县

（市）、创新型乡镇。结合县域需求实际，依托科技园区、高等学校、科研院所等，加快发展"互联网+"创业网络体系，降低创业门槛，促进创业与创新、创业与就业、线上与线下相结合。推动县域生产力促进中心建设，提升知识产权代理、交易、咨询、评估等服务水平。三是注重大数据人才与创新型干部配备，制定与实施大数据人才和创新型青年人才培养计划，积极引导、有效保护大数据人才创业热情。采取PPP、股权合作、委托运营、政府购买服务等方式，大力促使社会资本积极参与到大数据产业项目建设中，进一步完善产业链。四是坚持人才强县战略，设立县域优秀人才奖励资金，重点奖励为县域经济社会发展做出突出贡献的优秀人才，鼓励和吸引科研院所、高等院校的科技人员通过兼职、技术入股、柔性引进、科技咨询等方式，为县域提供技术服务。

（五）积极应对危机，防范化解政府债务风险

在县域经济发展的同时，也要防范化解给政府带来的债务风险，保证县域经济社会健康稳定。一是要统筹好财政资金，进一步加强财政支出管理，优化支出结构，做好预算安排，债务资金应做到应支尽支，不要出现债务逾期情况，维护政府的信誉。二是政府要强化债务管理，规范举债行为，杜绝一切违法违规融资行为，防止债务问题恶化成为银行业危机甚至是区域性金融风险。三是要完善好规章制度，防范债务风险，制定出在县域内防范和化解政府债务风险的实施方案和制度，使其为县域经济发展保驾护航。四是要充实地方政府综合财力，完善地方政府债券发行的长效机制，盘活地方政府债券资金、提高资金使用效率，尽可能缩小地方财政收支缺口。

（六）健全基本公共服务体系，提高公共服务水平

紧紧抓住基层群众最关心最直接最现实的利益问题，坚持尽力而为、量力而行，采取更多惠民生、暖民心举措，着力解决好人民群众急难愁盼问题，扎实推进共同富裕。一是以群众利益为出发点，努力推进县域基本公共服务均等化，把开展暖民心行动与提升社会事业水平有机结合，加快补齐县

域教育、医疗、养老、托幼等公共服务短板。二是健全农村养老服务体系，以扩规模、提质量、上层次为目标，在乡镇或老年人聚集区推进以综合养老机构为中心、农村互助养老服务设施为网点的农村养老服务网络。同时，要进一步扩大社会参与范围，加快建设"企业主体、社会参与、市场运作"的多元养老服务体系。三是创新打造县域公共文化服务体系，各地区利用自身特色文化资源，通过传承非遗文化、开展惠民文化、普及文化艺术等多种形式，以群众喜闻乐见的方式开发当地特色资源，满足城乡居民对精神文化的需要，引导城乡文化价值建设，着力提升县域经济发展中精神文化的力量。

2021年甘肃县域发展综合分析与评价报告

李振东　张福昌*

摘　要： 本文构建了甘肃省县域竞争力指标体系并应用数理分析方法，对2021年甘肃省86个县域和14个市（州）经济社会发展数据进行分析计算，得出2021年甘肃省县域竞争力发展特征：2021年甘肃省县域竞争力整体水平较低，但与上年相比有所提升；一级指标基础设施和人居环境处于一般优势，产业发展、社会保障、科学教育、公共服务和社会结构处于中势，宏观经济处于一般劣势；各县域综合竞争力排序上下波动振幅略大于上年；各市（州）及其所辖县域之间竞争力差异性较大，县域竞争力发展不均衡，竞争力要素配置差异性较大，要素配置不均衡；县域竞争力具有一定的地理位置、行政区域、经济结构、经济发展等因素制约下的分布特征。

关键词： 县域　竞争力　甘肃省

一　甘肃省县域竞争力评价指标体系构建

（一）甘肃省县域竞争力评价指标体系构建思路

县域竞争力受县域社会、经济、环境等多方面因素影响，涉及面较广，指标选择十分繁杂，课题组在充分把握国家对县域发展的相关政策文件的基

---

* 李振东，甘肃省社会科学院农村发展研究所副所长，副研究员，博士，主要研究方向为生态经济；张福昌，甘肃省统计局农村处副处长，主要研究方向为农业经济学。

础上，在充分借鉴国内外学者对县域竞争力研究的前提下，以准确客观反映甘肃省县域竞争力为原则，综合了学术界、各级管理层面、统计系统等相关人员的意见和建议，结合专家学者对上一年县域评价指标体系提出的意见和建议，设计和构建了 2021 年甘肃省县域竞争力评价指标体系。

（二）甘肃省县域竞争力评价指标体系构建说明

2021 年甘肃省县域竞争力评价指标体系共包括宏观经济竞争力、产业发展竞争力、基础设施竞争力、社会保障竞争力、公共服务竞争力、人居环境竞争力、社会结构竞争力、科学教育竞争力 8 个一级指标。二级指标为 20 个，其中，宏观经济竞争力包含经济均量、经济总量、金融资本 3 个二级指标；产业发展竞争力包含产业总量、产业结构、产业效率、农业产业化 4 个二级指标；基础设施竞争力包含生活条件、互联通讯、公路交通 3 个二级指标；社会保障竞争力包含社会保险、社会保障 2 个二级指标；公共服务竞争力包含科技文化、医疗卫生 2 个二级指标；人居环境竞争力包含生活环境、农业环境 2 个二级指标；社会结构竞争力包含人口结构、城乡结构 2 个二级指标；科学教育竞争力包含科教支出、科教资源 2 个二级指标。与二级指标相对应的三级指标71 个。其中，2021 年相对于 2020 年，指标构建方面作了部分调整（见表 1）。

表 1 2021 年甘肃省县域竞争力评价指标体系

一级指标 （8 个）	2020 年		2021 年		变化情况
	二级指标 （21 个）	三级指标（64 个）	三级指标（71 个）	二级指标 （20 个）	
宏观经济竞争力	经济均量	①人均国内生产总值（元/人）	①人均国内生产总值（元/人）	经济均量	无变化
		②人均地方财政收入（元/人）	②人均地方财政收入（元/人）		无变化
		③城镇居民人均可支配收入（元/人）	③城镇居民人均可支配收入（元/人）		无变化
		④农村居民人均可支配收入（元/人）	④农村居民人均可支配收入（元/人）		无变化
		⑤人均社会消费品零售额（元/人）	⑤人均社会消费品零售额（元/人）		无变化

一级指标 (8个)	2020年		2021年		变化情况
	二级指标 (21个)	三级指标(64个)	三级指标(71个)	二级指标 (20个)	
宏观经济 竞争力	经济总量	⑥国内生产总值GDP (万元)	⑥国内生产总值GDP (万元)	经济总量	无变化
		⑦一般公共预算收入 (万元)	⑦一般公共预算收入 (万元)		无变化
		⑧一般公共预算支出 (万元)	⑧一般公共预算支出 (万元)		无变化
		⑨社会消费品零售总额 (万元)	⑨社会消费品零售总额 (万元)		无变化
	金融资本	⑩居民人民币储蓄存款 余额(万元)	⑩住户存款余额(万元)	金融资本	变更指标
		⑪金融机构存款余额 (万元)	⑪金融机构存款余额 (万元)		无变化
		⑫金融机构贷款余额 (万元)	⑫金融机构贷款余额 (万元)		无变化
产业发展 竞争力	产业总量	①第二产业增加值(万元)	①第二产业增加值(万元)	产业总量	无变化
		②第三产业增加值(万元)	②第三产业增加值(万元)		无变化
		③规模以上工业总产值 (万元)	③规模以上工业总产值 (万元)		无变化
	产业结构	④第二产业占GDP的比 重(%)	④第二产业占GDP的比 重(%)	产业结构	无变化
		⑤第三产业占GDP的比 重(%)	⑤第三产业占GDP的比 重(%)		无变化
	产业效率	⑥第二产业近5年平均 增长速度(%)	⑥第二产业近5年平均 增长速度(%)	产业效率	无变化
		⑦第三产业近5年平均 增长速度(%)	⑦第三产业近5年平均 增长速度(%)		无变化

续表

一级指标 (8个)	2020年		2021年		变化情况
	二级指标 (21个)	三级指标(64个)	三级指标(71个)	二级指标 (20个)	
产业发展 竞争力	农业产业化	⑧设施农业面积占耕地面积的比重(%)	⑧设施农业面积占耕地面积的比重(%)	农业产业化	无变化
		⑨耕地灌溉面积占耕地面积的比重(%)	⑨耕地灌溉面积占耕地面积的比重(%)		无变化
		⑩"三品一标"农产品基地面积(公顷)	⑩"两品一标"农产品基地面积(公顷)		变更指标
			⑪机耕水平(%)		新增指标
			⑫农产品加工业产值占农业总产值的比重(%)		新增指标
			⑬农业机械总动力(千瓦)		新增指标
			⑭农村用电量(万千瓦时)		新增指标
基础设施 竞争力	生活条件	①城乡住房砖木结构及以上比重(%)	①城乡住房砖木结构及以上比重(%)	生活条件	无变化
		②自来水受益村比重(%)	②自来水受益村比重(%)		无变化
		③农村通宽带的村及村庄比例(%)	③农村通宽带的村及村庄比例(%)		无变化
	互联通讯	④国际互联网用户占总户数比重(%)	④国际互联网用户占总户数比重(%)	互联通讯	无变化
		⑤固定电话用户占总户数比重(%)	⑤固定电话用户占总户数比重(%)		无变化
		⑥移动电话用户占总户数比重(%)	⑥移动电话用户占总户数比重(%)		无变化
	公路交通	⑦境内公路密度(公路里程数/百平方千米)	⑦境内公路密度(公路里程数/百平方千米)	公路交通	无变化
		⑧公路里程数(千米)	⑧公路里程数(千米)		无变化

续表

一级指标 （8 个）	2020 年		2021 年		变化情况
	二级指标 （21 个）	三级指标（64 个）	三级指标（71 个）	二级指标 （20 个）	
社会保障 竞争力	医疗保险	①参加城乡基本医疗保险参保人数占人口比重（%）	①基本医疗保险参保率（%）	社会保险	将两个二级指标合并为一个，3 个三级指标变更为参保率。
	养老保险	②参加城镇基本养老保险参保人数占城镇人口比重（%）	②城镇基本养老保险参保率（%）		
		③参加农村养老保险人数占农村人口比重（%）	③新型农村社会养老保险参保率（%）		
	基本生活保障	④城镇最低生活保障人口占城镇人口比重（逆指标）（%）	④城镇最低生活保障人口占城镇人口比重（逆指标）（%）	社会保障	变更二级指标名称
		⑤农村最低生活保障人口占农村人口比重（逆指标）（%）	⑤农村最低生活保障人口占农村人口比重（逆指标）（%）		
			⑥社会保障和就业支出占一般公共预算支出比重（%）		新增指标
公共服务 竞争力	科技文化	①每万人专利授权数（个/万人）	①每万人专利授权数（个/万人）	科技文化	无变化
		②每十万人拥有体育场馆数（个/十万人）	②每十万人拥有体育场馆数（个/十万人）		无变化
		③每十万人拥有剧场、影剧院数（个/十万人）	③每十万人拥有剧场、影剧院数（个/十万人）		无变化
		④人均拥有公共图书馆图书数（册/人）	④人均拥有公共图书馆图书数（册/人）		无变化
			⑩文化旅游体育与传媒支出占一般公共预算支出比重（%）		新增指标

续表

一级指标 （8个）	2020年 二级指标 （21个）	2020年 三级指标（64个）	2021年 三级指标（71个）	2021年 二级指标 （20个）	变化情况
公共服务 竞争力	医疗卫生	⑤每万人拥有医疗卫生机构专业技术人员数（人/万人）	⑤每万人拥有医疗卫生机构专业技术人员数（人/万人）	医疗卫生	无变化
		⑥每万人的医院、卫生院床位数（张/万人）	⑥每万人的医院、卫生院床位数（张/万人）		无变化
		⑦每万人拥有执业（助理）医师数（人/万人）	⑦每万人拥有执业（助理）医师数（人/万人）		无变化
		⑧医院总卫生技术人员数（人）	⑧医院总卫生技术人员数（人）		无变化
		⑨医院总床位数（张）	⑨医院总床位数（张）		无变化
人居环境 竞争力	生活环境	①森林覆盖率(%)	①森林覆盖率(%)	生活环境	无变化
		②污水处理厂数（座）	②污水处理率(%)		变更指标
			⑨污水处理厂集中处理率(%)		新增指标
		③垃圾处理站数（个）	③生活垃圾无害化处理率(%)		变更指标
		④畜禽粪污综合利用率(%)	④畜禽粪污综合利用率(%)		无变化
		⑤草原综合植被覆盖度(%)	⑤草原综合植被覆盖度(%)		无变化
	农业环境	⑥单位第一产业增加值使用化肥量（吨/万元）（逆指标）	⑥单位第一产业增加值使用化肥量（吨/万元）（逆指标）	农业环境	无变化
		⑦单位第一产业增加值使用农药量（公斤/万元）（逆指标）	⑦单位第一产业增加值使用农药量（公斤/万元）（逆指标）		无变化
		⑧单位第一产业增加值使用地膜量（吨/万元）（逆指标）	⑧单位第一产业增加值使用地膜量（吨/万元）（逆指标）		无变化

一级指标 （8个）	二级指标 （21个）	2020年 三级指标（64个）	2021年 三级指标（71个）	二级指标 （20个）	变化情况
社会结构竞争力	人口结构	①非农人口占总人口的比重（%）	①非农人口占总人口的比重（%）	人口结构	无变化
		②县域人口占全省人口比重（%）	②县域人口占全省人口比重（%）		无变化
	城乡结构	③农村从事非农产业的劳动力占农村总劳动力的比重（%）	③农村从事非农产业的劳动力占农村总劳动力的比重（%）	城乡结构	无变化
科学教育竞争力	科教支出	①科技支出（万元）	①科技支出（万元）	科教支出	无变化
		②教育支出（万元）	②教育支出（万元）		无变化
		③科技支出占GDP的比重（%）	③科技支出占GDP的比重（%）		无变化
		④在校学生人均教育经费（元/人）	④在校学生人均教育经费（元/人）		无变化
	科教资源	⑤每万名普通中学在校生拥有专任中学教师数（人/万人）	⑤每万名普通中学在校生拥有专任中学教师数（人/万人）	科教资源	无变化
		⑥每万名小学在校生拥有专任小学教师数（人/万人）	⑥每万名小学在校生拥有专任小学教师数（人/万人）		无变化
		⑦每千户居民拥有普通中学数（所/千户）	⑦每千户居民拥有普通中学数（所/千户）		无变化
					无变化
		⑧每千户居民拥有小学数（所/千户）	⑧每千户居民拥有小学数（所/千户）		无变化
					无变化
		⑨乡村从业人员高中及以上文化程度所占比重（%）	⑨乡村从业人员高中及以上文化程度所占比重（%）		无变化

二 甘肃省县域竞争力评价方法及评价标准

（一）甘肃省县域竞争力评价时间与地域范围

（1）甘肃省县域竞争力评价时段以甘肃省财政厅和甘肃省统计局提供的各县域2021年度统计数据为依据，评价基准年份为2021年。

（2）根据国家统计局农村调查有关全国县域竞争力所做的测评范围，结合甘肃省统计局的具体要求，课题组对甘肃省除兰州新区之外的86个县（市、区）和14个市（州）进行了县域竞争力的评价与分析。

（二）甘肃省县域竞争力评价方法

（1）数据的处理。在认真核对原始数据无误的情况下，对每一指标列数据进行标准化处理，使得各指标列数据形成无差异的标准化矩阵；在对数据进行标准化处理的基础上，分别以三级指标列为单位进行分值赋值，再进行加权加总得到一、二级指标分值。

（2）指标权重的确定。对于指标权重的确定，课题组是在专家打分的基础上运用层次分析法（Analytical Hierarchy Process，AHP）进行指标权重确定。2021年评价指标权重相对于2020年作了适当调整。

（三）甘肃省县域竞争力评价标准

甘肃省县域竞争力评价标准为5级划分，即绝对优势、一般优势、中势、一般劣势和绝对劣势，其评价的方法是根据86个县（市、区）和14个市（州）对应指标的分值进行评价。其中，分值大于等于85为绝对优势，分值小于85、大于等于80为一般优势，分值小于80、大于等于75为中势，分值小于75、大于等于70为一般劣势，分值小于70为绝对劣势（见表2）。

表2 2021年甘肃省县域竞争力评价标准

评价标准	分值
绝对优势	≥85
一般优势	≥80,<85
中势	≥75,<80
一般劣势	≥70,<75
绝对劣势	<70

三 甘肃省县域竞争力综合评价

（一）甘肃省县域竞争力综合评价结果

1.评价结果

通过对宏观经济竞争力、产业发展竞争力、基础设施竞争力、社会保障竞争力、公共服务竞争力、人居环境竞争力、社会结构竞争力、科学教育竞争力8个一级指标进行计算和分析，2021年甘肃省86个县（市、区）县域竞争力综合评价情况如表3所示。

表3 2021年甘肃省县域竞争力评价

县（市、区）	综合排序	2021年县域竞争力得分								
		综合竞争力	宏观经济	产业发展	基础设施	社会保障	公共服务	人居环境	社会结构	科学教育
兰州市城关区	1	90.00	90.00	88.20	86.41	88.85	89.10	80.69	90.00	76.13
兰州市七里河区	2	84.87	81.45	87.87	90.00	90.00	81.81	81.14	78.97	72.96
酒泉市肃州区	3	83.73	80.88	88.10	85.30	83.52	80.21	80.83	81.57	78.02
武威市凉州区	4	83.23	79.78	86.69	89.98	83.25	82.49	83.68	78.95	73.43
庆阳市西峰区	5	83.12	83.50	86.77	87.59	81.63	83.92	82.21	80.28	67.56
张掖市甘州区	6	82.92	79.65	85.94	88.36	84.32	82.67	83.04	76.82	76.02
兰州市西固区	7	82.69	80.89	86.18	84.62	89.02	80.61	80.05	81.95	79.44
白银市白银区	8	82.67	76.46	87.50	87.91	82.23	81.20	83.35	86.56	71.91

续表

县(市、区)	综合排序	2021年县域竞争力得分								
		综合竞争力	宏观经济	产业发展	基础设施	社会保障	公共服务	人居环境	社会结构	科学教育
平凉市崆峒区	9	82.50	77.79	83.71	85.96	87.73	83.04	85.04	80.21	76.12
临夏市	10	82.21	78.14	85.51	83.67	83.08	78.60	80.61	74.28	75.08
金昌市金川区	11	82.18	80.51	88.31	84.44	84.18	79.71	82.84	78.82	69.70
天水市秦州区	12	80.78	82.29	84.28	85.40	83.68	76.07	83.54	82.75	67.44
兰州市安宁区	13	80.63	77.16	90.00	83.84	83.85	69.51	79.78	75.76	82.20
榆中县	14	80.09	79.52	85.83	88.51	85.50	67.98	79.90	82.17	76.38
玉门市	15	79.90	81.15	83.91	82.15	83.75	73.10	85.71	81.13	67.36
皋兰县	16	79.54	76.37	87.56	89.21	80.64	75.16	78.95	77.19	72.43
天水市麦积区	17	78.61	74.93	78.30	86.06	77.69	77.51	84.56	79.76	74.94
永昌县	18	78.31	77.09	84.84	86.25	83.30	74.17	80.75	78.95	72.43
华亭市	19	78.30	75.08	79.97	82.57	81.54	78.81	81.36	71.08	86.93
永登县	20	77.99	76.72	83.72	81.88	86.21	75.71	81.29	70.88	72.88
定西市安定区	21	77.85	73.54	76.17	89.95	82.69	76.20	82.15	74.54	88.03
静宁县	22	77.54	73.90	78.32	80.61	77.23	79.78	85.90	72.74	78.49
山丹县	23	77.47	75.78	84.42	81.16	83.16	76.28	83.42	75.33	73.60
成县	24	77.21	74.47	79.34	84.93	81.09	79.77	80.34	78.15	72.25
瓜州县	25	77.10	73.01	77.99	78.03	79.26	86.86	84.99	69.82	82.88
民勤县	26	77.00	73.57	79.58	84.94	74.17	79.63	83.17	75.61	74.16
兰州市红古区	27	76.88	72.64	79.08	88.23	85.13	75.66	83.73	76.48	76.46
白银市平川区	28	76.70	73.71	82.93	84.94	77.73	74.97	77.05	73.27	82.55
临泽县	29	76.66	76.06	83.87	82.85	76.71	76.91	75.98	74.87	79.20
徽县	30	76.65	74.03	79.95	73.41	84.05	90.00	82.25	70.58	73.56
金塔县	31	76.35	77.98	76.62	77.60	85.85	76.30	80.96	78.62	73.39
临洮县	32	76.24	75.35	79.69	84.05	78.84	74.69	81.80	77.06	76.36
高台县	33	76.17	75.08	80.84	80.88	78.25	75.73	80.80	75.60	80.77
庄浪县	34	76.10	73.43	78.05	83.16	81.26	81.21	81.80	75.77	74.12
甘谷县	35	76.07	71.65	79.24	83.97	78.15	76.18	84.05	77.40	75.97
敦煌市	36	76.06	77.46	80.47	74.27	77.39	76.02	82.36	74.29	73.88
天祝藏族自治县	37	76.06	74.21	81.30	85.86	74.28	76.63	71.60	75.90	82.52
肃南裕固族自治县	38	75.90	75.19	79.31	79.13	72.42	76.05	80.89	73.94	73.89

续表

县(市、区)	综合排序	2021 年县域竞争力得分								
		综合竞争力	宏观经济	产业发展	基础设施	社会保障	公共服务	人居环境	社会结构	科学教育
景泰县	39	75.86	73.40	81.27	84.28	73.33	75.29	77.51	75.12	81.61
民乐县	40	75.84	73.11	78.74	85.99	78.12	72.05	83.25	77.06	77.06
陇西县	41	75.77	73.67	78.01	85.48	75.55	74.22	81.31	71.76	83.71
肃北蒙古族自治县	42	75.72	72.13	77.22	85.19	77.78	75.70	83.22	77.26	76.72
崇信县	43	75.64	72.65	75.34	85.84	77.68	73.72	81.05	75.7	85.29
靖远县	44	75.26	73.22	79.91	84.38	71.75	78.58	82.52	73.83	70.69
永靖县	45	75.19	70.35	77.7	85.42	76.88	74.34	82.77	73.22	81.99
宁县	46	75.18	72.00	80.99	85.11	78.82	74.04	79.37	73.49	79.24
陇南市武都区	47	74.67	73.01	74.99	83.90	83.68	68.23	86.74	75.02	80.95
镇原县	48	74.65	73.31	77.62	83.83	75.04	72.15	77.99	75.55	82.88
庆城县	49	74.63	76.10	76.95	84.25	78.77	70.42	70.98	80.81	69.90
灵台县	50	74.35	73.49	78.55	84.47	76.38	71.31	79.70	74.53	75.40
泾川县	51	74.15	69.75	72.77	81.94	77.04	73.80	78.48	74.50	75.79
阿克塞哈萨克族自治县	52	74.15	69.77	79.07	83.21	80.51	74.20	83.42	74.61	79.65
文县	53	73.85	74.30	77.59	81.22	70.17	73.19	80.65	72.65	75.75
武山县	54	73.77	71.12	71.01	87.83	72.87	85.98	80.74	72.10	66.84
秦安县	55	73.60	71.45	71.77	84.21	69.68	79.01	81.03	73.95	81.58
环县	56	73.54	72.35	76.68	82.16	75.94	73.14	82.30	73.62	77.76
古浪县	57	73.17	71.83	76.09	84.81	69.66	71.67	81.06	71.66	81.66
临夏县	58	72.99	72.18	75.84	88.04	75.98	72.22	80.19	75.61	74.49
岷县	59	72.99	66.76	75.92	87.91	76.94	73.88	83.23	80.24	70.81
会宁县	60	72.86	69.45	77.76	83.28	68.26	68.20	81.27	78.50	78.54
康县	61	72.64	75.13	77.37	73.89	80.45	69.89	78.93	76.41	81.74
和政县	62	72.52	72.26	72.09	82.83	73.58	74.49	83.97	72.29	73.64
渭源县	63	72.49	69.56	76.53	82.78	74.32	74.37	78.63	70.14	83.89
合水县	64	72.37	71.26	77.35	81.93	71.17	72.59	78.43	72.28	78.74
正宁县	65	72.31	73.76	72.12	74.76	77.62	77.58	79.88	68.24	78.89
合作市	66	72.2	72.56	79.64	73.01	75.87	75.72	85.52	68.31	65.97
张家川回族自治县	67	72.19	68.73	73.12	82.98	73.77	72.89	83.01	72.43	83.87

续表

县（市、区）	综合排序	2021 年县域竞争力得分								
		综合竞争力	宏观经济	产业发展	基础设施	社会保障	公共服务	人居环境	社会结构	科学教育
西和县	68	71.67	67.94	72.62	85.38	77.10	75.25	80.93	72.94	79.39
清水县	69	71.54	70.88	69.92	83.58	78.03	72.25	80.09	74.77	80.22
漳县	70	71.41	70.75	77.74	79.12	80.11	72.70	65.00	73.16	90.00
华池县	71	71.39	68.65	72.65	82.01	71.13	72.85	80.93	75.72	74.43
广河县	72	70.69	65.00	67.11	82.68	68.17	73.78	90.00	73.44	83.30
两当县	73	70.65	66.87	76.28	88.8	73.44	71.31	84.03	72.92	67.73
舟曲县	74	70.49	69.8	73.55	83.95	70.71	71.47	79.41	72.48	73.36
通渭县	75	70.43	69.16	75.89	82.59	70.29	69.23	78.71	73.75	78.69
宕昌县	76	70.23	67.47	71.46	83.65	79.22	70.21	80.56	71.86	75.91
礼县	77	69.91	68.25	76.13	79.26	65.00	68.90	79.68	76.06	77.4
临潭县	78	69.59	67.15	71.53	81.12	72.81	69.94	84.33	70.67	77.41
康乐县	79	69.52	67.99	68.39	78.14	71.73	71.01	86.37	70.12	73.30
卓尼县	80	69.39	69.21	71.05	77.80	77.00	73.15	77.10	74.23	76.80
迭部县	81	69.15	66.90	67.99	79.09	75.00	74.26	85.20	72.17	72.38
碌曲县	82	67.77	65.86	75.63	79.22	80.72	66.12	77.84	71.22	70.75
积石山保安族东乡族撒拉族自治县	83	67.05	65.80	65.00	78.12	70.39	76.01	82.27	65.31	73.95
东乡族自治县	84	66.78	66.43	71.10	76.76	68.54	65.00	81.23	73.14	75.79
夏河县	85	65.06	68.09	68.43	65.00	67.22	72.84	86.22	66.93	67.31
玛曲县	86	65.00	65.51	68.96	75.60	69.75	70.76	83.05	65.00	65.00
均值		75.31	73.33	78.28	82.96	77.74	75.35	81.31	75.06	76.39
极差		25.00	25.00	25.00	25.00	25.00	25.00	25.00	25.00	25.00
方差		21.87	21.80	32.12	19.13	31.13	23.25	11.77	17.67	27.21
标准差		4.68	4.67	5.67	4.37	5.58	4.82	3.43	4.20	5.22

资料来源：根据《甘肃发展年鉴（2021）》、甘肃省财政厅和甘肃省统计局提供的数据计算所得。

根据 2021 年甘肃省 86 个县域竞争力综合得分，86 个县（市、区）中处于绝对优势的县（市、区）由上年 2 个减少到兰州市城关区 1 个；处于一般优势的县（市、区）由上年 10 个增加到兰州市七里河区、酒泉市肃州区、武威市凉州区等13个；处于中势的县（市、区）由上年35个减少到玉门市、皋兰县、天水市麦积区等32个；处于一般劣势的县（市、区）由上年29个增加到陇南市武都区、镇原县、庆城县等30个；处于绝对劣势的县（市、区）有礼县、临潭县、康乐县等10个（见表4）。

表4 2021年甘肃省县域竞争力水平归类分布一览

评价标准	县域名称	个数
绝对优势	兰州市城关区	1
一般优势	兰州市七里河区、酒泉市肃州区、武威市凉州区、庆阳市西峰区、张掖市甘州区、兰州市西固区、白银市白银区、平凉市崆峒区、临夏市、金昌市金川区、天水市秦州区、兰州市安宁区、榆中县	13
中势	玉门市、皋兰县、天水市麦积区、永昌县、华亭市、永登县、定西市安定区、静宁县、山丹县、成县、瓜州县、民勤县、兰州市红古区、白银市平川区、临泽县、徽县、金塔县、临洮县、高台县、庄浪县、甘谷县、敦煌市、天祝藏族自治县、肃南裕固族自治县、景泰县、民乐县、陇西县、肃北蒙古族自治县、崇信县、靖远县、永靖县、宁县	32
一般劣势	陇南市武都区、镇原县、庆城县、灵台县、泾川县、阿克塞哈萨克族自治县、文县、武山县、秦安县、环县、古浪县、临夏县、岷县、会宁县、康县、和政县、渭源县、合水县、正宁县、合作市、张家川回族自治县、西和县、清水县、漳县、华池县、广河县、两当县、舟曲县、通渭县、宕昌县	30
绝对劣势	礼县、临潭县、康乐县、卓尼县、迭部县、碌曲县、积石山保安族东乡族撒拉族自治县、东乡族自治县、夏河县、玛曲县	10

2.结果分析

（1）从2021年甘肃省县域竞争力综合得分来看，得分均值为75.31，县域竞争力整体处于中势，比2020年仅下降了0.06；极差为25.00，在最大赋值范围内偏离100%，反映出县域竞争力得分最高县域与得分最低县域存在很大差异，发展不均衡；方差为21.87，标准差为4.68，方差、标准差相对2020年略有下降，反映出甘肃省86个县域竞争力差异在缩小。结合均值、极差、方差及标准差，2021年甘肃省县域竞争力整体而言在较低水平存在不均衡性。

（2）从2021年甘肃省县域竞争力水平归类分布来看，处于绝对优势的县（市、区）只有1个，兰州市城关区是甘肃省人民政府驻地，与2020年相比减少了1个区，即武威市凉州区（下降为一般优势）；处于一般优势的县（市、区）有13个，其中兰州市七里河区、兰州市西固区、兰州市安宁区、榆中县，酒泉市肃州区、武威市凉州区、庆阳市西峰区、张掖市甘州区、白银市白银区、平凉市崆峒区、临夏市、金昌市金川区、天水市秦州区是省会城市兰州市4个区（县）和9个市（州）人民政府所在地，与2020年相比新增3个县（市、区），即武威市凉州区、平凉市崆峒区和天水市秦州区；处于中势的县（市、区）有32个，与2020年相比新增2个县，即崇信县和宁县，减少5个县（市、区），其中2个区平凉市崆峒区和天水市秦州区上升为一般优势，3个县（区）陇南市武都区、镇原县和古浪县下降为一般劣势；处于一般劣势的县（市、区）有30个，与2020年相比新增5个县（区），即陇南市武都区、镇原县、古浪县、漳县、宕昌县，减少了4个县，其中2个县崇信县和宁县上升为中势，2个县礼县和卓尼县下降为绝对劣势；处于绝对劣势的县（市、区）有10个，与2020年相比减少2个县漳县和宕昌县上升为一般劣势，新增2个县，即礼县和卓尼县。2021年甘肃省县域竞争力分布与行政区域分布有较大相关性。

（3）一级指标分析，从2021年甘肃省县域竞争力一级指标得分均值来看，基础设施竞争力和人居环境竞争力得分均值分别为82.96和81.31处于一般优势，较2020年分别提高了0.56和5.31，同时方差分别下降了1.03和9.71，标准差分别下降了0.12和1.20；产业发展竞争力、社会保障竞争力和公共服务竞争力得分均值分别为78.28、77.74和75.35均处于中势，较2020年分别提高了3.94、3.51和0.87，方差分别上升了15.62、10.66和6.07，标准差分别上升了1.61、1.05和0.68；科学教育竞争力和社会结构竞争力得分均值分别为76.39和75.06均处于中势，较2020年分别下降了0.76和0.17，科学教育竞争力得分的方差和标准差分别提高了6.63和0.68，社会结构竞争力得分的方差和标准差分别下降了1.50和0.17；宏观经济竞争力得分均值为73.33，处于一般劣势，较2020年下降了0.09，方差和标准差分别上升了0.41和0.04；从极差、方差、标准差来看，甘肃省县域竞争力3个一级指标的差异较 2020 年呈缩小态势，4 个一级指标的差异较 2020 年呈扩大态势，1 个一级指标的差异与 2020 年相当（略有扩大）。所以 2021 年甘肃省县域竞争力各县域要素投入方面仍存在较大差异。

（4）县域竞争力排序变化，86 个县域中排序上升的有 45 个县（市、区），定西市安定区、兰州市红古区、泾川县等上升较快；兰州市城关区、成县、渭源县、舟曲县、临潭县 5 个县（区）排序未变化；排序下降的有 36 个县域，肃北蒙古族自治县、天祝藏族自治县、陇南市武都区等下降明显。

（二）甘肃省市（州）竞争力综合评价结果

1. 评价结果

2021 年甘肃省 14 个市（州）竞争力综合评价情况如表 5 所示。

表 5　2021 年甘肃省 14 个市（州）竞争力评价

市（州）	综合排序	2021 年县域竞争力								
		综合	宏观经济	产业发展	基础设施	社会保障	公共服务	人居环境	社会结构	科学教育
兰州市	1	90.00	90.00	90.00	90.00	90.00	87.55	79.67	90.00	76.05
酒泉市	2	80.32	80.20	83.29	73.32	79.25	87.49	83.95	77.26	77.25
平凉市	3	78.92	73.66	76.24	89.52	74.95	81.30	87.37	81.56	88.46
张掖市	4	78.19	75.23	78.48	80.85	72.87	90.00	87.07	77.97	78.63
天水市	5	76.71	75.01	81.50	86.83	73.08	72.21	82.58	81.66	80.43
武威市	6	76.71'	74.18	79.64	76.87	73.05	78.91	87.00	77.82	82.23
嘉峪关市	7	76.60	76.44	76.90	85.93	79.61	79.92	88.63	76.07	65.00
庆阳市	8	76.20	76.18	77.16	75.46	75.60	74.11	82.86	78.44	84.55
金昌市	9	75.15	73.10	81.65	74.03	78.08	75.27	90.00	78.63	68.08
白银市	10	74.47	74.35	79.37	82.21	65.00	72.21	79.41	68.34	87.27
陇南市	11	74.20	70.79	76.28	83.47	76.95	71.08	80.06	80.95	82.50
定西市	12	72.99	71.29	78.25	80.75	76.61	71.58	65.00	73.32	90.00
临夏回族自治州	13	72.36	68.03	76.47	85.79	70.55	67.88	83.76	81.12	79.17
甘南藏族自治州	14	65.00	65.00	65.00	65.00	72.79	74.08	87.81	65.00	77.07
均值		76.27	74.53	78.59	80.71	75.60	76.88	83.23	77.72	79.77
极差		25.00	25.00	25.00	25.00	25.00	25.00	25.00	25.00	25.00
方差		29.08	33.78	28.99	50.20	31.72	58.09	39.46	36.65	50.55
标准差		5.39	5.81	5.38	7.09	5.63	7.62	6.28	6.05	7.11

资料来源：根据《甘肃发展年鉴（2021）》、甘肃省财政厅和甘肃省统计局提供的数据计算所得。

2021 年甘肃省 14 个市（州）竞争力综合得分：兰州市 90.00，处于绝对优势；酒泉市 80.32 处于一般优势；平凉市 78.92、张掖市 78.19、天水市 76.71、武威市 76.71、嘉峪关市 76.60、庆阳市 76.20、金昌市 75.15，均处于中势；白银市 74.47、陇南市 74.20、定西市 72.99、临夏回族自治州 72.36，均处于一般劣势；甘南藏族自治州 65.00，处于绝对劣势。14 个市（州）竞争力水平归类分布情况见表 6。

表 6　2021 年甘肃省 14 市（州）竞争力水平归类分布一览

评价标准	市（州）名称	个数
绝对优势	兰州市	1
一般优势	酒泉市	1
中势	平凉市、张掖市、天水市、武威市、嘉峪关市、庆阳市、金昌市	7
一般劣势	白银市、陇南市、定西市、临夏回族自治州	4
绝对劣势	甘南藏族自治州	1

2. 结果分析

（1）各市（州）综合竞争力分析，14 个市（州）综合竞争力得分均值为 76.27，比 86 个县（市、区）均值高 0.96，处于中势；方差、标准差明显增大，说明在 14 个市（州）之间总体差异不小，结合 86 个县（市、区）的评价结果，反映出各市州所辖县域之间存在较大差异，各市（州）所辖县域之间发展不均衡。

（2）各市（州）竞争力一级指标分析，14 个市（州）一级指标（除产业发展竞争力外）方差、标准差多数较 86 个县（市、区）明显增大；同时结合 86 个县（市、区）评价结果，也说明各市（州）所辖县域之间存在较大差异，所辖县域之间要素配置不均衡。

（3）各市（州）竞争力排序变化，排序上升的有 4 个市（州），为金昌市、平凉市、张掖市、天水市；排序未变的有 5 个市（州），为兰州市、酒泉市、庆阳市、白银市、甘南藏族自治州；排序下降的有 5 个市，为武威市、嘉峪关市、陇南市、定西市、临夏回族自治州。

四　甘肃省县域竞争力子系统评价分析

（一）甘肃省县域宏观经济竞争力子系统评价分析

1. 甘肃省县域宏观经济竞争力子系统评价结果

（1）评价结果

通过对经济均量、经济总量、金融资本3个二级指标的综合计算，得出2021年甘肃省86个县（市、区）县域宏观经济竞争力评价情况如表7所示。

表7　2021年甘肃省县域宏观经济竞争力评价

县（市、区）	综合排序	宏观经济竞争力得分			
		综合竞争力	经济均量竞争力	经济总量竞争力	金融资本竞争力
兰州市城关区	1	90.00	87.56	90.00	90.00
兰州市七里河区	2	83.50	84.28	83.99	83.06
兰州市西固区	3	82.29	86.05	81.43	80.35
酒泉市肃州区	4	81.45	83.42	82.02	80.75
兰州市安宁区	5	81.15	84.07	80.49	80.74
白银市白银区	6	80.89	83.99	81.32	79.28
武威市凉州区	7	80.88	78.75	84.72	82.21
金昌市金川区	8	80.51	85.69	78.72	78.89
庆阳市西峰区	9	79.78	79.82	82.38	80.40
张掖市甘州区	10	79.65	79.51	82.34	80.49
天水市秦州区	11	79.52	77.53	82.91	81.99
玉门市	12	78.14	85.13	78.59	73.45
敦煌市	13	77.98	82.79	76.84	77.70
平凉市崆峒区	14	77.79	77.41	80.97	79.56
兰州市红古区	15	77.46	83.99	76.68	75.02
皋兰县	16	77.16	81.68	77.75	75.97
天水市麦积区	17	77.09	75.91	81.47	79.05
瓜州县	18	76.72	83.81	76.49	73.47

续表

县(市、区)	综合排序	宏观经济竞争力得分			
		综合竞争力	经济均量竞争力	经济总量竞争力	金融资本竞争力
临夏市	19	76.46	76.72	79.24	78.70
榆中县	20	76.37	75.79	80.00	78.81
陇南市武都区	21	76.10	74.44	80.94	78.79
定西市安定区	22	76.06	75.42	80.08	78.37
永昌县	23	75.78	80.38	76.68	75.04
永登县	24	75.35	76.88	78.32	76.51
金塔县	25	75.19	82.42	75.03	72.67
环县	26	75.13	76.72	79.78	74.63
白银市平川区	27	75.08	79.14	75.94	75.48
民勤县	28	75.08	77.97	76.86	75.97
华亭市	29	74.93	79.39	76.47	74.23
山丹县	30	74.47	79.28	75.43	74.20
庆城县	31	74.30	76.82	76.77	75.40
陇西县	32	74.21	73.49	78.98	76.99
肃北蒙古族自治县	33	74.03	90.00	69.80	65.66
天祝藏族自治县	34	73.90	76.62	77.36	73.98
华池县	35	73.76	79.45	76.10	71.44
景泰县	36	73.71	76.63	76.72	74.12
靖远县	37	73.67	74.24	78.50	75.13
临泽县	38	73.57	79.26	73.86	73.48
静宁县	39	73.54	73.78	78.62	75.23
秦安县	40	73.49	73.12	78.16	76.39
高台县	41	73.43	78.70	74.11	73.55
临洮县	42	73.40	72.18	78.53	76.94
镇原县	43	73.31	73.70	77.85	75.52
民乐县	44	73.22	76.69	75.78	73.74
甘谷县	45	73.11	72.30	78.47	76.08
肃南裕固族自治县	46	73.01	85.28	71.66	66.87
宁县	47	73.01	74.04	76.70	75.49
庄浪县	48	72.65	73.23	77.67	74.53
成县	49	72.64	74.39	75.85	74.97
合作市	50	72.56	77.30	74.34	72.72

县(市、区)	综合排序	宏观经济竞争力得分			
		综合竞争力	经济均量竞争力	经济总量竞争力	金融资本竞争力
古浪县	51	72.35	72.79	77.24	74.73
合水县	52	72.26	77.04	74.07	72.54
武山县	53	72.18	72.45	76.84	75.11
崇信县	54	72.13	79.16	72.84	70.87
永靖县	55	72.00	73.43	76.16	74.14
会宁县	56	71.83	70.18	78.52	75.24
徽县	57	71.65	74.33	74.61	73.69
泾川县	58	71.45	73.53	74.22	74.56
岷县	59	71.26	70.23	76.68	75.58
阿克塞哈萨克族自治县	60	71.12	88.32	65.00	65.00
正宁县	61	70.88	74.33	73.05	73.29
通渭县	62	70.75	70.53	76.44	74.13
文县	63	70.35	71.48	75.06	73.31
清水县	64	69.80	71.38	74.02	73.05
灵台县	65	69.77	72.65	72.63	72.85
礼县	66	69.75	68.06	75.67	75.31
渭源县	67	69.56	70.31	74.51	73.24
临夏县	68	69.45	69.11	76.12	72.77
宕昌县	69	69.21	69.80	74.15	73.31
西和县	70	69.16	68.24	74.58	74.66
张家川回族自治县	71	68.73	69.52	73.40	73.18
舟曲县	72	68.65	71.60	71.94	71.90
漳县	73	68.25	71.12	71.81	71.58
夏河县	74	68.09	73.54	71.23	68.76
卓尼县	75	67.99	72.68	71.33	69.46
康县	76	67.94	70.17	71.93	71.80
临潭县	77	67.47	70.39	71.39	70.84
康乐县	78	67.15	67.52	73.06	71.81
迭部县	79	66.90	73.69	68.70	68.05
广河县	80	66.87	67.65	72.66	71.32
和政县	81	66.76	67.49	72.19	71.72

县（市、区）	综合排序	宏观经济竞争力得分			
		综合竞争力	经济均量竞争力	经济总量竞争力	金融资本竞争力
积石山保安族东乡族撒拉族自治县	82	66.43	66.82	72.92	70.91
东乡族自治县	83	65.86	65.00	74.09	70.43
碌曲县	84	65.80	74.78	67.34	65.20
玛曲县	85	65.51	73.16	67.91	65.85
两当县	86	65.00	72.52	65.27	68.01
均值		73.33	75.96	76.15	74.56
极差		25.00	25.00	25.00	25.00
方差		21.80	30.62	17.86	17.52
标准差		4.67	5.53	4.23	4.19

资料来源：根据《甘肃发展年鉴（2021）》、甘肃省财政厅和甘肃省统计局提供的数据计算所得。

根据 2021 年甘肃省 86 个县域宏观经济竞争力得分，86 个县（市、区）中处于绝对优势的县（市、区）只有兰州市城关区 1 个（同上年）；处于一般优势的县（市、区）有兰州市七里河区、兰州市西固区、酒泉市肃州区等 7 个（同上年）；处于中势的县（市、区）由上年 19 个增加到庆阳市西峰区、张掖市甘州区、天水市秦州区等 20 个；处于一般劣势的县（市、区）有华亭市、山丹县、庆城县等 35 个（同上年）；处于绝对劣势的县（市、区）由上年 24 个减少到清水县、灵台县、礼县等 23 个（见表8）。

（2）结果分析

2021 年甘肃省县域宏观经济竞争力 86 个县（市、区）得分均值为 73.33，处于一般劣势，其极差、方差、标准差均相对较大，差异性较大，86 个县（市、区）之间发展不均衡；经济总量竞争力和经济均量竞争力的均值分别为 76.15 和 75.96，均处于中势；金融资本竞争力得分均值为 74.56，处于一般劣势；3 个二级指标的极差、方差、标准差存在较大差异，在 86 个县（市、区）之间三个要素配置失衡。

表8　2021年甘肃省县域宏观经济竞争力水平归类分布一览

评价标准	县域名称	个数
绝对优势	兰州市城关区	1
一般优势	兰州市七里河区、兰州市西固区、酒泉市肃州区、兰州市安宁区、白银市白银区、武威市凉州区、金昌市金川区	7
中势	庆阳市西峰区、张掖市甘州区、天水市秦州区、玉门市、敦煌市、平凉市崆峒区、兰州市红古区、皋兰县、天水市麦积区、瓜州县、临夏市、榆中县、陇南市武都区、定西市安定区、永昌县、永登县、金塔县、环县、白银市平川区、民勤县	20
一般劣势	华亭市、山丹县、庆城县、陇西县、肃北蒙古族自治县、天祝藏族自治县、华池县、景泰县、靖远县、临泽县、静宁县、秦安县、高台县、临洮县、镇原县、民乐县、甘谷县、肃南裕固族自治县、宁县、庄浪县、成县、合作市、古浪县、合水县、武山县、崇信县、永靖县、会宁县、徽县、泾川县、岷县、阿克塞哈萨克族自治县、正宁县、通渭县、文县	35
绝对劣势	清水县、灵台县、礼县、渭源县、临夏县、宕昌县、西和县、张家川回族自治县、舟曲县、漳县、夏河县、卓尼县、康县、临潭县、康乐县、迭部县、广河县、和政县、积石山保安族东乡族撒拉族自治县、东乡族自治县、碌曲县、玛曲县、两当县	23

从2021年甘肃省86个县域宏观经济竞争力水平分布来看，处于绝对优势的1个县（市、区）与2020年相比没有变化；处于一般优势的7个县（市、区）与2020年相比没有增减；处于中势的20个县（市、区）中，与2020年相比新增金塔县1个县；处于一般劣势的35个县（市、区）中，与2020年相比减少金塔县1个县上升为中势，新增正宁县1个县；处于绝对劣势的23个县（市、区）中，与2020年相比减少正宁县1个县（上升为一般劣势）。

从86个县（市、区）宏观经济竞争力水平归类分布来看，行政区域分布特征明显；兰州市周边县（市）及市（州）人民政府所在县域宏观经济竞争力提升较快，其他县域宏观经济竞争力提升相对较慢，但上升趋势依然存在。

从排序变化来看，有35个县（市、区）排序上升，华池县和灵台县上升较快；兰州市城关区、兰州市七里河区、兰州市西固区等22个县（市、区）排序未变；有29个县（市、区）排序下降，肃南裕固族自治县、玛曲县、临夏市下降较快。

2.甘肃省市（州）宏观经济竞争力子系统评价分析

（1）评价结果

2021年甘肃省14个市（州）宏观经济竞争力综合评价情况如表9所示。

表9　2021年甘肃省14个市（州）宏观经济竞争力评价

市（州）	综合排序	宏观经济竞争力			
		综合竞争力	经济均量竞争力	经济总量竞争力	金融资本竞争力
兰州市	1	90.00	83.64	90.00	90.00
酒泉市	2	80.20	85.24	76.34	74.58
嘉峪关市	3	76.44	90.00	65.78	68.18
庆阳市	4	76.18	74.37	78.61	76.03
张掖市	5	75.23	78.07	73.61	73.33
天水市	6	75.01	70.32	78.47	78.39
白银市	7	74.35	75.43	74.82	73.31
武威市	8	74.18	74.07	74.33	75.10
平凉市	9	73.66	72.94	75.39	74.23
金昌市	10	73.10	83.83	65.01	68.12
定西市	11	71.29	67.70	75.09	75.07
陇南市	12	70.79	67.10	74.77	74.82
临夏回族自治州	13	68.03	65.00	72.70	72.17
甘南藏族自治州	14	65.00	69.79	65.00	65.00
均值		74.53	75.54	74.28	74.16
极差		25.00	25.00	25.00	25.00
方差		33.78	58.33	41.32	33.55
标准差		5.81	7.64	6.43	5.79

资料来源：根据《甘肃发展年鉴（2021）》、甘肃省财政厅和甘肃省统计局提供的数据计算所得。

2021年甘肃省14个市（州）宏观经济竞争力得分：兰州市90.00，处于绝对优势，酒泉市80.20处于一般优势；嘉峪关市76.44、庆阳市76.18、张掖市75.23、天水市75.01，均处于中势；白银市74.35、武威市74.18、平凉市73.66、金昌市73.10、定西市71.29、陇南市70.79均处于一般劣势；临夏回族自治州 68.03、甘南藏族自治州 65.00，均处于绝对劣势；14 个市（州）宏观经济竞争力水平归类分布情况见表 10。

表 10 　2021 年甘肃省 14 个市（州）宏观经济竞争力水平归类分布一览

评价标准	市(州)名称	个数
绝对优势	兰州市	1
一般优势	酒泉市	1
中势	嘉峪关市、庆阳市、张掖市、天水市	4
一般劣势	白银市、武威市、平凉市、金昌市、定西市、陇南市	6
绝对劣势	临夏回族自治州、甘南藏族自治州	2

（2）结果分析

从宏观经济竞争力总体看，14 个市（州）宏观经济竞争力得分均值为 74.53，处于一般劣势，与 86 个县（市、区）结果一致。从宏观经济竞争力二级指标看，14 个市（州）经济均量竞争力得分均值为 75.54 处于中势，经济总量竞争力和金融资本竞争力得分均值分别为 74.28 和 74.16，均处于一般劣势；经济均量、经济总量和金融资本极差、方差、标准差较大，较 86 个县（市、区）有较大扩大，存在一定差异，要素配置不均衡；同时结合 86 个县（市、区）评价结果，也说明各市州所辖县域之间存在一定差异，各市（州）所辖县域之间要素配置不均衡。

从宏观经济竞争力排序变化看，排序上升的有天水市和白银市；兰州市、酒泉市、嘉峪关市、庆阳市、张掖市、平凉市、金昌市、定西市、陇南市、临夏回族自治州、甘南藏族自治州 11 个市（州）排序未变；排序下降的只有武威市。

（二）甘肃省县域产业发展竞争力子系统评价分析

1. 甘肃省县域产业发展竞争力子系统评价结果

（1）评价结果

通过对产业总量竞争力、产业结构竞争力、产业效率竞争力、农业产业化竞争力4个二级指标进行计算和分析，2021年甘肃省86个县（市、区）县域产业发展竞争力评价情况如表11所示。

表11 2021年甘肃省县域产业发展竞争力评价表

县（市、区）	综合排序	产业发展竞争力得分				
		综合竞争力	产业总量竞争力	产业结构竞争力	产业效率竞争力	农业产业化竞争力
皋兰县	1	90.00	80.81	81.23	90.00	87.15
金昌市金川区	2	88.31	86.87	81.51	80.55	83.59
兰州市城关区	3	88.20	90.00	90.00	77.90	79.07
武威市凉州区	4	88.10	85.29	75.84	78.15	89.29
酒泉市肃州区	5	87.87	83.54	79.47	84.46	84.93
榆中县	6	87.56	84.13	81.35	87.81	78.77
临夏市	7	87.50	79.05	88.71	82.29	90.00
兰州市七里河区	8	86.77	87.37	86.94	75.49	82.73
庆阳市西峰区	9	86.69	85.84	84.76	78.44	82.42
白银市白银区	10	86.18	86.11	84.83	81.47	77.93
张掖市甘州区	11	85.94	82.67	76.77	78.97	86.98
天水市秦州区	12	85.83	84.86	83.53	83.93	76.88
玉门市	13	85.51	82.95	77.61	80.90	84.38
天水市麦积区	14	84.84	83.56	81.50	83.87	77.09
永昌县	15	84.42	80.22	75.31	82.37	84.08
兰州市西固区	16	84.28	88.49	84.93	74.83	76.50
兰州市安宁区	17	83.91	85.25	88.36	82.40	72.01
定西市安定区	18	83.87	80.73	81.54	81.97	80.74
瓜州县	19	83.72	80.41	77.12	82.12	82.61
平凉市崆峒区	20	83.71	82.19	82.76	80.84	78.61
景泰县	21	82.93	78.08	72.94	82.81	83.91
陇西县	22	81.30	79.61	80.11	81.30	77.03
临洮县	23	81.27	78.93	79.63	80.90	78.75
永靖县	24	80.99	78.12	75.25	82.18	79.77
白银市平川区	25	80.84	79.81	81.20	79.64	77.37
兰州市红古区	26	80.47	82.09	82.27	70.71	81.61
民勤县	27	79.97	77.13	65.51	75.77	87.29
肃北蒙古族自治县	28	79.95	73.27	82.63	82.81	81.26

县(市、区)	综合排序	产业发展竞争力得分				
		综合竞争力	产业总量竞争力	产业结构竞争力	产业效率竞争力	农业产业化竞争力
民乐县	29	79.91	76.84	71.59	80.71	82.24
永登县	30	79.69	81.57	81.65	76.12	75.45
合作市	31	79.64	76.34	87.39	77.25	79.52
临泽县	32	79.58	75.70	70.14	79.09	85.70
山丹县	33	79.34	77.03	75.01	78.94	80.93
金塔县	34	79.31	75.70	66.27	81.53	83.87
徽县	35	79.24	77.51	77.35	79.15	78.58
成县	36	79.08	78.92	79.92	76.96	77.20
灵台县	37	79.07	72.30	71.69	89.13	77.99
甘谷县	38	78.74	76.53	75.34	80.57	77.91
秦安县	39	78.55	75.18	75.91	81.27	78.58
天祝藏族自治县	40	78.32	76.93	76.05	80.32	76.42
华亭市	41	78.30	79.15	79.79	77.15	74.54
高台县	42	78.05	74.87	69.49	79.18	83.14
靖远县	43	78.01	76.75	65.00	80.54	78.79
肃南裕固族自治县	44	77.99	74.39	74.15	81.94	78.66
临夏县	45	77.76	73.27	77.98	82.41	77.74
通渭县	46	77.74	74.98	80.27	80.63	75.85
文县	47	77.70	76.56	78.56	77.67	77.17
镇原县	48	77.62	76.80	70.81	79.33	77.98
庆城县	49	77.59	77.55	78.25	76.36	76.83
环县	50	77.37	78.63	77.76	73.46	77.91
岷县	51	77.35	74.35	79.41	81.68	75.03
崇信县	52	77.22	76.50	75.36	77.42	77.64
陇南市武都区	53	76.95	78.11	80.19	79.60	69.64
古浪县	54	76.68	75.48	67.19	76.84	80.51
敦煌市	55	76.62	77.39	81.50	71.24	78.90
渭源县	56	76.53	72.81	72.63	82.00	77.92
广河县	57	76.28	71.03	76.72	82.15	78.34
静宁县	58	76.17	75.40	68.32	79.91	76.82
漳县	59	76.13	72.50	77.99	81.99	75.07
会宁县	60	76.09	75.87	68.84	75.26	79.66
和政县	61	75.92	72.30	80.71	82.98	72.57
西和县	62	75.89	73.49	78.00	79.77	75.28

续表

县(市、区)	综合排序	产业发展竞争力得分				
		综合竞争力	产业总量竞争力	产业结构竞争力	产业效率竞争力	农业产业化竞争力
武山县	63	75.84	74.68	70.57	78.63	77.05
东乡族自治县	64	75.63	73.65	76.16	84.09	70.20
庄浪县	65	75.34	73.11	70.84	80.56	76.61
宁县	66	74.99	74.44	73.57	75.59	77.87
清水县	67	73.55	71.20	71.53	80.56	74.59
张家川回族自治县	68	73.12	70.69	73.89	78.07	76.11
礼县	69	72.77	74.64	76.79	77.02	68.54
舟曲县	70	72.65	68.95	82.52	76.89	75.47
康县	71	72.62	71.42	79.99	75.49	73.89
华池县	72	72.12	74.54	79.48	69.80	74.00
合水县	73	72.09	73.57	78.71	70.25	75.35
泾川县	74	71.77	72.25	74.41	70.16	78.64
康乐县	75	71.53	68.75	72.36	79.14	74.54
临潭县	76	71.46	69.06	81.37	76.16	73.37
积石山保安族东乡族撒拉族自治县	77	71.10	67.56	81.02	81.37	69.16
宕昌县	78	71.05	67.30	78.70	73.43	79.46
阿克塞哈萨克族自治县	79	71.01	68.61	82.77	70.52	78.70
正宁县	80	69.92	68.61	78.19	73.03	74.87
玛曲县	81	68.96	69.41	72.91	65.00	82.30
夏河县	82	68.43	70.07	73.18	76.91	66.10
卓尼县	83	68.39	70.72	79.70	67.77	72.49
迭部县	84	67.99	69.91	78.78	69.35	71.38
两当县	85	67.11	65.11	74.05	73.94	73.86
碌曲县	86	65.00	65.00	75.43	76.35	65.00
均值		78.28	76.50	77.53	78.67	78.05
极差		25.00	25.00	25.00	25.00	25.00
方差		32.12	30.52	28.32	20.49	22.70
标准差		5.67	5.52	5.32	4.53	4.76

资料来源：根据《甘肃发展年鉴（2021）》、甘肃省财政厅和甘肃省统计局提供的数据计算所得。

　　根据2021年甘肃省86个县域产业发展竞争力得分，86个县（市、区）中处于绝对优势的县（市、区）由上年1个增加到皋兰县、金昌市金川区、兰州市城关区等13个；处于一般优势的县（市、区）由上年7个增加到天水市麦积区、永昌县、兰州市西固区等13个；处于中势的县（市、区）由上年25个增加到民勤县、肃北蒙古族自治县、民乐县等39个；处于一般劣势的县（市、区）由上年44个减少到宁县、清水县、张家川回族自治县等14个；处于绝对劣势的县（市、区）由上年9个减少到正宁县、玛曲县、夏河县等7个（见表12）。

表12　2021年甘肃省县域产业发展竞争力水平归类分布一览

评价标准	县域名称	个数
绝对优势	皋兰县、金昌市金川区、兰州市城关区、武威市凉州区、酒泉市肃州区、榆中县、临夏市、兰州市七里河区、庆阳市西峰区、白银市白银区、张掖市甘州区、天水市秦州区、玉门市	13
一般优势	天水市麦积区、永昌县、兰州市西固区、兰州市安宁区、定西市安定区、瓜州县、平凉市崆峒区、景泰县、陇西县、临洮县、永靖县、白银市平川区、兰州市红古区	13
中势	民勤县、肃北蒙古族自治县、民乐县、永登县、合作市、临泽县、山丹县、金塔县、徽县、成县、灵台县、甘谷县、秦安县、天祝藏族自治县、华亭市、高台县、靖远县、肃南裕固族自治县、临夏县、通渭县、文县、镇原县、庆城县、环县、岷县、崇信县、陇南市武都区、古浪县、敦煌市、渭源县、广河县、静宁县、漳县、会宁县、和政县、西和县、武山县、东乡族自治县、庄浪县	39
一般劣势	宁县、清水县、张家川回族自治县、礼县、舟曲县、康县、华池县、合水县、泾川县、康乐县、临潭县、积石山保安族东乡族撒拉族自治县、宕昌县、阿克塞哈萨克族自治县	14
绝对劣势	正宁县、玛曲县、夏河县、卓尼县、迭部县、两当县、碌曲县	7

　　（2）结果分析

　　2021年甘肃省86个县（市、区）县域产业发展竞争力得分均值为78.28，处于中势，其极差、方差、标准差均相对较大，存在一定差异，86个县（市、区）之间发展不均衡；二级指标产业效率竞争力、农业产业化竞争力、产业结构竞争力、产业总量竞争力得分均值分别为78.67、78.05、

77.53、76.50，均处于中势；从 4 个二级指标的极差、方差、标准差来看，产业结构竞争力存在较大差异，在 86 个县（市、区）之间，要素配置失衡。

从 2021 年甘肃省 86 个县（市、区）产业发展竞争力水平归类分布来看，处于绝对优势的 13 个县（市、区）中，与 2020 年相比减少 1 个区兰州市安宁区下降为一般优势，新增 13 个县（市、区），即皋兰县、金昌市金川区、兰州市城关区、武威市凉州区、酒泉市肃州区、榆中县、临夏市、兰州市七里河区、庆阳市西峰区、白银市白银区、张掖市甘州区、天水市秦州区、玉门市；处于一般优势的 13 个县（市、区）中，与 2020 年相比减少 7 个县（区）：皋兰县、金昌市金川区、兰州市城关区、武威市凉州区、酒泉市肃州区、榆中县、兰州市七里河区均上升为绝对优势，新增 13 个县（市、区），即天水市麦积区、永昌县、兰州市西固区、兰州市安宁区、定西市安定区、瓜州县、平凉市崆峒区、景泰县、陇西县、临洮县、永靖县、白银市平川区、兰州市红古区；处于中势的 39 个县（市、区）中，与 2020 年相比减少了 18 个县（区），其中 6 个市（区）临夏市、庆阳市西峰区、白银市白银区、张掖市甘州区、天水市秦州区、玉门市上升为绝对优势，12 个县（区）天水市麦积区、永昌县、兰州市西固区、定西市安定区、瓜州县、平凉市崆峒区、景泰县、陇西县、临洮县、永靖县、白银市平川区、兰州市红古区上升为一般优势，新增 32 个县（市、区），分别是民勤县、合作市、金塔县、徽县、灵台县、甘谷县、秦安县、天祝藏族自治县、华亭市、高台县、靖远县、肃南裕固族自治县、临夏县、通渭县、文县、镇原县、庆城县、环县、岷县、崇信县、陇南市武都区、敦煌市、渭源县、广河县、静宁县、漳县、会宁县、和政县、西和县、武山县、东乡族自治县、庄浪县；处于一般劣势的 14 个县（市、区）中，与 2020 年相比减少了 34 个县，其中 32 个县（市、区）民勤县、合作市、金塔县、徽县、灵台县、甘谷县、秦安县、天祝藏族自治县、华亭市、高台县、靖远县、肃南裕固族自治县、临夏县、通渭县、文县、镇原县、庆城县、环县、岷县、崇信县、陇南市武都区、敦煌市、渭源县、广河县、静宁县、漳县、会宁县、和政县、西和县、武山县、东乡族自治县、庄浪县上升为中势，2个县卓尼县和正宁县下降为绝对劣势，新增4个县，即泾川县、临潭县、积石山保安族东乡族撒拉族自治县和宕昌县；处于绝对劣势的7个县（市、区）中，与2020年相比减少4个县泾川县、临潭县、积石山保安族东乡族撒拉族自治县和宕昌县上升为一般劣势，新增2个县正宁县和卓尼县。

从86个县（市、区）产业发展竞争力水平归类分布来看，行政区域分布特征明显；兰州市周边县（市）及特色产业优势明显的县域产业发展竞争力提升较快，其他县域产业发展竞争力提升相对较慢。

从排序变化来看，排序上升的为40个县（市、区），灵台县、景泰县、合作市等上升较快。兰州市七里河区、张掖市甘州区、瓜州县等9个县（市、区）排序未变。排序下降的有37个县（市、区），古浪县、兰州市安宁区、陇南市武都区等下降较快。

2. 甘肃省市（州）产业发展竞争力子系统评价分析

（1）评价结果

2021年甘肃省14个市（州）产业发展竞争力综合评价情况如表13所示。

表13　2021年甘肃省14个市（州）产业发展竞争力评价

市（州）	综合排序	产业发展竞争力				
		综合竞争力	产业总量竞争力	产业结构竞争力	产业效率竞争力	农业产业化竞争力
兰州市	1	90.00	90.00	90.00	80.74	81.86
酒泉市	2	83.29	79.01	72.01	82.80	84.55
金昌市	3	81.65	77.92	75.66	84.16	78.79
天水市	4	81.50	78.35	75.07	90.00	71.89
武威市	5	79.64	75.06	65.00	74.39	90.00
白银市	6	79.37	78.29	72.52	80.53	74.18
张掖市	7	78.48	74.02	66.38	79.54	82.82
定西市	8	78.25	74.36	76.71	86.33	72.01
庆阳市	9	77.16	78.90	74.94	73.70	70.92
嘉峪关市	10	76.90	76.07	81.84	81.93	66.39

市（州）	综合排序	产业发展竞争力				
		综合竞争力	产业总量竞争力	产业结构竞争力	产业效率竞争力	农业产业化竞争力
临夏回族自治州	11	76.47	71.30	78.11	88.64	69.73
陇南市	12	76.28	74.24	75.20	82.71	69.14
平凉市	13	76.24	75.10	70.17	78.27	72.73
甘南藏族自治州	14	65.00	65.00	78.99	65.00	65.00
均值		78.59	76.26	75.19	80.62	75.00
极差		25.00	25.00	25.00	25.00	25.00
方差		28.99	29.34	39.46	41.97	55.08
标准差		5.38	5.42	6.28	6.48	7.42

资料来源：根据《甘肃发展年鉴（2021）》、甘肃省财政厅和甘肃省统计局提供的数据计算所得。

2021年甘肃省14个市（州）产业发展竞争力得分：兰州市90.00，处于绝对优势；酒泉市83.29、金昌市81.65、天水市81.50，均处于一般优势；武威市79.64、白银市79.37、张掖市78.48、定西市78.25、庆阳市77.16、嘉峪关市76.90、临夏回族自治州76.47、陇南市76.28、平凉市76.24，均处于中势；无处于一般劣势的市（州）；甘南藏族自治州65.00，处于绝对劣势（见表14）。

表14 2021年甘肃省14个市（州）产业发展竞争力水平归类分布一览

评价标准	市（州）名称（个数）	个数
绝对优势	兰州市	1
一般优势	酒泉市、金昌市、天水市	3
中势	武威市、白银市、张掖市、定西市、庆阳市、嘉峪关市、临夏回族自治州、陇南市、平凉市	9
一般劣势	—	0
绝对劣势	甘南藏族自治州	1

从产业发展竞争力排序变化来看，排序上升的有 5 个市（州），为天水市、定西市、酒泉市、白银市、张掖市；排序未变的有兰州市、庆阳市、临夏回族自治州、陇南市、平凉市、甘南藏族自治州 6 个市（州）；排序下降的有 3 个市，为嘉峪关市、金昌市、武威市。

（2）结果分析

从产业发展竞争力总体看，14 个市（州）产业发展竞争力得分均值为 78.59，处于中势，与 86 个县（市、区）结果一致。

从产业发展竞争力二级指标看，14 个市（州）产业效率竞争力得分均值为 80.62 处于一般优势；产业总量竞争力、产业结构竞争力和农业产业化竞争力得分均值为 76.26、75.19 和 75.00 处于中势；产业效率、产业结构和农业产业化竞争力 3 个二级指标的方差、标准差与 86 个县（市、区）相比较明显扩大，要素配置不均衡；同时结合 86 个县（市、区）评价结果，也说明各市州所辖县域之间存在较大差异，各市（州）所辖县域之间要素配置不均衡。

（三）甘肃省县域基础设施竞争力子系统评价分析

1. 甘肃省县域基础设施竞争力子系统评价结果

（1）评价结果

通过对生活条件竞争力、互联通讯竞争力、公路交通竞争力 3 个二级指标进行计算和分析，2021 年甘肃省 86 个县（市、区）县域基础设施竞争力评价情况如表 15 所示。

表 15　2021 年甘肃省县域基础设施竞争力评价

县（市、区）	综合排序	基础设施竞争力得分			
		综合竞争力	生活条件竞争力	互联通讯竞争力	公路交通竞争力
酒泉市肃州区	1	90.00	84.54	82.34	83.59
庆阳市西峰区	2	89.98	88.72	75.79	86.35
静宁县	3	89.95	86.47	73.25	90.00
榆中县	4	89.21	84.23	79.63	85.11

县（市、区）	综合排序	基础设施竞争力得分			
		综合竞争力	生活条件竞争力	互联通讯竞争力	公路交通竞争力
广河县	5	88.80	86.23	71.78	89.96
天水市秦州区	6	88.51	88.06	74.62	85.93
张掖市甘州区	7	88.36	85.58	78.27	84.28
成县	8	88.23	88.05	76.57	83.92
武山县	9	88.04	85.75	76.36	85.38
和政县	10	87.91	83.52	72.64	89.89
临夏市	11	87.91	87.89	82.26	78.75
阿克塞哈萨克族自治县	12	87.83	90.00	86.34	73.75
兰州市七里河区	13	87.59	88.58	79.77	80.01
兰州市城关区	14	86.41	87.65	87.62	72.42
天水市麦积区	15	86.25	86.95	75.20	83.30
华亭市	16	86.06	88.60	76.29	81.03
甘谷县	17	85.99	84.49	71.00	88.21
平凉市崆峒区	18	85.96	86.31	76.44	82.30
陇西县	19	85.86	83.01	73.16	87.19
庄浪县	20	85.84	88.42	72.92	83.74
靖远县	21	85.48	87.58	73.50	83.36
文县	22	85.42	85.39	75.10	83.38
兰州市西固区	23	85.40	88.49	80.27	76.86
康县	24	85.38	87.37	71.36	85.19
武威市凉州区	25	85.30	84.29	73.99	84.91
崇信县	26	85.19	88.97	76.16	79.78
永靖县	27	85.11	88.85	75.74	80.12
临泽县	28	84.94	87.23	74.92	81.70
景泰县	29	84.94	86.65	74.27	82.64
山丹县	30	84.93	88.01	73.58	82.30
会宁县	31	84.81	80.58	74.53	86.31
白银市白银区	32	84.62	84.25	79.78	79.13
秦安县	33	84.47	84.02	72.59	85.24
金昌市金川区	34	84.44	89.27	77.80	77.23
民乐县	35	84.38	87.25	73.02	82.58
临洮县	36	84.28	87.07	72.35	83.14
陇南市武都区	37	84.25	86.76	67.01	87.89

县(市、区)	综合排序	基础设施竞争力得分			
		综合竞争力	生活条件竞争力	互联通讯竞争力	公路交通竞争力
泾川县	38	84.21	87.94	70.99	83.64
永登县	39	84.05	87.01	72.16	83.06
徽县	40	83.97	85.96	73.36	82.64
清水县	41	83.95	84.48	73.18	83.75
宁县	42	83.90	87.73	70.25	84.01
皋兰县	43	83.84	89.24	74.74	79.10
镇原县	44	83.83	86.27	70.91	84.34
玉门市	45	83.67	87.45	75.38	79.53
临潭县	46	83.65	83.44	72.92	84.29
正宁县	47	83.58	88.98	72.88	80.53
临夏县	48	83.28	87.82	70.80	82.70
灵台县	49	83.21	87.70	71.54	82.06
高台县	50	83.16	84.99	75.16	80.71
张家川回族自治县	51	82.98	87.01	71.34	82.40
定西市安定区	52	82.85	82.31	73.31	83.69
合水县	53	82.83	87.88	71.16	81.77
渭源县	54	82.78	84.82	71.76	83.26
两当县	55	82.68	86.21	74.04	80.24
西和县	56	82.59	87.03	68.47	84.35
民勤县	57	82.57	84.39	73.08	82.15
古浪县	58	82.16	84.61	70.93	83.31
兰州市安宁区	59	82.15	87.60	90.00	65.00
舟曲县	60	82.01	85.27	73.44	80.54
礼县	61	81.94	83.34	69.27	85.31
岷县	62	81.93	88.78	71.93	79.37
瓜州县	63	81.88	81.65	76.95	79.80
庆城县	64	81.22	85.10	69.87	82.69
永昌县	65	81.16	82.15	71.52	83.19
康乐县	66	81.12	86.59	69.60	81.81
白银市平川区	67	80.88	87.42	72.14	78.77
天祝藏族自治县	68	80.61	83.25	71.95	81.39
漳县	69	79.26	85.29	70.00	79.95
东乡族自治县	70	79.22	82.06	65.00	86.35

续表

县(市、区)	综合排序	基础设施竞争力得分			
		综合竞争力	生活条件竞争力	互联通讯竞争力	公路交通竞争力
金塔县	71	79.13	79.67	74.70	79.54
通渭县	72	79.12	80.00	69.52	83.73
迭部县	73	79.09	83.93	69.89	80.76
卓尼县	74	78.14	80.42	72.72	79.48
碌曲县	75	78.12	81.09	75.28	76.81
肃南裕固族自治县	76	78.03	87.30	72.24	75.14
宕昌县	77	77.80	87.49	65.58	80.40
敦煌市	78	77.60	83.51	80.80	69.81
积石山保安族东乡族撒拉族自治县	79	76.76	82.52	69.77	78.83
玛曲县	80	75.60	78.52	71.30	78.73
华池县	81	74.76	68.89	74.86	81.07
兰州市红古区	82	74.27	87.99	76.34	66.38
环县	83	73.89	65.00	72.00	85.00
肃北蒙古族自治县	84	73.41	76.28	74.73	74.51
合作市	85	73.01	75.69	72.62	76.20
夏河县	86	65.00	72.43	69.01	71.27
均值		82.96	84.97	73.95	81.51
极差		25.00	25.00	25.00	25.00
方差		19.13	18.39	18.21	20.75
标准差		4.37	4.29	4.27	4.55

资料来源：根据《甘肃发展年鉴（2021）》、甘肃省财政厅和甘肃省统计局提供的数据计算所得。

根据2021年甘肃省86个县域基础设施竞争力得分，86个县（市、区）中处于绝对优势的县（市、区）由上年25个增加到酒泉市肃州区、庆阳市西峰区、静宁县等27个；处于一般优势的县（市、区）由上年42个减少到临泽县、景泰县、山丹县等41个；处于中势的县（市、区）由上年13个减少到漳县、东乡族自治县、金塔县等12个；处于一般劣势的县（市、区）有华池县、兰州市红古区、环县等5个（同上年）；处于绝对劣势的县（市、区）只有夏河县1个县（同上年）（见表16）。

表16　2021年甘肃省县域基础设施竞争力水平归类分布一览

评价标准	县域名称	个数
绝对优势	酒泉市肃州区、庆阳市西峰区、静宁县、榆中县、广河县、天水市秦州区、张掖市甘州区、成县、武山县、和政县、临夏市、阿克塞哈萨克族自治县、兰州市七里河区、兰州市城关区、天水市麦积区、华亭市、甘谷县、平凉市崆峒区、陇西县、庄浪县、靖远县、文县、兰州市西固区、康县、武威市凉州区、崇信县、永靖县	27
一般优势	临泽县、景泰县、山丹县、会宁县、白银市白银区、秦安县、金昌市金川区、民乐县、临洮县、陇南市武都区、泾川县、永登县、徽县、清水县、宁县、皋兰县、镇原县、玉门市、临潭县、正宁县、临夏县、灵台县、高台县、张家川回族自治县、定西市安定区、合水县、渭源县、两当县、西和县、民勤县、古浪县、兰州市安宁区、舟曲县、礼县、岷县、瓜州县、庆城县、永昌县、康乐县、白银市平川区、天祝藏族自治县	41
中势	漳县、东乡族自治县、金塔县、通渭县、迭部县、卓尼县、碌曲县、肃南裕固族自治县、宕昌县、敦煌市、积石山保安族东乡族撒拉族自治县、玛曲县	12
一般劣势	华池县、兰州市红古区、环县、肃北蒙古族自治县、合作市	5
绝对劣势	夏河县	1

（2）结果分析

2021年甘肃省86个县（市、区）县域基础设施竞争力得分均值为82.96，处于一般优势，其极差、方差、标准差均相对较大，差异性较大，86个县（市、区）之间发展不均衡；二级指标生活条件竞争力和公路交通竞争力得分均值分别为84.97和81.51，均处于一般优势；互联通讯竞争力得分均值为73.95，处于一般劣势；从生活条件、公路交通和互联通讯3个二级指标的极差、方差、标准差来看，均存在较大差异，在86个县（市、区）之间，互联通讯配置存在较大失衡。

从2021年甘肃省86个县（市、区）基础设施竞争力水平归类分布来看，处于绝对优势的27个县（市、区）中，与2020年相比减少5个：山丹县、泾川县、徽县、清水县、天祝藏族自治县，均下降为一般优势，新增7个，即榆中县、天水市麦积区、华亭市、陇西县、靖远县、文县、崇信县；处于一般优势的41个县（市、区）中，与2020年相比减少8个县（区），其中7个县（区）榆中县、天水市麦积区、华亭市、陇西县、靖远县、文县、崇信县上升为绝对优势，1个县金塔县下降为中势，新增7个县（区），即山丹县、泾川县、徽县、清水县、正宁县、庆城县、天祝藏族自治县；处于中势的12个县（市、区）中，与2020年相比减少了3个县（区），其中2个县正宁县、庆城县上升为一般优势，1个县肃北蒙古族自治县下降为一般劣势，新增了2个县金塔县和积石山保安族东乡族撒拉族自治县；处于一般劣势的5个县（市、区）中，与2020年相比减少1个县积石山保安族东乡族撒拉族自治县上升为中势，新增1个县，即肃北蒙古族自治县；处于绝对劣势的县（市、区）只有夏河县1个县，与2020年相比没有变化。

从甘肃省86个县（市、区）基础设施竞争力水平归类分布来看，行政区域分布特征、地理位置特征及贫困特征均不太明显。市（州）人民政府所在县域基础设施竞争力提升较快，其他县域差异性不明显。

从甘肃省86个县（市、区）基础设施竞争力排序变化来看，排序上升的有35个县（市、区），榆中县、天水市麦积区、陇西县等上升较快；排序未变有康乐县、漳县、迭部县、环县、夏河县5个县；排序下降的有46个县（市、区），天祝藏族自治县、徽县、白银市平川区等下降速度较快。

2.甘肃省市（州）基础设施竞争力子系统评价分析

（1）评价结果

2021年甘肃省14个市（州）基础设施竞争力综合评价情况如表17所示。

表17　2021年甘肃省14个市（州）基础设施竞争力评价

市(州)	综合排序	基础设施竞争力			
		综合竞争力	生活条件竞争力	互联通讯竞争力	公路交通竞争力
兰州市	1	90.00	85.76	79.79	80.91
平凉市	2	89.52	90.00	69.81	88.45
天水市	3	86.83	84.80	68.70	89.64
嘉峪关市	4	85.93	86.27	90.00	65.00
临夏回族自治州	5	85.79	83.76	67.81	90.00
陇南市	6	83.47	85.09	65.00	89.52

续表

市（州）	综合排序	基础设施竞争力			
		综合竞争力	生活条件竞争力	互联通讯竞争力	公路交通竞争力
白银市	7	82.19	82.25	70.81	83.54
张掖市	8	80.85	85.92	71.76	78.77
定西市	9	80.75	80.31	67.95	86.10
武威市	10	76.87	79.11	68.96	81.24
庆阳市	11	75.46	69.90	67.39	86.79
金昌市	12	74.03	82.02	70.86	74.18
酒泉市	13	73.32	73.84	75.99	72.78
甘南藏族自治州	14	65.00	65.00	67.43	77.58
均值		80.71	81.00	71.59	81.75
极差		25.00	25.00	25.00	25.00
方差		50.20	48.58	42.38	56.04
标准差		7.09	6.97	6.51	7.49

资料来源：根据《甘肃发展年鉴（2021）》、甘肃省财政厅和甘肃省统计局提供的数据计算所得。

　　2021年甘肃省14个市（州）基础设施竞争力得分：兰州市90.00、平凉市89.52、天水市86.83、嘉峪关市85.93、临夏回族自治州85.79，均处于绝对优势；陇南市83.47、白银市82.19、张掖市80.85、定西市80.75，均处于一般优势；武威市76.87、庆阳市75.46，处于中势；金昌市74.03、酒泉市73.32，处于一般劣势；甘南藏族自治州65.00处于绝对劣势（见表18）。

表18　2021年甘肃省14个市（州）县域基础设施竞争力水平归类分布一览

评价标准	市（州）名称	个数
绝对优势	兰州市、平凉市、天水市、嘉峪关市、临夏回族自治州	5
一般优势	陇南市、白银市、张掖市、定西市	4
中势	武威市、庆阳市	2
一般劣势	金昌市、酒泉市	2
绝对劣势	甘南藏族自治州	1

（2）结果分析

从基础设施竞争力总体看，14个市（州）基础设施竞争力得分均值为80.71处在一般优势，与86个县（市、区）结果一致。从基础设施竞争力二级指标看，公路交通竞争力和生活条件竞争力得分均值分别为81.75和81.00，处于一般优势；互联通讯竞争力得分均值为71.59，处于一般劣势；公路交通、生活条件和互联通讯竞争力的方差、标准差与86个县（市、区）相比较明显扩大，说明在14个市（州）之间存在较大差异，结合86个县（市、区）的评价结果，反映出各市州所辖县域之间存在较大差异，各市（州）所辖县域之间要素配置不均衡。

从基础设施竞争力排序变化来看，排序上升的有4个市，为兰州市、白银市、庆阳市、金昌市；排序未变的有7个市（州），为天水市、嘉峪关市、临夏回族自治州、陇南市、定西市、武威市、甘南藏族自治州；排序下降的有3个市，为酒泉市、平凉市、张掖市。

（四）甘肃省县域社会保障竞争力子系统评价分析

1. 甘肃省县域社会保障竞争力子系统评价结果

（1）评价结果

通过对2021年甘肃省86个县（市、区）社会保险竞争力、社会保障竞争力2个二级指标进行分析计算，得出2021年县域社会保障竞争力评价情况如表19所示。

表19　2021年甘肃省县域社会保障竞争力评价

县（市、区）	综合排序	社会保障竞争力得分		
		综合竞争力	社会保险竞争力	社会保障竞争力
兰州市七里河区	1	90.00	85.67	88.83
兰州市西固区	2	89.02	83.09	90.00
兰州市城关区	3	88.85	89.24	83.80
平凉市崆峒区	4	87.73	83.38	87.96
永登县	5	86.21	82.47	86.74
金塔县	6	85.85	83.58	85.18

县(市、区)	综合排序	社会保障竞争力得分		
		综合竞争力	社会保险竞争力	社会保障竞争力
榆中县	7	85.50	82.72	85.54
兰州市红古区	8	85.13	87.90	80.00
张掖市甘州区	9	84.32	84.90	81.80
金昌市金川区	10	84.18	83.05	83.40
徽县	11	84.05	81.99	84.26
兰州市安宁区	12	83.85	84.77	81.28
玉门市	13	83.75	88.29	77.72
陇南市武都区	14	83.68	85.94	79.91
天水市秦州区	15	83.68	83.73	82.05
酒泉市肃州区	16	83.52	86.35	79.30
永昌县	17	83.30	82.74	82.51
武威市凉州区	18	83.25	82.53	82.64
山丹县	19	83.16	85.37	79.76
临夏市	20	83.08	87.19	77.88
定西市安定区	21	82.69	84.51	79.95
白银市白银区	22	82.23	80.97	82.75
庆阳市西峰区	23	81.63	83.23	79.74
华亭市	24	81.54	85.34	77.57
庄浪县	25	81.26	84.09	78.40
成县	26	81.09	78.82	83.28
碌曲县	27	80.72	90.00	71.91
皋兰县	28	80.64	83.42	78.19
阿克塞哈萨克族自治县	29	80.51	82.89	78.54
康县	30	80.45	84.32	77.06
漳县	31	80.11	78.53	82.22
瓜州县	32	79.26	84.18	75.57
宕昌县	33	79.22	81.52	78.10
临洮县	34	78.84	80.35	78.71
宁县	35	78.82	79.27	79.74
庆城县	36	78.77	77.58	81.30

续表

县(市、区)	综合排序	社会保障竞争力得分		
		综合竞争力	社会保险竞争力	社会保障竞争力
高台县	37	78.25	78.87	79.34
甘谷县	38	78.15	77.00	81.02
民乐县	39	78.12	78.61	79.41
清水县	40	78.03	75.46	82.36
肃北蒙古族自治县	41	77.78	84.16	73.56
白银市平川区	42	77.73	74.93	82.45
天水市麦积区	43	77.69	77.05	80.34
崇信县	44	77.68	81.11	76.38
正宁县	45	77.62	74.91	82.32
敦煌市	46	77.39	77.96	79.04
静宁县	47	77.23	77.63	79.15
西和县	48	77.10	73.36	83.12
泾川县	49	77.04	74.55	81.88
卓尼县	50	77.00	82.00	74.58
岷县	51	76.94	77.63	78.75
永靖县	52	76.88	78.71	77.61
临泽县	53	76.71	76.87	79.17
灵台县	54	76.38	74.82	80.71
临夏县	55	75.98	82.14	73.05
环县	56	75.94	80.39	74.70
合作市	57	75.87	81.69	73.34
陇西县	58	75.55	75.33	79.08
镇原县	59	75.04	75.80	77.93
迭部县	60	75.00	79.09	74.68
渭源县	61	74.32	75.39	77.33
天祝藏族自治县	62	74.28	77.50	75.24
民勤县	63	74.17	74.60	77.90
张家川回族自治县	64	73.77	74.41	77.53
和政县	65	73.58	79.86	71.98
两当县	66	73.44	75.60	75.92
景泰县	67	73.33	74.47	76.87
武山县	68	72.87	70.51	80.09
临潭县	69	72.81	76.50	74.19
肃南裕固族自治县	70	72.42	78.23	71.97
靖远县	71	71.75	68.64	80.37
康乐县	72	71.73	77.27	71.95

县（市、区）	综合排序	社会保障竞争力得分		
		综合竞争力	社会保险竞争力	社会保障竞争力
合水县	73	71.17	71.09	77.20
华池县	74	71.13	75.64	72.72
舟曲县	75	70.71	75.80	71.99
积石山保安族东乡族撒拉族自治县	76	70.39	74.29	73.02
通渭县	77	70.29	75.03	72.16
文县	78	70.17	72.82	74.15
玛曲县	79	69.75	74.55	71.89
秦安县	80	69.68	70.55	75.68
古浪县	81	69.66	69.39	76.78
东乡族自治县	82	68.54	79.52	65.40
会宁县	83	68.26	67.56	76.65
广河县	84	68.17	69.59	74.55
夏河县	85	67.22	65.00	77.70
礼县	86	65.00	74.94	65.00
均值		77.74	79.10	78.42
极差		25.00	25.00	25.00
方差		31.13	27.73	20.78
标准差		5.58	5.27	4.56

资料来源：根据《甘肃发展年鉴（2021）》、甘肃省财政厅和甘肃省统计局提供的数据计算所得。

　　根据2021年甘肃省86个县域社会保障竞争力得分，86个县（市、区）中处于绝对优势的县（市、区）由上年2个增加到兰州市七里河区、兰州市西固区、兰州市城关区等8个；处于一般优势的县（市、区）由上年6个增加到张掖市甘州区、金昌市金川区、徽县等23个；处于中势的县（市、区）由上年22个增加到瓜州县、宕昌县、临洮县等29个；处于一般劣势的县（市、区）由上年45个减少到渭源县、天祝藏族自治县、民勤县等18个；处于绝对劣势的县（市、区）由上年11个减少到玛曲县、秦安县、古浪县等8个（见表20）。

表20　2021年甘肃省县域社会保障竞争力水平归类分布一览

评价标准	县域名称	个数
绝对优势	兰州市七里河区、兰州市西固区、兰州市城关区、平凉市崆峒区、永登县、金塔县、榆中县、兰州市红古区	8
一般优势	张掖市甘州区、金昌市金川区、徽县、兰州市安宁区、玉门市、陇南市武都区、天水市秦州区、酒泉市肃州区、永昌县、武威市凉州区、山丹县、临夏市、定西市安定区、白银市白银区、庆阳市西峰区、华亭市、庄浪县、成县、碌曲县、皋兰县、阿克塞哈萨克族自治县、康县、漳县	23
中势	瓜州县、宕昌县、临洮县、宁县、庆城县、高台县、甘谷县、民乐县、清水县、肃北蒙古族自治县、白银市平川区、天水市麦积区、崇信县、正宁县、敦煌市、静宁县、西和县、泾川县、卓尼县、岷县、永靖县、临泽县、灵台县、临夏县、环县、合作市、陇西县、镇原县、迭部县	29
一般劣势	渭源县、天祝藏族自治县、民勤县、张家川回族自治县、和政县、两当县、景泰县、武山县、临潭县、肃南裕固族自治县、靖远县、康乐县、合水县、华池县、舟曲县、积石山保安族东乡族撒拉族自治县、通渭县、文县	18
绝对劣势	玛曲县、秦安县、古浪县、东乡族自治县、会宁县、广河县、夏河县、礼县	8

（2）结果分析

2021年甘肃省86个县（市、区）县域社会保障竞争力得分均值为77.74，处于中势，其极差、方差、标准差均相对较大，差异性较大，县（市、区）之间发展不均衡；二级指标社会保险竞争力和社会保障竞争力得分均值分别为79.10和78.42，均处于中势；从社会保险和社会保障2个二级指标的极差、方差、标准差来看，都存在较大差异，县（市、区）间3个要素配置较大失衡。

由于社会保障竞争力指标与2020年相比变化较大，二级指标医疗保险和养老保险合并为社会保险，同时两者所含的3个三级指标即参加城乡基本医疗保险参保人数占人口比重（%）、参加城镇基本养老保险参保人数占城镇人口比重（%）和参加农村养老保险人数占农村人口比重（%）调整为基本医疗保险参保率（%）、城镇基本养老保险参保率（%）和新型农村社会养老保险参保率（%），二级指标基本生活保障调整为社会保障，同时其所含的三级指标由原来2个增加为3个；三级指标由2020年的5个增加到6个，其中4个为新指标，2021 年社会保障竞争力与 2020 年的可比性不大。因此，2021 年社会保障竞争力不与 2020 年做归类分布和排序变化比较分析。

2.甘肃省市（州）社会保障竞争力子系统评价分析

（1）评价结果

2021 年甘肃省 14 个市（州）社会保障竞争力综合评价情况如表 21 所示。

从社会保障竞争力二级指标看，14 个市（州）县域社会保障竞争力二级指标社会保险竞争力得分均值为 76.53 均处于中势，社会保障竞争力得分均值为 74.37，处于一般劣势；2 个二级指标方差、标准差较 86 个县（市、区）明显扩大，同时结合 86 个县（市、区）评价结果，也说明各市州所辖县域之间存在一定差异，各市（州）所辖县域之间要素配置不均衡（见表 21）。

表 21　2021 年甘肃省 14 个市（州）社会保障竞争力评价

市（州）	综合排序	社会保障竞争力		
		综合竞争力	社会保险竞争力	社会保障竞争力
兰州市	1	90.00	81.30	90.00
嘉峪关市	2	79.61	90.00	68.82
酒泉市	3	79.25	79.90	76.58
金昌市	4	78.08	82.20	73.11
陇南市	5	76.95	82.63	71.22
定西市	6	76.61	74.89	77.08
庆阳市	7	75.60	73.89	76.53
平凉市	8	74.95	72.20	77.02
天水市	9	73.08	70.77	75.64
武威市	10	73.05	73.88	73.07
张掖市	11	72.87	68.82	76.96
甘南藏族自治州	12	72.79	76.28	70.76
临夏回族自治州	13	70.55	79.62	65.00
白银市	14	65.00	65.00	69.40
均值		75.60	76.53	74.37
极差		25.00	25.00	25.00
方差		31.72	42.74	34.31
标准差		5.63	6.54	5.86

资料来源：根据《甘肃发展年鉴（2021）》、甘肃省财政厅和甘肃省统计局提供的数据计算所得。

2021 年甘肃省 14 个市（州）社会保障竞争力得分：兰州市 90.00，处于绝对优势；嘉峪关市 79.61、酒泉市 79.25、金昌市 78.08、陇南市 76.95、定西市 76.61、庆阳市 75.60，处于中势；平凉市 74.95、天水市 73.08、武威市 73.05、张掖市 72.87、甘南藏族自治州 72.79、临夏回族自治州 70.55，均处于一般劣势；白银市 65.00，处于绝对劣势（见表 22）。

表 22　2021 年甘肃省 14 个市（州）社会保障竞争力水平归类分布一览

评价标准	市（州）名称	个数
绝对优势	兰州市	1
一般优势	—	0
中势	嘉峪关市、酒泉市、金昌市、陇南市、定西市、庆阳市	6
一般劣势	平凉市、天水市、武威市、张掖市、甘南藏族自治州、临夏回族自治州	6
绝对劣势	白银市	1

（2）结果分析

从社会保障竞争力总体看，14 个市（州）社会保障竞争力得分均值为 75.60，处在中势，与 86 个县（市、区）结果一致。从社会保障竞争力二级指标看，社会保险竞争力得分均值为 76.53，处于中势；社会保障竞争力得分均值为 74.37，处于一般劣势；社会保险和社会保障竞争力的方差、标准差与 86 个县（市、区）相比较明显扩大，说明在 14 个市（州）之间存在较大差异，各市（州）之间不均衡。

（五）甘肃省县域公共服务竞争力子系统评价分析

1. 甘肃省县域公共服务竞争力子系统评价结果

（1）评价结果

通过对 2021 年甘肃省 86 个县（市、区）科技文化竞争力、医疗卫生竞争力 2 个二级指标进行分析计算，得出 86 个县域公共服务竞争力评价情况如表 23 所示。

表 23　2021 年甘肃省县域公共服务竞争力评价

县（市、区）	综合排序	公共服务竞争力得分		
		综合竞争力	科技文化竞争力	医疗卫生竞争力
肃北蒙古族自治县	1	90.00	90.00	74.39
兰州市城关区	2	89.10	74.13	90.00
肃南裕固族自治县	3	86.86	82.18	78.26
阿克塞哈萨克族自治县	4	85.98	87.50	71.36
兰州市七里河区	5	83.92	69.75	87.32
平凉市崆峒区	6	83.04	66.99	89.02
张掖市甘州区	7	82.67	69.72	85.58
庆阳市西峰区	8	82.49	68.62	86.50
酒泉市肃州区	9	81.81	70.15	83.91
高台县	10	81.21	74.79	78.11
临夏市	11	81.20	68.11	85.21
白银市白银区	12	80.61	69.81	82.57
武威市凉州区	13	80.21	66.43	85.60
天祝藏族自治县	14	79.78	71.89	79.18
山丹县	15	79.77	71.01	80.11
金昌市金川区	16	79.71	70.31	80.77
临泽县	17	79.63	72.77	78.03
泾川县	18	79.01	71.35	78.67
民勤县	19	78.81	72.10	77.59
玉门市	20	78.60	70.66	78.82
民乐县	21	78.58	71.59	77.80
华池县	22	77.58	70.17	77.88
华亭市	23	77.51	68.63	79.42
定西市安定区	24	76.91	67.98	79.27
陇西县	25	76.63	66.69	80.26
敦煌市	26	76.30	72.90	73.18
永昌县	27	76.28	69.94	76.29
静宁县	28	76.20	66.09	80.28
徽县	29	76.18	67.98	78.25
兰州市西固区	30	76.07	68.04	78.03
金塔县	31	76.05	69.55	76.38

续表

县（市、区）	综合排序	公共服务竞争力得分		
		综合竞争力	科技文化竞争力	医疗卫生竞争力
兰州市红古区	32	76.02	67.47	78.56
碌曲县	33	76.01	71.91	73.82
白银市平川区	34	75.73	66.47	79.21
合作市	35	75.72	69.06	76.44
瓜州县	36	75.71	69.90	75.54
崇信县	37	75.70	69.08	76.38
成县	38	75.66	67.87	77.63
临洮县	39	75.29	66.46	78.60
康县	40	75.25	73.03	71.55
榆中县	41	75.16	66.39	78.49
景泰县	42	74.97	69.41	75.01
永登县	43	74.69	66.05	78.18
合水县	44	74.49	67.41	76.45
渭源县	45	74.37	67.38	76.32
文县	46	74.34	66.67	77.03
迭部县	47	74.26	72.57	70.63
靖远县	48	74.22	66.56	76.97
灵台县	49	74.20	68.32	75.07
天水市麦积区	50	74.17	65.81	77.70
永靖县	51	74.04	66.84	76.42
和政县	52	73.88	68.99	73.91
礼县	53	73.80	65.71	77.29
两当县	54	73.78	72.49	70.04
庄浪县	55	73.72	66.21	76.63
庆城县	56	73.19	68.98	72.95
宕昌县	57	73.15	66.22	75.81
古浪县	58	73.14	66.56	75.44
兰州市安宁区	59	73.10	67.49	74.39
张家川回族自治县	60	72.89	66.06	75.62
舟曲县	61	72.85	70.79	70.53
夏河县	62	72.84	71.42	69.84
通渭县	63	72.70	66.98	74.37

县（市、区）	综合排序	公共服务竞争力得分		
		综合竞争力	科技文化竞争力	医疗卫生竞争力
岷县	64	72.59	65.56	75.73
正宁县	65	72.25	67.77	72.90
武山县	66	72.22	65.82	74.93
镇原县	67	72.15	66.99	73.58
甘谷县	68	72.05	65.79	74.72
会宁县	69	71.67	66.23	73.71
清水县	70	71.47	65.98	73.68
秦安县	71	71.31	65.61	73.86
广河县	72	71.31	65.95	73.50
卓尼县	73	71.01	68.78	70.07
玛曲县	74	70.76	68.66	69.84
陇南市武都区	75	70.42	66.17	72.01
临潭县	76	70.21	68.26	69.49
康乐县	77	69.94	65.49	72.06
环县	78	69.89	65.67	71.80
皋兰县	79	69.51	66.11	70.77
西和县	80	69.23	66.15	70.34
漳县	81	68.90	66.41	69.59
宁县	82	68.23	65.91	69.18
临夏县	83	68.20	65.00	70.11
天水市秦州区	84	67.98	66.73	67.95
东乡族自治县	85	66.12	66.00	66.09
积石山保安族东乡族撒拉族自治县	86	65.00	65.54	65.00
均值		75.35	68.92	76.07
极差		25.00	25.00	25.00
方差		23.25	17.31	24.23
标准差		4.82	4.16	4.92

资料来源：根据《甘肃发展年鉴（2021）》、甘肃省财政厅和甘肃省统计局提供的数据计算所得。

　　根据2021年甘肃省86个县域公共服务竞争力得分，86个县（市、区）中处于绝对优势的由上年3个增加到肃北蒙古族自治县、兰州市城关区、肃南裕固族等 4 个；处于一般优势的由上年 5 个增加到兰州市七里河区、平凉市崆峒区、张掖市甘州区等 9 个县（市、区）；处于中势的由上年 23 个增加到天祝藏族自治县、山丹县、金昌市金川区等 28 个县（市、区）；处于一般劣势的由上年 44 个减少到景泰县、永登县、合水县等 35 个县（市、区）；处于绝对劣势的由上年 11 个减少到康乐县、环县、皋兰县等 10 个县（市、区）（见表 24）。

表 24 2021 年甘肃省县域公共服务竞争力水平归类分布一览

评价标准	县域名称	个数
绝对优势	肃北蒙古族自治县、兰州市城关区、肃南裕固族自治县、阿克塞哈萨克族自治县	4
一般优势	兰州市七里河区、平凉市崆峒区、张掖市甘州区、庆阳市西峰区、酒泉市肃州区、高台县、临夏市、白银市白银区、武威市凉州区	9
中势	天祝藏族自治县、山丹县、金昌市金川区、临泽县、泾川县、民勤县、玉门市、民乐县、华池县、华亭市、定西市安定区、陇西县、敦煌市、永昌县、静宁县、徽县、兰州市西固区、金塔县、兰州市红古区、碌曲县、白银市平川区、合作市、瓜州县、崇信县、成县、临洮县、康县、榆中县	28
一般劣势	景泰县、永登县、合水县、渭源县、文县、迭部县、靖远县、灵台县、天水市麦积区、永靖县、和政县、礼县、两当县、庄浪县、庆城县、宕昌县、古浪县、兰州市安宁区、张家川回族自治县、舟曲县、夏河县、通渭县、岷县、正宁县、武山县、镇原县、甘谷县、会宁县、清水县、秦安县、广河县、卓尼县、玛曲县、陇南市武都区、临潭县	35
绝对劣势	康乐县、环县、皋兰县、西和县、漳县、宁县、临夏县、天水市秦州区、东乡族自治县、积石山保安族东乡族撒拉族自治县	10

（2）结果分析

2021 年甘肃省 86 个县（市、区）县域公共服务竞争力得分均值为 75.35，处于中势，其极差、方差、标准差均相对较大，差异性较大，县（市、区）间发展不均衡；二级指标医疗卫生竞争力得分均值为 76.07，处于中势；二级指标科技文化竞争力得分均值为 68.92，处于绝对劣势；医疗卫生和科技文化 2 个二级指标的极差、方差、标准差都存在较大差异，在 86 个县（市、区）之间，2 个要素配置较大失衡。

从 2021 年甘肃省 86 个县（市、区）公共服务竞争力水平归类分布来看，处于绝对优势 4 个县（区）中，与 2020 年相比新增 1 个县，即肃南裕固族自治县；处于一般优势的 9 个县（市、区）中，与 2020 年相比减少 2 个县，其中 1 个县肃南裕固族自治县上升为绝对优势，1 个县临泽县下降为中势，新增 6 个县（市、区），即平凉市崆峒区、庆阳市西峰区、高台县、临夏市、白银市白银区、武威市凉州区；处于中势的 28 个县（市、区）中，与 2020 年相比减少 7 个县（区），其中 6 个县（市、区）平凉市崆峒区、庆阳市西峰区、高台县、临夏市、白银市白银区、武威市凉州区上升为一般优势，1 个县永登县下降为一般劣势，新增 12 个县（区），即临泽县、华池县、定西市安定区、敦煌市、徽县、碌曲县、合作市、瓜州县、崇信县、成县、康县、榆中；处于一般劣势的 35 个县（市、区）中，与 2020 年相比减少 14 个县（区），其中 11 个县（市、区）华池县、定西市安定区、敦煌市、徽县、碌曲县、合作市、瓜州县、崇信县、成县、康县、榆中县上升为中势，3 个县环县、皋兰县、宁县下降为绝对劣势，新增 5 个县（区），即永登县、文县、兰州市安宁区、正宁县、卓尼县；处于绝对劣势的 10 个县（市、区）中，与 2020 年相比减少了 4 个县（区），4 个县（区）文县、兰州市安宁、正宁县、卓尼县上升为一般劣势，新增 3 个县，即环县、皋兰县、宁县。

从 86 个县（市、区）公共服务竞争力水平归类分布来看，地理位置特征均较为明显，公共服务竞争力相对较好的县域主要分布在河西地区、经济发展较好的地区。

从县域公共服务竞争力排序变化来看，排序上升的有 34 个县（市、区），文县、华池县、合作市等上升较快；肃北蒙古族自治县、兰州市城关区、兰州市七里河区、白银市白银区、民勤县、舟曲县、西和县、东乡族自治县 8 个县（区）排序未变；排序下降的有 44 个县（市、区），会宁县、临洮县、天水市麦积区等下降较快。

2. 甘肃省市（州）公共服务竞争力子系统评价分析

（1）评价结果

2021 年甘肃省 14 个市（州）公共服务竞争力综合评价情况如表 25 所示。

表25 2021年甘肃省14个市（州）公共服务竞争力评价

市(州)	综合排序	公共服务竞争力		
		综合竞争力	科技文化竞争力	医疗卫生竞争力
张掖市	1	90.00	88.12	83.88
兰州市	2	87.55	76.87	90.00
酒泉市	3	87.49	90.00	78.81
平凉市	4	81.30	72.04	85.46
嘉峪关市	5	79.92	81.01	75.96
武威市	6	78.91	71.41	82.69
金昌市	7	75.27	77.31	72.67
庆阳市	8	74.11	70.80	76.58
甘南藏族自治州	9	74.08	84.44	65.00
白银市	10	72.21	69.34	75.17
定西市	11	71.58	67.89	75.53
陇南市	12	71.08	71.79	71.54
临夏回族自治州	13	67.88	66.78	71.36
天水市	14	65.00	65.00	68.89
均值		76.88	75.20	76.68
极差		25.00	25.00	25.00
方差		58.09	63.87	47.61
标准差		7.62	7.99	6.90

资料来源：根据《甘肃发展年鉴（2021）》、甘肃省财政厅和甘肃省统计局提供的数据计算所得。

2021年甘肃省14个市（州）公共服务竞争力得分张掖市90.00、兰州市87.55、酒泉市87.49，均处于绝对优势；平凉市81.30，处于一般优势；嘉峪关市79.92、武威市78.91、金昌市75.27，均处于中势；庆阳市74.11、甘南藏族自治州74.08、白银市72.21、定西市71.58、陇南市71.08，均处于一般劣势；临夏回族自治州67.88、天水市65.00，均处于绝对劣势（见表26）。

表26 2021年甘肃省14个市（州）县域公共服务竞争力水平归类分布一览

评价标准	县域名称	个数
绝对优势	张掖市、兰州市、酒泉市	3
一般优势	平凉市	1
中势	嘉峪关市、武威市、金昌市	3
一般劣势	庆阳市、甘南藏族自治州、白银市、定西市、陇南市	5
绝对劣势	临夏回族自治州、天水市	2

（2）结果分析

从公共服务竞争力总体看，14个市（州）公共服务竞争力得分均值为76.88，处在中势；其极差、方差、标准差明显扩大，说明在14个市（州）之间差异较大，各市（州）之间相对不均衡，结合86个县（市、区）的评价结果，反映出各市州所辖县域之间存在较大差异，各市（州）所辖县域之间发展不均衡（见表25）。

从公共服务竞争力二级指标看，14个市（州）公共服务竞争力二级指标医疗卫生竞争力和科技文化竞争力得分均值分别为76.68和75.20，均处于中势；其极差、方差、标准差较86个县（市、区）明显扩大，科技文化竞争力和医疗卫生竞争力存在较大差异，要素配置不均衡；同时结合86个县（市、区）评价结果，也说明各市州所辖县域之间存在一定差异，各市（州）所辖县域之间要素配置不均衡。

从公共服务竞争力排序变化看，排序上升的有4个市（州），为平凉市、甘南藏族自治州、张掖市、庆阳市；排序未变的有4个市（州），为酒泉市、陇南市、临夏回族自治州、天水市；排序下降的有6个市（州），为白银市、兰州市、嘉峪关市、武威市、金昌市、定西市。

（六）甘肃省县域人居环境竞争力子系统评价分析

1. 甘肃省县域人居环境竞争力子系统评价结果

（1）评价结果

通过对2021年甘肃省86个县（市、区）生活环境竞争力和农业环境竞争力2个二级指标分析计算，得出86个县域人居环境竞争力评价情况如表27所示。

表27　2021年甘肃省县域人居环境竞争力评价

县(市、区)	综合排序	人居环境竞争力得分		
		综合竞争力	生活环境竞争力	农业环境竞争力
两当县	1	90.00	90.00	89.78
宁县	2	86.74	86.98	86.47
卓尼县	3	86.37	84.66	88.49
夏河县	4	86.22	84.22	88.71
天祝藏族自治县	5	85.90	86.67	85.06
兰州市安宁区	6	85.71	88.48	82.48
合作市	7	85.52	83.91	87.59
迭部县	8	85.20	81.34	90.00
平凉市崆峒区	9	85.04	88.69	80.81
肃南裕固族自治县	10	84.99	85.03	85.11
华亭市	11	84.56	88.50	80.01
康乐县	12	84.33	85.97	82.57
徽县	13	84.05	88.70	78.67
广河县	14	84.03	83.12	85.37
合水县	15	83.97	88.50	78.74
成县	16	83.73	85.75	81.55
庆阳市西峰区	17	83.68	87.56	79.25
兰州市西固区	18	83.54	86.32	80.45
永昌县	19	83.42	86.44	80.05
灵台县	20	83.42	88.03	78.13
临夏市	21	83.35	85.11	81.52
甘谷县	22	83.25	86.40	79.74
和政县	23	83.23	82.45	84.47
崇信县	24	83.22	86.84	79.13
临泽县	25	83.17	86.72	79.20
玛曲县	26	83.05	78.16	89.27
张掖市甘州区	27	83.04	86.81	78.81
张家川回族自治县	28	83.01	84.80	81.17
金昌市金川区	29	82.84	86.64	78.57
文县	30	82.77	84.15	81.43
民乐县	31	82.52	85.32	79.48
兰州市红古区	32	82.36	85.16	79.33

县（市、区）	综合排序	人居环境竞争力得分		
		综合竞争力	生活环境竞争力	农业环境竞争力
古浪县	33	82.30	83.58	81.12
碌曲县	34	82.27	78.51	87.17
肃北蒙古族自治县	35	82.25	84.36	80.07
兰州市七里河区	36	82.21	85.40	78.72
静宁县	37	82.15	87.66	75.88
永登县	38	81.80	84.94	78.41
高台县	39	81.80	84.33	79.15
民勤县	40	81.36	84.39	78.13
靖远县	41	81.31	82.72	80.05
瓜州县	42	81.29	84.51	77.84
临夏县	43	81.27	81.55	81.37
积石山保安族东乡族撒拉族自治县	44	81.23	83.63	78.78
酒泉市肃州区	45	81.14	84.40	77.66
会宁县	46	81.06	81.71	80.72
庄浪县	47	81.05	83.92	78.05
泾川县	48	81.03	87.82	73.29
敦煌市	49	80.96	84.55	77.10
康县	50	80.93	87.39	73.61
舟曲县	51	80.93	79.62	82.98
金塔县	52	80.89	82.97	78.85
武威市凉州区	53	80.83	80.16	82.10
白银市平川区	54	80.80	82.69	78.98
天水市麦积区	55	80.75	84.75	76.41
阿克塞哈萨克族自治县	56	80.74	85.33	75.67
兰州市城关区	57	80.69	84.48	76.60
庆城县	58	80.65	83.90	77.22
玉门市	59	80.61	83.72	77.33
临潭县	60	80.56	85.11	75.56
山丹县	61	80.34	82.08	78.76
武山县	62	80.19	82.53	77.89
正宁县	63	80.09	84.50	75.29
白银市白银区	64	80.05	83.40	76.54

续表

县（市、区）	综合排序	人居环境竞争力得分		
		综合竞争力	生活环境竞争力	农业环境竞争力
天水市秦州区	65	79.90	83.40	76.23
华池县	66	79.88	82.84	76.85
皋兰县	67	79.78	81.14	78.69
秦安县	68	79.70	84.68	74.24
漳县	69	79.68	83.90	75.16
清水县	70	79.41	84.08	74.35
永靖县	71	79.37	77.82	81.82
榆中县	72	78.95	83.40	74.18
环县	73	78.93	84.67	72.62
西和县	74	78.71	83.00	74.17
渭源县	75	78.63	78.07	79.94
礼县	76	78.48	80.40	76.81
岷县	77	78.43	78.39	79.12
镇原县	78	77.99	76.70	80.23
东乡族自治县	79	77.84	75.35	81.53
临洮县	80	77.51	81.22	73.77
宕昌县	81	77.10	76.83	78.18
景泰县	82	77.05	78.36	76.23
定西市安定区	83	75.98	82.12	69.40
陇西县	84	71.60	71.84	72.48
陇南市武都区	85	70.98	65.00	79.42
通渭县	86	65.00	66.38	65.00
均值		81.31	83.34	79.29
极差		25.00	25.00	25.00
方差		11.77	18.35	19.40
标准差		3.43	4.28	4.40

资料来源：根据《甘肃发展年鉴（2021）》、甘肃省财政厅和甘肃省统计局提供的数据计算所得。

　　根据 2021 年甘肃省 86 个县域人居环境竞争力得分，86 个县（市、区）中处于绝对优势的县（市、区）由上年 3 个增加到两当县、宁县、卓尼县等9个；处于一般优势的县（市、区）由上年16个增加到肃南裕固族自治县、华亭市、康乐县等55个；处于中势的县（市、区）由上年27个减少到天水市秦州区、华池县、皋兰县等19个；处于一般劣势的县（市、区）由上年35个减少到陇西县和陇南市武都区2个；处于绝对劣势的县（市、区）由上年5个减少到通渭县1个（见表28）。

表28 2021年甘肃省县域人居环境竞争力水平归类分布一览

评价标准	县域名称	个数
绝对优势	两当县、宁县、卓尼县、夏河县、天祝藏族自治县、兰州市安宁区、合作市、迭部县、平凉市崆峒区	9
一般优势	肃南裕固族自治县、华亭市、康乐县、徽县、广河县、合水县、成县、庆阳市西峰区、兰州市西固区、永昌县、灵台县、临夏市、甘谷县、和政县、崇信县、临泽县、玛曲县、张掖市甘州区、张家川回族自治县、金昌市金川区、文县、民乐县、兰州市红古区、古浪县、碌曲县、肃北蒙古族自治县、兰州市七里河区、静宁县、永登县、高台县、民勤县、靖远县、瓜州县、临夏县、积石山保安族东乡族撒拉族自治县、酒泉市肃州区、会宁县、庄浪县、泾川县、敦煌市、康县、舟曲县、金塔县、武威市凉州区、白银市平川区、天水市麦积区、阿克塞哈萨克族自治县、兰州市城关区、庆城县、玉门市、临潭县、山丹县、武山县、正宁县、白银市白银区	55
中势	天水市秦州区、华池县、皋兰县、秦安县、漳县、清水县、永靖县、榆中县、环县、西和县、渭源县、礼县、岷县、镇原县、东乡族自治县、临洮县、宕昌县、景泰县、定西市安定区	19
一般劣势	陇西县、陇南市武都区	2
绝对劣势	通渭县	1

（2）结果分析

2021年甘肃省县域人居环境竞争力86个县（市、区）得分均值为81.31，处于一般优势，其极差、方差、标准差均相对较大，差异性较大，86个县（市、区）之间发展不均衡；二级指标生活环境竞争力得分均值为83.34，处于一般优势，农业环境竞争力得分均值为79.29，处于中势；从2个二级指标的极差、方差、标准差来看，都存在较大差异，在86个县

（市、区）之间，2个要素配置较大失衡。

从2021年甘肃省86个县（市、区）人居环境竞争力水平归类分布看，处于绝对优势的9个县（市、区）中，与2020年相比减少1个县，清水县下降为中势，新增7个县（市、区），即卓尼县、夏河县、天祝藏族自治县、兰州市安宁区、合作市、迭部县、平凉市崆峒区；处于一般优势的55个县（市、区）中，与2020年相比减少了5个县（市、区），其中4个县（市）夏河县、天祝藏族自治县、合作市、迭部县上升为绝对优势，1个县镇原县下降为中势，新增44个县（市、区），分别是肃南裕固族自治县、华亭市、广河县、庆阳市西峰区、兰州市西固区、灵台县、临夏市、甘谷县、和政县、临泽县、玛曲县、张掖市甘州区、张家川回族自治县、金昌市金川区、文县、民乐县、兰州市红古区、古浪县、肃北蒙古族自治县、兰州市七里河区、永登县、高台县、民勤县、靖远县、瓜州县、临夏县、积石山保安族东乡族撒拉族自治县、酒泉市肃州区、会宁县、泾川县、敦煌市、舟曲县、金塔县、武威市凉州区、白银市平川区、天水市麦积区、阿克塞哈萨克族自治县、庆城县、玉门市、临潭县、山丹县、武山县、正宁县、白银市白银区；处于中势的19个县（市、区）中，与2020年相比减少了22个县（市、区），其中1个县卓尼县上升为绝对优势，21个县（市、区）肃南裕固族自治县、华亭市、广河县、庆阳市西峰区、兰州市西固区、灵台县、临夏市、甘谷县、临泽县、玛曲县、张家川回族自治县、金昌市金川区、文县、兰州市红古区、古浪县、高台县、临夏县、舟曲县、天水市麦积区、庆城县、正宁县上升为一般优势，1个区陇南市武都区下降为一般劣势，新增15个县（区），分别是天水市秦州区、皋兰县、秦安县、漳县、清水县、永靖县、榆中县、环县、礼县、镇原县、东乡族自治县、临洮县、宕昌县、景泰县、定西市安定区；处于一般劣势的2个县（区）中，与2020年相比减少34个县（市、区），其中1个区平凉市崆峒区上升为绝对优势，21个县（市、区）和政县、张掖市甘州区、民乐县、肃北蒙古族自治县、兰州市七里河区、永登县、民勤县、靖远县、瓜州县、酒泉市肃州区、会宁县、敦煌市、金塔县、武威市凉州区、白银市平川区、阿克塞哈萨克族自治县、玉门市、临潭县、山丹县、武山县、白银市白银区上升为一般优势，12个县（区）天水市秦州区、皋兰县、秦安县、漳县、永靖县、榆中县、礼县、东乡族自治县、临洮县、宕昌县、景泰县、定西市安定区上升为中势，新增1个区，即陇南市武都区；处于绝对劣势的1个县（市、区），与2020年相比减少4个县（区），其中1个区兰州市安宁区上升为绝对优势，2个县积石山保安族东乡族撒拉族自治县和泾川县上升为一般优势，1个县环县上升为中势，无新增县域。

从86个县（市、区）人居环境竞争力水平归类分布看，经济结构特征均较为明显，产业单一或以农业和旅游业发展为主，县域人居环境竞争力水平相对较高，而工业化发展较快的地区，县域人居环境竞争力水平相对较低；甘肃省整体而言，县域经济社会发展工业化程度较低，因此，人居环境竞争力整体水平相对较高。

从人居环境竞争力排序变化来看，排序上升的有45个县（市、区），兰州市安宁区、平凉市崆峒区、积石山保安族东乡族撒拉族自治县等上升较快；两当县、通渭县排序未变；排序下降的有39个县（市、区），清水县、镇原县、陇南市武都区等下降较快。

2. 甘肃省市（州）人居环境竞争力子系统评价分析

（1）评价结果

2021年甘肃省14个市（州）人居环境竞争力综合评价情况如表29所示。

表29　2021年甘肃省14个市（州）人居环境竞争力评价

市（州）	综合排序	人居环境竞争力		
		综合竞争力	生活环境竞争力	农业环境竞争力
金昌市	1	90.00	89.45	78.14
嘉峪关市	2	88.63	85.75	79.98
甘南藏族自治州	3	87.81	75.37	90.00
平凉市	4	87.37	90.00	73.35
张掖市	5	87.07	84.87	78.48
武威市	6	87.00	81.49	82.04

续表

市（州）	综合排序	人居环境竞争力		
		综合竞争力	生活环境竞争力	农业环境竞争力
酒泉市	7	83.95	83.64	74.84
临夏回族自治州	8	83.76	76.80	81.99
庆阳市	9	82.86	81.76	75.16
天水市	10	82.58	83.16	73.20
陇南市	11	80.06	75.85	77.14
兰州市	12	79.67	83.45	68.23
白银市	13	79.41	77.36	74.46
定西市	14	65.00	65.00	65.00
均值		83.23	81.00	76.57
极差		25.00	25.00	25.00
方差		39.46	42.57	37.87
标准差		6.28	6.52	6.15

资料来源：根据《甘肃发展年鉴（2021）》、甘肃省财政厅和甘肃省统计局提供的数据计算所得。

2021年甘肃省14个市（州）人居环境竞争力得分：金昌市90.00、嘉峪关市88.63、甘南藏族自治州87.81、平凉市87.37、张掖市87.07、武威市87.00，均处于绝对优势；酒泉市83.95、临夏回族自治州83.76、庆阳市82.86、天水市82.58、陇南市80.06，均处于一般优势；兰州市79.67、白银市79.41，均处于中势；定西市65.00，处于绝对劣势（见表30）。

表30   2021年甘肃省14个市（州）人居环境竞争力水平归类分布一览

评价标准	市（州）名称	个数
绝对优势	金昌市、嘉峪关市、甘南藏族自治州、平凉市、张掖市、武威市	6
一般优势	酒泉市、临夏回族自治州、庆阳市、天水市、陇南市	5
中势	兰州市、白银市	2
一般劣势	—	0
绝对劣势	定西市	1

（2）结果分析

从14个市（州）人居环境竞争力总体来看，得分均值为83.23，与86个县（市、区）结果一致，均处在一般优势；生活环境竞争力得分均值为81.00，处于一般优势，农业环境竞争力得分均值为76.57，处于中势；极差、方差、标准差明显扩大，说明在14个市（州）之间差异较大，各市（州）之间不均衡，结合86个县（市、区）的评价结果，反映出各市州所辖县域之间存在较大差异，各市（州）所辖县域之间发展不均衡，要素配置不均衡。

从人居环境竞争力排序变化来看，排序上升的有6个市，为嘉峪关市、金昌市、酒泉市、张掖市、武威市、平凉市；排序未变的只有甘南藏族自治州；排序下降的有7个市（州），为陇南市、庆阳市、天水市、兰州市、临夏回族自治州、白银市、定西市。

（七）甘肃省县域社会结构竞争力子系统评价分析

1. 甘肃省县域社会结构竞争力子系统评价结果

（1）评价结果

通过对2021年甘肃省86个县（市、区）人口结构竞争力和城乡结构竞争力2个二级指标进行计算和分析，86个县域社会结构竞争力评价情况如表31所示。

表31　2021年甘肃省县域社会结构竞争力评价

县(市、区)	综合排序	社会结构竞争力		
		综合竞争力	人口结构竞争力	城乡结构竞争力
兰州市城关区	1	90.00	90.00	82.55
临夏市	2	86.56	75.43	90.00
兰州市西固区	3	82.75	76.39	83.59
天水市秦州区	4	82.17	76.02	83.06
白银市白银区	5	81.95	75.30	83.35
武威市凉州区	6	81.57	77.01	81.34
兰州市安宁区	7	81.13	77.84	79.97

续表

县（市、区）	综合排序	社会结构竞争力		
		综合竞争力	人口结构竞争力	城乡结构竞争力
陇南市武都区	8	80.81	72.03	84.50
兰州市七里河区	9	80.28	79.48	77.34
和政县	10	80.24	65.86	88.95
平凉市崆峒区	11	80.21	74.06	81.87
华亭市	12	79.76	69.51	85.12
酒泉市肃州区	13	78.97	74.42	79.75
庆阳市西峰区	14	78.95	73.92	80.15
天水市麦积区	15	78.95	73.84	80.22
金昌市金川区	16	78.82	74.59	79.39
敦煌市	17	78.62	71.09	82.10
临夏县	18	78.50	65.95	86.33
山丹县	19	78.15	68.70	83.46
徽县	20	77.40	67.39	83.47
崇信县	21	77.26	66.73	83.84
榆中县	22	77.19	71.99	79.22
永登县	23	77.06	69.32	81.32
甘谷县	24	77.06	70.36	80.43
张掖市甘州区	25	76.82	72.84	77.96
成县	26	76.48	69.14	80.64
环县	27	76.41	68.07	81.45
漳县	28	76.06	66.13	82.59
陇西县	29	75.90	71.37	77.87
高台县	30	75.77	67.97	80.60
皋兰县	31	75.76	68.48	80.15
舟曲县	32	75.72	65.41	82.72
庄浪县	33	75.70	67.16	81.19
临泽县	34	75.61	67.32	80.91
武山县	35	75.61	68.73	79.70
白银市平川区	36	75.60	71.71	77.13
镇原县	37	75.55	67.77	80.44
永昌县	38	75.33	69.38	78.74
临洮县	39	75.12	70.47	77.51

县（市、区）	综合排序	社会结构竞争力		
		综合竞争力	人口结构竞争力	城乡结构竞争力
宁县	40	75.02	67.92	79.54
定西市安定区	41	74.87	71.49	76.25
正宁县	42	74.77	67.23	79.77
灵台县	43	74.61	65.89	80.67
静宁县	44	74.54	68.84	78.05
秦安县	45	74.53	69.06	77.85
礼县	46	74.50	68.69	78.11
兰州市红古区	47	74.29	71.23	75.63
玉门市	48	74.28	69.62	77.00
宕昌县	49	74.23	66.30	79.77
泾川县	50	73.95	67.41	78.41
金塔县	51	73.94	67.70	78.15
民乐县	52	73.83	68.18	77.57
西和县	53	73.75	67.56	77.99
古浪县	54	73.62	66.80	78.45
永靖县	55	73.49	68.65	76.67
两当县	56	73.44	66.25	78.65
景泰县	57	73.27	69.60	75.54
文县	58	73.22	66.32	78.28
通渭县	59	73.16	67.02	77.58
积石山保安族东乡族撒拉族自治县	60	73.14	65.42	78.93
康县	61	72.94	65.63	78.46
广河县	62	72.92	67.38	76.92
天祝藏族自治县	63	72.74	67.59	76.49
庆城县	64	72.65	67.85	76.12
清水县	65	72.48	66.88	76.71
张家川回族自治县	66	72.43	66.51	76.96
合水县	67	72.29	66.60	76.68
岷县	68	72.28	68.74	74.82
迭部县	69	72.17	65.41	77.51
阿克塞哈萨克族自治县	70	72.10	72.03	71.74
临潭县	71	71.86	66.20	76.39

续表

县（市、区）	综合排序	社会结构竞争力		
		综合竞争力	人口结构竞争力	城乡结构竞争力
靖远县	72	71.76	69.65	73.28
会宁县	73	71.66	68.96	73.72
东乡族自治县	74	71.22	65.82	75.77
民勤县	75	71.08	67.11	74.47
瓜州县	76	70.88	66.75	74.47
康乐县	77	70.67	65.80	74.98
肃北蒙古族自治县	78	70.58	68.42	72.61
渭源县	79	70.14	66.70	73.44
卓尼县	80	70.12	65.47	74.46
肃南裕固族自治县	81	69.82	65.27	74.20
合作市	82	68.31	69.98	67.95
华池县	83	68.24	66.71	70.64
夏河县	84	66.93	65.00	70.19
碌曲县	85	65.31	66.14	66.85
玛曲县	86	65.00	67.75	65.00
均值		75.06	69.33	78.38
极差		25.00	25.00	25.00
方差		17.67	15.87	18.38
标准差		4.20	3.98	4.29

资料来源：根据《甘肃发展年鉴（2021）》、甘肃省财政厅和甘肃省统计局提供的数据计算所得。

　　根据 2021 年甘肃省 86 个县域社会结构竞争力得分，86 个县（市、区）中处于绝对优势的县（市、区）有兰州市城关区、临夏市 2 个（同上年）；处于一般优势的县（市、区）由上年 10 个减少到兰州市西固区、天水市秦州区、白银市白银区等 9 个；处于中势的县（市、区）有华亭市、酒泉市肃州区、庆阳市西峰区等 29 个（同上年）；处于一般劣势的县（市、区）由上年 38 个增加到定西市安定区、正宁县、灵台县等 40 个；处于绝对劣势的县（市、区）由上年 7 个减少到肃南裕固族自治县、合作市、华池县等 6 个（见表 32）。

表 32 2021 年甘肃省县域社会结构竞争力水平归类分布一览

评价标准	县域名称	个数
绝对优势	兰州市城关区、临夏市	2
一般优势	兰州市西固区、天水市秦州区、白银市白银区、武威市凉州区、兰州市安宁区、陇南市武都区、兰州市七里河区、和政县、平凉市崆峒区	9
中势	华亭市、酒泉市肃州区、庆阳市西峰区、天水市麦积区、金昌市金川区、敦煌市、临夏县、山丹县、徽县、崇信县、榆中县、永登县、甘谷县、张掖市甘州区、成县、环县、漳县、陇西县、高台县、皋兰县、舟曲县、庄浪县、临泽县、武山县、白银市平川区、镇原县、永昌县、临洮县、宁县	29
一般劣势	定西市安定区、正宁县、灵台县、静宁县、秦安县、礼县、兰州市红古区、玉门市、宕昌县、泾川县、金塔县、民乐县、西和县、古浪县、永靖县、两当县、景泰县、文县、通渭县、积石山保安族东乡族撒拉族自治县、康县、广河县、天祝藏族自治县、庆城县、清水县、张家川回族自治县、合水县、岷县、迭部县、阿克塞哈萨克族自治县、临潭县、靖远县、会宁县、东乡族自治县、民勤县、瓜州县、康乐县、肃北蒙古族自治县、渭源县、卓尼县	40
绝对劣势	肃南裕固族自治县、合作市、华池县、夏河县、碌曲县、玛曲县	6

（2）结果分析

2021 年甘肃省 86 个县（市、区）县域社会结构竞争力得分均值为 75.06，处于中势，其极差、方差、标准差均相对较大，差异性较大，86 个县（市、区）之间发展不均衡；二级指标城乡结构竞争力得分均值为 78.38，处于中势；人口结构竞争力得分均值为 69.33，处于绝对劣势，城乡结构和人口结构 2 个二级指标的极差、方差、标准差均存在较大差异，在 86 个县（市、区）之间，城乡结构失衡较严重，人口结构存在较大失衡。

从 2021 年甘肃省 86 个县（市、区）社会结构竞争力水平归类分布看，处于绝对优势的 2 个县（市、区）与 2020 年相比较没有变化；处于一般优势的 9 个县（市、区）中，与 2020 年相比较减少 1 个市，即华亭市，下降为中势，无新增县（市、区）；处于中势的 29 个县（市、区）中，与 2020 年相比较减少了 1 个区，即定西市安定区，下降为一般劣势，新增 1 个市，即华亭市；处于一般劣势的 40 个县（市、区）中，与 2020 年相比较新增 2 个县（区），即定西市安定区、卓尼县，无减少县（市、区）；处于绝对劣势的6个县（市、区）中，与2020年相比较减少1个县，即卓尼县，上升为一般劣势。

从86个县（市、区）社会结构竞争力水平归类分布看，行政区域分布特征、地理位置及产业结构特征明显，少数民族地区及牧区社会结构竞争力相对较弱。

从社会结构竞争力排序变化看，排序上升的有23个县（市、区），崇信县、康县、陇西县等上升较快；兰州市城关区、临夏市、兰州市西固区等33个县（市、区）排序未变；排序下降的有30个县（市、区），永昌县、白银市平川区、张掖市甘州区下降较快。

2. 甘肃省市（州）社会结构竞争力子系统评价分析

（1）评价结果

2021年甘肃省14个市（州）社会结构竞争力综合评价情况如表33所示。

表33 2021年甘肃省14个市（州）社会结构竞争力评价

市(州)	综合排序	社会结构竞争力		
		综合竞争力	人口结构竞争力	城乡结构竞争力
兰州市	1	90.00	90.00	87.56
天水市	2	81.66	75.77	85.52
平凉市	3	81.56	70.62	90.00
临夏回族自治州	4	81.12	69.89	89.87
陇南市	5	80.95	70.90	88.65
金昌市	6	78.63	72.64	82.93
庆阳市	7	78.44	71.37	83.75
张掖市	8	77.97	69.16	84.91
武威市	9	77.82	69.49	84.34
酒泉市	10	77.26	72.05	81.02
嘉峪关市	11	76.07	76.12	75.20
定西市	12	73.32	71.99	74.02

市（州）	综合排序	社会结构竞争力		
		综合竞争力	人口结构竞争力	城乡结构竞争力
白银市	13	68.34	72.14	65.00
甘南藏族自治州	14	65.00	65.00	65.47
均值		77.72	72.65	81.30
极差		25.00	25.00	25.00
方差		36.65	32.38	69.02
标准差		6.05	5.69	8.31

资料来源：根据《甘肃发展年鉴（2021）》、甘肃省财政厅和甘肃省统计局提供的数据计算所得。

2021年甘肃省14个市（州）社会结构竞争力得分：兰州市90.00，处于绝对优势；天水市81.66、平凉市81.56、临夏回族自治州81.12、陇南市80.95，均处于一般优势；金昌市78.63、庆阳市78.44、张掖市77.97、武威市77.82、酒泉市77.26、嘉峪关市76.07，均处于中势；定西市73.32，处于一般劣势；白银市68.34、甘南藏族自治州65.00，均处于绝对劣势（见表34）。

表34　2021年甘肃省14个市（州）社会结构竞争力水平归类分布一览

评价标准	市(州)名称	个数
绝对优势	兰州市	1
一般优势	天水市、平凉市、临夏回族自治州、陇南市	4
中势	金昌市、庆阳市、张掖市、武威市、酒泉市、嘉峪关市	6
一般劣势	定西市	1
绝对劣势	白银市、甘南藏族自治州	2

（2）结果分析

从14个市（州）社会结构竞争力总体来看，得分均值为77.72，处于中势，与86个县（市、区）结果一致；城乡结构竞争力得分均值为81.30，处于一般优势；人口结构竞争力得分均值为72.65，处于一般劣势；极差、方差、标准差明显扩大，说明在 14 个市（州）之间存在较大差异，结合 86 个县（市、区）的评价结果，反映出各市州所辖县域之间存在较大差异，各市（州）所辖县域之间发展不均衡，要素配置不均衡。

从社会结构竞争力排序变化来看，排序上升的只有庆阳市；排序未变的有 12 个市，为兰州市、天水市、平凉市、临夏回族自治州、陇南市、金昌市、武威市、酒泉市、嘉峪关市、定西市、白银市、甘南藏族自治州；排序下降的只有张掖市。

（八）甘肃省县域科学教育竞争力子系统评价分析

1. 甘肃省县域科学教育竞争力子系统评价结果

（1）评价结果

通过对 2021 年甘肃省 86 个县（市、区）科教支出竞争力和科教资源竞争力 2 个二级指标分析计算，得出 86 个县域科学教育竞争力评价情况如表 35 所示。

表 35　2021 年甘肃省县域科学教育竞争力评价

县（市、区）	综合排序	科学教育竞争力		
		综合竞争力	科教支出竞争力	科教资源竞争力
通渭县	1	90.00	90.00	86.51
静宁县	2	88.03	88.40	84.86
民勤县	3	86.93	89.36	81.86
庄浪县	4	85.29	86.90	81.77
渭源县	5	83.89	85.24	81.19
张家川回族自治县	6	83.87	88.52	77.46
靖远县	7	83.71	83.24	83.13
两当县	8	83.30	83.21	82.43
肃南裕固族自治县	9	82.88	75.83	90.00
镇原县	10	82.88	87.05	77.38
景泰县	11	82.55	81.75	82.77
陇西县	12	82.52	84.01	80.18
皋兰县	13	82.20	83.17	80.56

续表

县（市、区）	综合排序	科学教育竞争力		
		综合竞争力	科教支出竞争力	科教资源竞争力
文县	14	81.99	82.48	80.98
环县	15	81.74	83.45	79.45
会宁县	16	81.66	80.70	82.40
临洮县	17	81.61	85.67	76.73
泾川县	18	81.58	82.96	79.72
宁县	19	80.95	83.72	77.78
白银市平川区	20	80.77	78.68	83.12
正宁县	21	80.22	81.80	78.65
灵台县	22	79.65	80.27	79.37
白银市白银区	23	79.44	81.13	78.04
康县	24	79.39	83.01	75.84
永靖县	25	79.24	80.46	78.44
定西市安定区	26	79.20	84.30	74.06
华池县	27	78.89	75.52	83.39
岷县	28	78.74	86.03	71.30
西和县	29	78.69	83.34	74.24
临夏县	30	78.54	84.27	72.93
天祝藏族自治县	31	78.49	78.97	78.80
武威市凉州区	32	78.02	81.63	74.99
古浪县	33	77.76	78.28	78.31
康乐县	34	77.41	85.65	69.41
漳县	35	77.40	80.29	75.42
甘谷县	36	77.06	78.24	77.13
宕昌县	37	76.80	77.72	77.26
崇信县	38	76.72	71.84	83.72
成县	39	76.46	77.82	76.55
天水市秦州区	40	76.38	82.72	70.90
永登县	41	76.36	75.30	79.21
兰州市城关区	42	76.13	85.75	67.08
平凉市崆峒区	43	76.12	81.57	71.75
张掖市甘州区	44	76.02	85.96	66.65
徽县	45	75.97	75.71	78.07

续表

县（市、区）	综合排序	科学教育竞争力		
		综合竞争力	科教支出竞争力	科教资源竞争力
临潭县	46	75.91	76.35	77.25
积石山保安族东乡族撒拉族自治县	47	75.79	76.81	76.52
礼县	48	75.79	78.16	74.99
庆城县	49	75.75	77.63	75.53
秦安县	50	75.40	81.78	70.25
玉门市	51	75.08	81.53	69.98
华亭市	52	74.94	79.11	72.46
武山县	53	74.49	77.88	73.05
舟曲县	54	74.43	73.68	77.67
临泽县	55	74.16	76.80	73.69
高台县	56	74.12	81.02	68.87
碌曲县	57	73.95	72.07	78.63
金塔县	58	73.89	76.07	74.03
兰州市红古区	59	73.88	77.90	71.96
合水县	60	73.64	76.47	73.14
永昌县	61	73.60	80.47	68.59
肃北蒙古族自治县	62	73.56	70.18	80.09
庆阳市西峰区	63	73.43	76.79	72.42
敦煌市	64	73.39	76.69	72.47
清水县	65	73.36	74.74	74.59
卓尼县	66	73.30	73.14	76.30
酒泉市肃州区	67	72.96	80.70	67.20
瓜州县	68	72.88	77.76	70.37
天水市麦积区	69	72.43	75.63	71.99
榆中县	70	72.43	76.15	71.39
迭部县	71	72.38	65.00	83.84
山丹县	72	72.25	79.60	67.21
临夏市	73	71.91	79.69	66.52
和政县	74	70.81	72.12	73.10
东乡族自治县	75	70.75	75.59	69.08
民乐县	76	70.69	75.91	68.62
陇南市武都区	77	69.90	76.06	67.07

县（市、区）	综合排序	科学教育竞争力		
		综合竞争力	科教支出竞争力	科教资源竞争力
金昌市金川区	78	69.70	73.09	70.07
广河县	79	67.73	74.54	65.00
兰州市七里河区	80	67.56	71.98	67.58
兰州市西固区	81	67.44	68.31	71.48
兰州市安宁区	82	67.36	72.46	66.69
夏河县	83	67.31	69.00	70.49
阿克塞哈萨克族自治县	84	66.84	68.05	70.74
合作市	85	65.97	69.39	67.71
玛曲县	86	65.00	65.85	69.99
均值		76.39	78.88	75.24
极差		25.00	25.00	25.00
方差		27.21	29.64	30.27
标准差		5.22	5.44	5.50

资料来源：根据《甘肃发展年鉴（2021）》、甘肃省财政厅和甘肃省统计局提供的数据计算所得。

根据 2021 年甘肃省 86 个县域科学教育竞争力得分，86 个县（市、区）中处于绝对优势的县（市、区）由上年 2 个增加到通渭县、静宁县、民勤县等 4 个；处于一般优势的县（市、区）由上年 19 个减少到渭源县、张家川回族自治县、靖远县等 17 个；处于中势的县（市、区）由上年 42 个减少到灵台县、白银市白银区、康县等 30 个；处于一般劣势的县（市、区）由上年 19 个增加到华亭市、武山县、舟曲县等 25 个；处于绝对劣势的县（市、区）由上年 4 个增加到陇南市武都区、金昌市金川区、广河县等 10 个（见表 36）。

表 36　2021 年甘肃省县域科学教育竞争力水平归类分布一览

评价标准	县域名称	个数
绝对优势	通渭县、静宁县、民勤县、庄浪县	4
一般优势	渭源县、张家川回族自治县、靖远县、两当县、肃南裕固族自治县、镇原县、景泰县、陇西县、皋兰县、文县、环县、会宁县、临洮县、泾川县、宁县、白银市平川区、正宁县	17

评价标准	县域名称	个数
中势	灵台县、白银市白银区、康县、永靖县、定西市安定区、华池县、岷县、西和县、临夏县、天祝藏族自治县、武威市凉州区、古浪县、康乐县、漳县、甘谷县、宕昌县、崇信县、成县、天水市秦州区、永登县、兰州市城关区、平凉市崆峒区、张掖市甘州区、徽县、临潭县、积石山保安族东乡族撒拉族自治县、礼县、庆城县、秦安县、玉门市	30
一般劣势	华亭市、武山县、舟曲县、临泽县、高台县、碌曲县、金塔县、兰州市红古区、合水县、永昌县、肃北蒙古族自治县、庆阳市西峰区、敦煌市、清水县、卓尼县、酒泉市肃州区、瓜州县、天水市麦积区、榆中县、迭部县、山丹县、临夏市、和政县、东乡族自治县、民乐县	25
绝对劣势	陇南市武都区、金昌市金川区、广河县、兰州市七里河区、兰州市西固区、兰州市安宁区、夏河县、阿克塞哈萨克族自治县、合作市、玛曲县	10

（2）结果分析

2021 年甘肃省 86 个县（市、区）县域科学教育竞争力得分均值为 76.39，处于中势，其极差、方差、标准差均相对较大，差异性较大，县（市、区）间发展不均衡；二级指标科教支出竞争力和科教资源竞争力得分均值分别为 78.88 和 75.24，均处于中势。科教资源和科教支出 2 个二级指标的极差、方差、标准差均存在较大差异，在 86 个县（市、区）之间，科教支出和科教资源配置存在较大失衡。

从 2021 年甘肃省 86 个县（市、区）科学教育竞争力水平归类分布来看，处于绝对优势的 4 个县（市、区）中，与 2020 年相比较减少 2 个县，其中 1 个县靖远县下降为一般优势，1 个县天祝藏族自治县下降为中势，新增 4 个县，即通渭县、静宁县、民勤县、庄浪县；处于一般优势的 17 个县（市、区）中，与 2020 年相比较减少 10 个县（市、区），其中 4 个县通渭县、静宁县、民勤县、庄浪县上升为绝对优势，3 个县灵台县、岷县、礼县下降为中势，3 个县临泽县、碌曲县、卓尼县下降为一般劣势，新增 8 个县，即渭源县、张家川回族自治县、靖远县、两当县、镇原县、临洮县、宁县、正宁县；处于中势的 30 个县（市、区）中，与 2020 年相比较减少了

26个县（市、区），其中7个县渭源县、张家川回族自治县、两当县、镇原县、临洮县、宁县、正宁县上升为一般优势，11个县（市、区）华亭市、武山县、舟曲县、高台县、兰州市红古区、肃北蒙古族自治县、庆阳市西峰区、清水县、瓜州县、天水市麦积区、榆中县下降为一般劣势，2个区陇南市武都区、兰州市七里河区下降为绝对劣势，新增8个县（市），即灵台县、岷县、临夏县、天祝藏族自治县、康乐县、漳县、礼县、玉门市；处于一般劣势的25个县（市、区）中，与2020年相比较减少了8个县（市、区），其中4个县（市）临夏县、康乐县、漳县、玉门市上升为中势，4个县（区）广河县、兰州市西固区、兰州市安宁区、夏河县下降为绝对劣势，新增14个县（市、区），即华亭市、武山县、舟曲县、临泽县、高台县、碌曲县、兰州市红古区、肃北蒙古族自治县、庆阳市西峰区、清水县、卓尼县、瓜州县、天水市麦积区、榆中县；处于绝对劣势的10个县（市、区）中，与2020年相比较新增6个县（区），即陇南市武都区、广河县、兰州市七里河区、兰州市西固区、兰州市安宁区、夏河县。

从86个县（市、区）科学教育竞争力水平归类分布来看，行政区域分布特征、地理位置特征均不太明显。

从县域科学教育竞争力排序变化来看，排序上升的有38个县（市、区），漳县、康乐县、张家川回族自治县等上升较快；只有泾川县1个县排序未变；排序下降的有47个县（市、区），卓尼县、碌曲县、礼县等下降较快。

2.甘肃省市（州）科学教育竞争力子系统评价分析

（1）评价结果

2021年甘肃省14个市（州）科学教育竞争力综合评价情况如表37所示。

表37　2021年甘肃省14个市（州）科学教育竞争力评价

市（州）	综合排序	科学教育竞争力		
		综合竞争力	科教支出竞争力	科教资源竞争力
定西市	1	90.00	90.00	85.47
平凉市	2	88.46	85.85	86.85

续表

市（州）	综合排序	科学教育竞争力		
		综合竞争力	科教支出竞争力	科教资源竞争力
白银市	3	87.27	80.37	90.00
庆阳市	4	84.55	82.62	83.71
陇南市	5	82.50	82.63	80.48
武威市	6	82.23	77.77	84.50
天水市	7	80.43	80.37	79.32
临夏回族自治州	8	79.17	81.67	76.17
张掖市	9	78.63	81.94	75.08
酒泉市	10	77.25	78.56	76.01
甘南藏族自治州	11	77.07	70.86	82.75
兰州市	12	76.05	76.81	75.73
金昌市	13	68.08	65.00	74.06
嘉峪关市	14	65.00	69.66	65.00
均值		79.77	78.86	79.65
极差		25.00	25.00	25.00
方差		50.55	43.81	42.37
标准差		7.11	6.62	6.51

资料来源：根据《甘肃发展年鉴（2021）》、甘肃省财政厅和甘肃省统计局提供的数据计算所得。

2021年甘肃省14个市（州）科学教育竞争力得分：定西市90.00、平凉市88.46、白银市87.27，均处于绝对优势；庆阳市84.55、陇南市82.50、武威市82.23、天水市80.43，处于一般优势；临夏回族自治州79.17、张掖市78.63、酒泉市77.25、甘南藏族自治州77.07、兰州市76.05，均处于中势；无处于一般劣势的市（州）；金昌市68.08、嘉峪关市65.00，均处于绝对劣势（见表38）。

（2）结果分析

从14个市（州）科学教育竞争力总体来看，得分均值为79.77，处在中势，与86个县（市、区）结果一致；二级指标科教资源竞争力和科技支出竞争力得分均值为 79.65 和 78.86, 均处于中势；极差、方差、标准差明显扩大, 说明在 14 个市（州）之间存在较大差异, 结合 86 个县（市、区）的评价结果, 反映出各市州所辖县域之间存在较大差异, 各市（州）所辖县域之间发展不均衡, 要素配置不均衡。

表38　2021年甘肃省14个市（州）县域科学教育竞争力水平归类分布一览

评价标准	市(州)名称	个数
绝对优势	定西市、平凉市、白银市	3
一般优势	庆阳市、陇南市、武威市、天水市	4
中势	临夏回族自治州、张掖市、酒泉市、甘南藏族自治州、兰州市	5
一般劣势	—	0
绝对劣势	金昌市、嘉峪关市	2

从科学教育竞争力排序变化来看, 排序上升的有 7 个市（州）, 为临夏回族自治州、庆阳市、定西市、平凉市、天水市、酒泉市、金昌市；排序未变的有 2 个市, 为陇南市、张掖市；排序下降的有 5 个市（州）, 为甘南藏族自治州、白银市、武威市、兰州市、嘉峪关市。

五　甘肃省县域竞争力特征

通过以上分析, 2021 年甘肃省县域竞争力具有以下特征。

（1）2021 年甘肃省县域竞争力整体水平较低, 但与 2020 年相比有所提升, 综合竞争力得分均值及 5 个一级指标产业发展竞争力、基础设施竞争力、社会保障竞争力、公共服务竞争力和人居环境竞争力得分均值均高于 2020 年, 综合竞争力得分均值及 3 个一级指标基础设施竞争力、人居环境竞争力和社会结构竞争力得分的方差、标准差均相对 2020 年出现缩小, 2021 年甘肃省 86 个县域综合竞争力和部分一级指标竞争力较 2020 年有所提升, 县域间的不均衡化也呈减弱趋势。

（2）2021 年甘肃省县域竞争力 8 个一级指标中, 基础设施竞争力和人居环境竞争力均值均处于一般优势；产业发展竞争力、社会保障竞争力、科学教育竞争力、公共服务竞争力和社会结构竞争力均值均处于中势；宏观经济竞争力均值处于一般劣势。

（3）2021年甘肃省县域综合竞争力各县（市、区）排序上下波动振幅略大于2020年，8个一级指标中宏观经济竞争力、产业发展竞争力、基础设施竞争力和社会结构竞争力排序变化波幅较2020年小，公共服务竞争力和科学教育竞争力排序变化波幅与2020年相当，略有扩大，人居环境竞争力排序变化波幅较2020年增幅较大。部分领域政策连续性及稳定性较差，县域竞争力可持续性不强。

（4）2021年甘肃省各市（州）及各市（州）所辖县域之间竞争力差异性较大，县域竞争力发展不均衡，竞争力要素配置差异性较大，要素配置不均衡。

（5）2021年甘肃省县域之间竞争力具有一定的地理位置、行政区域、经济结构、经济发展等因素制约下的分布特征。

调 查 篇

Chapters of Special Subject Investigation

B.3

金川区县域工业调查报告

何　剑*

摘　要： 金川区是依托镍矿的开发而建立和发展起来的资源型城市。立足资源优势，金川区多年来坚持实施工业强区战略，目前已形成较为完备的有色金属冶炼和精细化工产业体系。按照高质量发展思路，近年来金川区工业发展的重心逐渐转向延伸产业链条、促进结构优化、打造循环经济等方面。以金属新材料、风光电、新能源电池、资源综合利用为主的新兴产业创新要素正快速汇聚，结构调整不断深入，项目建设有序推进，科技创新成效显著。本文在对金川区经济社会发展进行实地调研的基础上，回顾金川区工业化的历程，对金川区工业发展取得的成绩、形成的经验做法以及存在的问题进行分析总结，为甘肃县域新型工业化及资源型城市转型提供有益借鉴。

---

* 何剑，甘肃省社会科学院农村发展研究所助理研究员，主要研究方向为农村经济和区域发展。

关键词： 工业 县域 金川区

县域处于"连城带乡"的特殊地位，县域工业化是实现高质量城镇化及农业农村现代化的重要抓手。随着甘肃省"四强"战略行动的提出①，提振县域工业无疑将成为今后一个时期全省经济发展的重点工作之一。金川区是典型的由矿产开发带动发展起来的资源型城市。建区近 40 年来，立足境内丰富的镍矿资源，金川区坚持工业主导的发展思路，围绕国有大型企业——金川公司打造县域工业，逐步做大做强有色金属冶炼、精细化工、新材料、新能源等产业链，成功走出一条地方政策支持企业、企业带动地方经济的联动发展之路，成为甘肃省内工业强县的典范。对金川区在产业培育壮大、减少资源约束、摆脱路径依赖等方面进行的探索及形成的经验进行总结，同时对其下一步谋求城市转型及实现更高质量发展面临的挑战进行分析，可为其他县域实施强工业战略提供参考与借鉴。

一 金川区工业发展历程

（一）工业化起步阶段

金川区工业起步于 20 世纪 50 年代，在三线建设时期得到长足的发展，奠定了较雄厚的基础。1958 年，甘肃省地质局在河西走廊龙首山一带发现了富含镍铜等有色金属的孔雀石，由此开启了中国镍钴工业发展的引擎。1960 年，金川公司的前身——甘肃有色金属公司成立，当时名为"永昌镍矿"（807 矿，886 厂）。永昌镍矿一经成立，便立刻驶入发展的快车道：1963 年采出第一批矿石，1964 年产出第一批电解镍，1965 年成功提炼出铂

---

① "四强"战略行动：2022 年 1 月，甘肃省委十三届十五次全会暨省委经济工作会议提出要大力实施强工业、强科技、强省会、强县域行动，简称"四强"战略行动。

族金属，1966 年建成万吨规模的一期工程。1978 年，永昌镍矿被列为全国三大矿产资源综合利用基地之一。

（二）改革实践初步探索阶段

改革开放以来，金川区充分利用国家对内、对外政策机遇，依托镍铜钴工业基地和新材料工业基地建设，积极发展配套产业和接续产业，工业化进程不断加深。1983～1985 年，金川公司镍产量由不足万吨增长到超过 2 万吨，实现了第一次腾飞，并相继从美国、日本、芬兰、瑞典等 10 多个国家引进先进设备与生产技术，采、选、冶、化生产工艺，以及稀贵金属提炼技术已步入世界先进行列。20 世纪 80～90 年代，在经济体制由计划经济向市场经济转型的背景下，全国掀起国有企业放权改革、乡镇企业蓬勃发展的热潮。顺应此形势，金川公司在省内率先推行厂长（经理）负责制、承包制和股份制，朝着建立现代企业制度的目标迈进。与此同时，全区兴办一批以"干部任命、工人固定、工资等级"为特点的、"小国营"模式的乡镇企业，在"五轮驱动"（乡办、村办、社办、联户办、个体办）下的五大产业（农业、工业、交通运输业、建筑、商饮服务）同时发展的局面迅速形成，小农机、小磷肥、小面粉以及砖厂、砂石厂、建筑队及水泥预制厂等中小企业也如雨后春笋般涌现，纷纷助力区域发展。经过十余年的改革与探索，金川区工业企业总体运行质量、管理水平大幅提升，形成了以有色金属材料、化工、能源、建材、农产品加工业为主体的产业结构体系，城镇企业、乡镇企业、民营企业呈现多元快速发展的趋势。

（三）工业向园区集群发展阶段

随着金昌市、金川区的相继设立，金川区工业进入了地企联动推进的新阶段。这一阶段的主要特点是，通过大力实施园区建设，吸引企业进驻园区，推动工业集群发展和块状发展。1991 年，设立金昌东区经济开发试验小区，规划面积 15 平方千米。同年 6 月，设立高技术产业开发区，规划面积 5.61 平方千米，批准立项 152 个，建设资金累计 3.5 亿元，建成投产企业 100 个，能生产 320 多种、800 多个规格型号的产品，累计创产值 5.65 亿元，实现利税 5800 万元，从业人员 1.2 万多人。同年 9 月，成立金昌东区经济开发试验小区管理委员会以及金昌高新技术产业开发区管理委员会。1996 年 5 月，金昌东区经济开发试验小区管理委员会更名为"甘肃金昌经济开发区管理委员会"。1997 年，金昌市提出"工业强市"的战略，借力西部开发，大力发展壮大有色金属、化工、能源三大支柱产业。至 1998 年末，金昌经济开发区累计审批项目 256 个，建成企业 187 家，形成固定资产 6.8 亿元，累计完成工业总产值 41.1 亿元，上缴税金 1.69 亿元，为企业减免税金 1.46 亿元，安排就业 1.85 万人。2002 年 3 月，设立省级非公经济工业园区，实行"一区多园"发展模式，形成以开发区为中心，向四周辐射的发展格局。

（四）现代多元工业体系形成阶段

2010 年 3 月，经国务院批准，金昌经济开发区升级为国家级经济技术开发区。至 2010 年末，开发区累计引进和登记注册项目 337 项，其中被列入国家级火炬计划项目 3 个，省级火炬计划项目 17 个；建成企业 180 家，规模以上企业 54 家（经省科技厅认定的高新技术企业 19 家）；从业人员 2.83 万人；累计申请专利 847 项，其中 2010 年新申请专利 193 项；累计完成固定资产投资 205.68 亿元，其中基础设施建设投资 20.74 亿元；能生产 350 多种、数千个规格型号的产品。当年实现业务总收入 805.40 亿元，完成工业总产值 408.83 亿元、工业增加值 134.72 亿元、财政收入 13.22 亿元。

2013 年，金昌市批准设立金川区中小企业承载园，园区规划用地面积 1.62 平方千米（2430 亩），重点引进农产品精深加工、镍铜钴有色金属新材料精深加工、再生资源综合利用、电工电料、新型材料、仓储物流等产业。同年 8 月，金昌市委、市政府出台《关于加快开发区发展的意见》，明确金川区中小企业承载园区是金昌国家级经济技术开发区核心区——金川工业园的组成部分，规划面积 3.73 平方千米，一期规划面积

1.6 平方千米（包括边界），重点发展有色金属、新型建材、机械加工和农副产品精深加工等产业。2020 年在承载园区启动实施中小企业创业创新孵化基地建设项目，目前项目一期工程即将建设完成，二期工程于 2022 年 8 月投入使用，重点发展以镍铜钴等为原材料的较高端新材料加工制造产业，同时为镍铜钴新材料基地配套服务，生产加工具有高附加值的产品，建成与金昌经济开发区先进装备制造业和信息产业相配套的零部件加工基地。

在工业强区战略的强力推动下，特别是金昌经济开发区及中小企业承载园项目实施以来，金川区工业发展由过去的单一链条、粗放生产阶段过渡到注重效益、"量大质优"的阶段。目前，金川区已建立起有色冶炼与新材料、精细化工、新能源、装备制造等互为依托、互为促进的关联关系，资源、要素相互补充、相互利用的产业链条不断完善，现代多元工业体系业已形成。

二　金川区工业发展现状

（一）工业经济运行稳中有进

2021 年以来，克服新冠肺炎疫情带来的不利影响，金川区工业企业通过及时掌握市场供需、主动调整销路、合理安排生产等措施，总体上实现了产值的稳步增长，工业主导地位更加凸显。2021 年，全区工业增加值 235 亿元，同比增长 27.7%；其中规模以上工业增加值 228 亿元，同比增长 12.8%。如图 1 所示。2022 年 1~7 月，规模以上工业增加值同比增长 21.9%，增速高出金昌市水平（19.1%）2.8 个百分点，高出甘肃省水平（7.7%）14.2 个百分点，高出全国水平（3.3%）18.6 个百分点。目前全区规模以上工业企业数量已达 70 家，比上年末增加 8 家。重点工业项目加快推进，质量和规模取得"双提升"。全区完成固定资产投资 113.2 亿元，同比增长 11.7%。

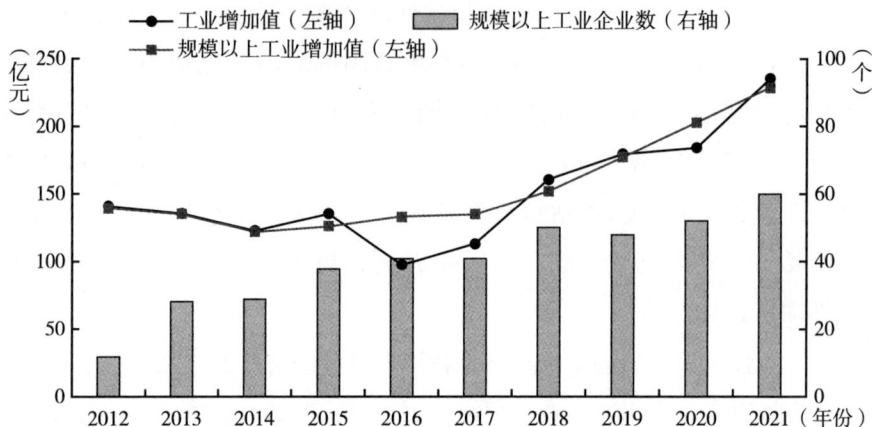

图1 2012~2021年金川区工业经济发展趋势

资料来源：金川区统计局。

（二）有色金属新材料加工产业优势突出

有色金属新材料加工作为金川区的传统优势产业，在区域内已形成较大的生产规模和较强的市场竞争力。目前金川区已具备年产1万吨镍及镍合金加工材料的生产能力，可批量生产纯镍带材、电热合金、膨胀合金、镍铁合金、软磁合金、高温耐蚀合金等近30个品种产品。同时，年产圆筒印花镍网680万只，是国内最大的镍网生产基地。金川区铜杆铜线具有较高的生产工艺，其装备水平国际领先，已生产出国内最大口径的白铜管系列产品，主要应用于船舶、海洋工程、石油化工等领域海水管网及连接用管；年产电工铜杆和铜线45万吨、电线电缆26.2万千米，其中电线电缆产品涵盖十大类、万余种规格，生产规模居西部地区首位。

（三）新能源产业发展基础雄厚

金川区风能、太阳能资源丰富，新能源开发条件十分优越。同时，金川集团及其配套关联企业形成的有色金属加工、机械制造等产业集群，为发展新能源装备制造奠定了坚实的技术及原材料基础。目前，全区共开发建设光

伏园区 2 处、风电场 1 处。"十二五"至"十三五"时期，共建成风光电项目
37 项，装机总规模 211.8 万千瓦。其中建成光伏发电项目 32 项，装机规模
182 万千瓦；建成风力发电项目 5 项，装机规模 29.8 万千瓦。2022 年，金川
区共实施"十四五"第一批风光电项目 10 项，装机总规模 125 万千瓦；实施
330KV 汇集升压站项目 2 项；实施分布式光伏项目 1 项，装机规模 5.2 万千
瓦。在新能源装备制造方面，重点打造新能源电池产业以及包括风光电零部
件加工、成套设备制造的风光电装备制造配套产业。目前镍钴锰三元锂电池
和磷酸铁锂储能电池产业已初具规模，0.8GWh-18650 型三元动力电池已正式
投入量产，正在招商引进 50 万千瓦储能 PCS 生产制造以及 1.5GWh 锂电池储
能集成系统项目。新能源产业的兴起也为传统金属加工产业带来新的增长点，
形成工业内循环的发展态势。据测算，目前金川区新能源电池及其配套产业
所需原材料已形成 11.5 万吨硫酸镍、5000 吨钴盐、5 万吨锰盐、3 万吨三元
前驱体、3000 吨锂电铜箔等生产能力，其中 65% 以上可在本地生产供应。

（四）加工制造产业集群初步形成

围绕配套完善金川集团镍铜钴产业链，金川区大力培育组配件生产、产
品代加工和有色金属原料深加工等"专精特新"中小企业，形成"以一带
多、共生发展"的加工制造产业集群。如优洛斯机械设备制造公司主要利
用金川集团镍铜钴等新材料加工制造发动力叶轮等配件，鑫富昌特种电气装
备公司主要利用金川集团铜材生产电线电缆。此外，积极引进与先进装备制
造业互补性强的新材料加工、新能源锂电及智能制造等配套产业项目入驻中
小企业承载园区，推进园区加工制造产业集群项目开工建设。目前已有碳纤
维增韧碳化硅高性能陶瓷基复合材料、智能水表、年产 2500 吨全降解聚乙
烯醇（PVA）/淀粉水溶膜以及"康妈咪"酸辣粉等 4 个产业集群生产项目
提出入园申请。

（五）工业园区承载能力不断提升

金川区以高标准建成中小企业承载园区为目标，推动要素向园区集

聚、项目向园区集中、产业向园区集群。自 2013 年园区批准建立以来，政府通过提供标准化厂房、完善基础设施、减免租金、返还税收等一系列优惠措施，已陆续吸引 18 家各类中小企业入驻。截至目前，园区累计审核入驻项目 27 个，其中加工制造项目 16 个，再生资源综合利用项目 3 个，农副产品加工项目 2 个，仓储物流项目 2 个，产业孵化基础设施项目 2 个；建成试生产项目 12 个，正在建设的项目 13 个，正在办理建设手续的项目 2 个，其中正常生产企业项目 4 个。2022 年 1～5 月，园区企业产值达到 3009 万元，创造税收 110.5 万元。建筑建材、加工制造、再生资源回收利用等产业实现集群发展，中小企业创业创新孵化基地 PPP 项目加快建设。

三　经验与模式

从国内外历史经验看，一些资源型城市在后续发展中由于资源束缚、路径依赖而陷入发展困境，面临诸如产业结构单一、产业链延伸不足，或企业与地方发展脱节、大型企业对地方产业的带动作用有限等问题。金川区在发展实践中，密切配合国家政策，适时引导城市转型，注重大中小企业互补发展、地方与企业联动发展，摸索出一套适合资源型城市转型的县域工业发展经验及模式，成功避免了"资源诅咒"陷阱，实现了工业经济由"资源支撑"向"内生驱动"的蜕变。

（一）"以一带多"共生发展

自建区以来，通过围绕金川集团发展配套产业和接续产业，延链补链，金川区不断完善县域工业体系，现已形成以国有大型企业和本地中小企业之间密切合作为特色的产业集群。金川区这种"以一带多、以大带小"的工业发展模式又分为三种类型：第一类是依托金川集团镍钴锰等生产优势，积极发展新材料加工、精细化工、新能源电池等下游产业，实现产业纵向联合。代表企业如金通储能动力新材料有限公司。该公司利用金川集团的镍钴产品，从事锂离子动力汽车电池三元前驱体材料的设计、研发与生产①，目前已具有年产 10 万吨动力锂离子电池用三元前驱体的产能，产品主要供往宁德时代、三星、LG 等国内外知名企业。第二类是借助金川集团雄厚的资本、技术实力，引凤筑巢，吸引域外企业联合投资建厂。代表企业如国钛金属有限公司。该公司是云南国钛公司与金川集团于2020 年 7 月合资建立的冶金企业，主要从事钛铁矿采选、高钛渣冶炼，以及海绵钛、钛合金及其副产品的生产，现已建成年产 1 万吨的海绵钛生产线，并计划于 2023 年形成年产 3 万吨子级海绵钛的产能。第三类是金川集团凭借自身技术优势建立的科技型中小企业。代表企业如优洛斯动力科技有限公司。该公司是金川集团凭借在镍钴原材料和高温合金研发方面的技术优势，与山东优洛斯公司强强联合打造的科创型公司②，主要从事军工、航空航天、冶金、化工、汽车、核电、医疗等领域镍钴基高温合金零部件的设计、研发及生产。三种形式的特点及代表性企业如表 1所示。

表 1　金川区工业"以一带多"共生发展模式分类

类型	依托金川集团发展下游产业	借助金川集团吸引域外企业联合投资	金川集团利用技术优势建立科创型公司
代表企业	金通储能动力新材料有限公司	国钛金属有限公司	优洛斯动力科技有限公司

（二）"企业入园"借力发展

自 20 世纪 90 年代金昌东区经济开发试验小区以及金昌高新技术产业开发区成立以来，金川区一直将园区建设作为打造县域产业集群、提升工业发展质量的重要抓手。无论是从园区建设力度，还是从园区产生的实际效果来

---

① 金通储能动力新材料有限公司为金川集团实际控股，但从产业链角度看，可视为金川集团传统的金属采选业向下游延伸而兴起的企业。
② 优洛斯公司兼有第二种、第三种形式的特点。

看，金川区在全省各县（区）中始终走在前列。在配套基础设施、优化公共服务、提供优惠政策等方面，区政府可以说是不遗余力。以中小企业承载园区为例，该园区是金川区为了培育本地产业、促进大中小企业协同发展、实现金昌市"2+4"产业链集群发展目标①，从国家级金昌经济开发区中划出一部分而成立的。园区精准定位于：为符合"轻型、环保、低耗"生产要求的中小型加工制造企业提供创新基地及发展平台。为了吸引企业（项目）入驻，金川区政府采取了以下措施：一是最大限度减轻企业负担。采用PPP模式，由区城投公司和甘肃一建集团共同出资5000万元，撬动银行贷款3.3亿元，建设标准化厂房、道路、热电、管网等基础设施，减少入园企业重资产投入，使中小企业"轻装上阵""拎包入驻"。二是出台免租、减税优惠政策。对年销售收入达到2000万元以上的企业，前5年免收租金；对所有入园企业实行"两免三减半"政策：前两年税收返还100%，后三年税收返还50%；对新能源电池企业前5年税收全免。三是出台奖励政策。对首次入园的工业型企业一次性奖励8万元。在一系列政策的引导下，园区自2013年以来已吸引18家企业入驻，目前一期建设项目已完成。中小企业承载区的主要特点如表2所示。

表2　金川区中小企业承载区主要特点

中小企业承载区				
目标定位	投入方式	政策优惠		
		降低企业成本	减免租金及税收	提供奖励
发展"轻型、环保、低耗"的中小型加工制造企业	PPP模式：由区城投公司和甘肃一建集团共同出资5000万元，撬动银行贷款3.3亿元	建设标准化厂房及配套基础设施，实现企业"拎包入住"	前5年免租；税收"两免三减半"；新能源电池企业前5年免税	首次入园企业一次性奖励8万元

---

① "2+4"产业链集群发展目标：2021年，金昌市第九次党代会提出要着力培育"2+4"产业链，即打造两个千亿级产业链：有色金属、新能源；四个百亿级产业链：数字经济、资源综合利用、菜草畜、化工循环。

（三）循环发展

作为工业型城市，通过对各个生产环节实行精细化控制，金川区基本形成了将工业废弃物处理纳入生产体系、变废为宝的循环经济发展格局。目前已建成有色金属、冶金、硫化工、氯碱化工、煤化工等 5 条循环产业链，做到产业链环环相扣、废弃物"吃干榨尽"。其中较具代表性的是位于金昌经济开发区新川化工基地的氯碱循环产业链。该产业链由多方主体共同打造，包括金川集团 20 万吨/年的烧碱项目以及硫酸产品、四川新希望集团 20 万吨/年的 PVC 和 10 万吨/年的硫酸钾项目以及金泥集团配套生产电石和水泥，形成完整的氯碱化工生产循环。金川集团生产的硫酸以及生产烧碱的副产品液氯，可分别供应新希望集团生产硫酸钾和 PVC，而PVC 的副产品电石渣，可供应金泥集团生产水泥，部分水泥再送往金川公司供采矿回填使用；金泥集团同时供应电石，作为生产 PVC 的一种原料。由此形成了环环相扣、紧密合作的循环生产流程（如图 2 所示）。目前，新川化工基地氯碱产业链已形成年产 20 万吨烧碱、20 万吨 PVC、10 万吨硫酸钾、4 万吨液氯、2 万吨工业盐酸的产能，带动近千人就业，增加产值 20 亿元。

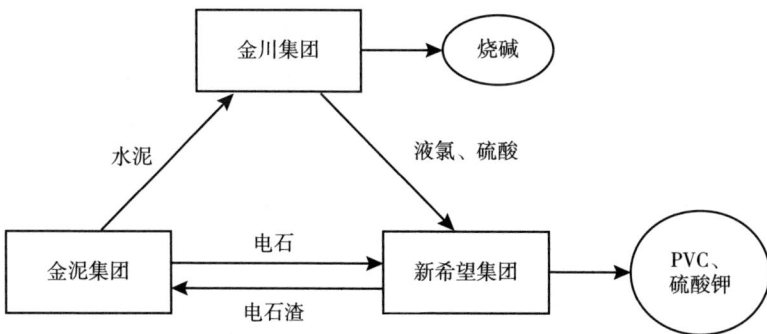

图 2　新川化工基地氯碱循环产业链简要生产流程

四 存在的问题

（一）区属工业企业生产规模较小，产业化层次较低

金川区本地工业企业主要围绕金川集团发展起来，目前大多数仍以金川集团资源型产品的初级加工为主，精深加工和具有高附加值的产品较少。如国钛金属公司生产的钛材，主要供应东北、湖南、陕西等地下游企业，用于进一步深加工，而金川区本地却没有钛材加工企业，导致产业链无法进一步延伸。

（二）受疫情、原材料涨价、经济下行等因素影响，部分企业出现经营困难

一方面是受疫情及宏观经济环境影响，建材、化工等行业不景气，产品需求萎缩、价格下跌，给上游原材料企业带来生产经营压力。如恒信高分子材料公司主要生产 PVC 助剂——氯化聚乙烯（CPE），产品供应国内外市场，年出口量已由以往的 20 万吨减少为 2021 年的 5 万吨。另一方面是原材料快速涨价导致企业成本大幅上升。如新川公司生产硫酸钾的主要原料——氯化钾的价格由 2020 年复工复产初期的 1995 元/吨上涨到 2021 年 7 月的 4500 元/吨，导致企业不得不采取阶段性、计划性的停产策略。

（三）劳动力不足，应用技能型人才短缺

劳动力数量呈现总体性及结构性短缺。一方面是由于出生率下降、人口外流，年轻一代务工人员尤其是农村务工人员的数量不断减少，企业用工困难；另一方面是技能型人才培养不足，目前本地仅有一所金昌大学，技能型人才培养远远跟不上工业发展的需要。现有专业技术人员也主要集中在金川公司、教育系统和卫生系统，中小企业技能型人才较为匮乏。

（四）新能源产业政策提高了用电成本，对企业投资形成一定制约

为解决新能源产业中存在的弃风、弃光问题，金昌市规定，企业投资开发风电、光电项目，须按照40%的比例配套储能体系，即每发电100兆瓦时，要配套40兆瓦时容量的储能设备，否则不予并网。这一规定虽然有效确保了新能源的利用率，但增加了储电环节，无疑提高了发电成本，并使终端用电企业承担较高的电价。在实地调研中发现，电价低是金川区吸引工业企业落户的区位优势之一，因此就出现了一个矛盾：开发风光电不可避免要进行储能，但储能导致电价升高势必削弱其他用电企业的投资意愿，最终可能使金川区丧失电价低的优势。破解这一矛盾需要思考的是如何通过技术手段降低储电成本，使电价处于企业可接受的范围内。

五　对策建议

（一）金川区工业发展对策建议

一是延伸资源综合利用产业链。以金川集团镍铜冶炼废渣、尾矿、粉煤灰及贵金属提炼产业为重点，推进再生资源循环利用，持续在做细下游产业上下足功夫。二是加大招商引资力度，促进新能源的本地化利用。金川区风光资源丰富，发展新能源产业潜力很大，针对目前存在的能源外送通道不畅问题，要适时转变思路，不仅重视新能源的开发，更要考虑后续新能源的本地化利用问题。在招商引资中要在风光电资源的开发、储存、利用环节同时发力、多管齐下，形成产业闭合，将能源优势转变为经济优势。三是加大对技能型人才的引进力度。进一步完善创新人才培养、使用、引进、奖励机制，不断充实和壮大全区科技人才队伍。四是省、市层面要出台政策，进一步减轻企业负担，在项目审批、用电用能限制等方面予以支持。对一些技术含量高、发展前景好的企业实行电价补贴、适当放宽能耗指标等措施，降低企业成本；对一些需要"大干快上"的项目，要尽量精简审批流程，营造宽松的营商环境。

（二）其他县域工业发展对策建议

其他县域应学习借鉴金川区工业发展的经验与模式，结合自身实际，走工业强县（区）的发展道路。

1. 充分认识工业在国民经济中的重要地位

工业化是现代化的核心，是传统社会向现代社会转变的必经过程。甘肃县域发展普遍存在产业基础薄弱、工业化程度滞后的问题。区域差距、城乡差距的增大，使青壮年劳动力大量涌向大城市及东部地区，在县域经济结构调整、产业升级尚未完成之时，人口红利过早消失，而高素质的人才资源未能及时补上，造成县域工业发展乏力，制造业"未富先老"的问题较为突出。目前甘肃县域第二产业比重低于全国平均水平，而第三产业仍以批发、零售、餐饮、娱乐、地产等为主，信息、金融、物流等生产性服务业发展滞后，产业结构呈现"二产空心化，三产低端化"的特征。要切实提高对县域工业化的认识，把强工业作为强县域的重要抓手，动员社会各方力量，狠抓项目建设，努力形成大办工业的新局面。要坚决摒弃过去因片面追求GDP而形成的"土地财政"思维，将产业而不是土地作为人口集聚的动力，促进农村人口稳定、有效转移，推进高质量的城镇化。

2. 切实搞好园区建设

要进一步优化园区产业布局，鼓励和引导全产业链招商引资，提升园区内企业的产业关联度和聚集水平，推动县域工业集群发展和块状发展。在招商引资中要有所取舍，重点选择符合国家产业政策、前后关联性强、科技含量高、节能环保的企业或项目，摒弃"唯税收论"和"唯GDP论"。要充分发挥甘肃特色农业资源优势和县域"联城带乡"的地域优势，大力发展特色农副产品加工业，依托县城及中心镇，创建农产品加工物流园区和农业产业化示范基地。

3. 注重发挥驻地大型企业的带动作用

"一五""二五"及随后的"三线建设"时期，国家在甘肃投入了大量工业建设项目，迅速带动了甘肃地方工业的发展。这一时期各地形成的工业基础，奠定了此后全省工业发展的基本格局，至今在地方工业经济中发挥着重要的支柱作用，如酒泉的钢铁、白银的有色金属、天水的电子和机械、陇东的煤炭和油气，陇南的酿酒等。甘肃县域要善于利用本县（区）或所在市（州）现有的工业基础，积极发展上下游配套产业，促进生产要素在县域内集聚，形成产业集群发展之势，走差异化、特色化的县域工业化道路。特别是一些有省内外大型企业的县（区），要充分利用驻地企业在资源、产品、技术、市场等方面的优势，借鉴金川区"大企业带动小企业"的模式，打造完整的县域工业体系。各县（区）政府要积极与驻地大企业进行对接，开展产业合作。在合作方式上，不应仅限于地方提供土地和资源、企业创造税收和就业，而应以扶持本地中小企业、促进县域工业长期可持续发展为目的，探索新型地企合作模式，促进地企深度融合发展，形成双赢局面。

4. 提高政府对工业企业的服务能力

政府层面要扮演好"服务员"的角色，千方百计为工业企业特别是中小加工制造企业投资落户创造条件，在降成本、增效益上助企业一臂之力。在基础设施配套、金融支持、税收优惠、财政奖补等方面强化政策供给，使企业获得资金方面的支持。要优化促进工业型企业发展的软环境，在放宽市场准入、促进公平竞争、破除行政壁垒等方面谋思路、出实招。要建立与公务员工作实绩挂钩的绩效考核制度和奖惩制度，提高政府工作人员服务中小企业的积极性，转变其服务理念，增强其服务意识。

参考文献

陈兴明、祁小松、范晓洁、谢斐：《金川：坚持新发展理念 推动产业转型升级》，《甘肃经济日报》2020年7月2日。

陈泽晋：《金川区：交出亮眼成绩单》，《甘肃日报》2022年4月18日。

B.4
康县建设美丽乡村调查报告

李廷俊*

摘　要： 缘起于浙江、践行于全国的"两山理论"，是习近平新时代中国特色社会主义思想的重要组成部分，已经成为全党全社会的共识和行动。十多年来，康县坚定践行这一理念，把决战决胜脱贫攻坚与美丽乡村建设结合起来，探索出了一条深度贫困地区全域建设美丽乡村的新路子，走出了一条巩固拓展脱贫攻坚成果与乡村振兴有效衔接的好路子，全县形成旅游县城、特色小镇、美丽乡村协调发展的生机勃勃新气象。

关键词： 美丽乡村　"两山理论"　康县

"两山理论"是新发展理念的重要组成部分，其核心思想就是良好的生态环境是最普惠的民生福祉，维护生态环境就是维护生产力。十多年来，康县把打赢打好脱贫攻坚战和美丽乡村建设结合起来，在推进乡村振兴方面作了一些创新探索，积累了一些有益的办法，取得了较好成效。全县350个行政村1642个自然村全部建成美丽乡村，有2个镇和20个村被评为"中国最美村镇"，1个镇被国家文旅部、农业农村部、国家发改委确定为第一批全国乡村旅游重点镇；县域内1300千米国、省、县、乡道，按照全域绿净美的标准全部进行绿化、美化、景观化，把公路建成公园，推动全县按照从改善人居环境、建设美丽乡村到打造不要门票的全域旅游大景区"三部曲"

---

* 李廷俊，康县原县委书记，现任陇南市人大常委会副主任，党的十九大代表、全国优秀县委书记。

循序推进，探索出了一条深度贫困地区全域建设美丽乡村的新路子，走出了一条巩固拓展脱贫攻坚成果与乡村振兴有效衔接的好路子。

一　发展历程

康县地处甘陕川三省交界，属国家秦巴山集中连片特困地区，共 21 个乡镇、350 个行政村、1642 个自然村，5 万多农户 22 万人中的 80% 以上分散居住在高半山、峡谷河道及林缘地区，被形象地概括为"八山一水一分田"。"晴天一身土、雨天一身泥、屋旁臭水沟、垃圾柴草满地堆"，这种环境与人民群众对美好生活的期盼形成强烈反差，村里年轻人认为脱贫致富的唯一出路就是外出务工。农村环境差，基础设施落后，农业效益低，农村留不住人，成为当时康县工作最突出的矛盾和最大的问题。

党的十八大以来，习近平总书记对改变农村面貌有强烈的愿望和要求，对精准脱贫、建设美丽乡村提出了很多新理念、新要求。强调小康不小康，关键看老乡。中国要强，农业必须强；中国要美，农村必须美；中国要富，农民必须富。强调建设美丽乡村，是要给乡亲们造福，不能大拆大建，要保护好古村落。农村是我国传统文明的发源地，乡土文化的根不能断，农村不能成为荒芜的农村、留守的农村、记忆中的故园。强调促进共同富裕，最艰巨最繁重的任务仍然在农村，将来即使城镇化目标实现了，全国仍将有 4 亿多人生活在农村，一定要建设好农村这个大后方。

省市领导和各级组织、各部门对康县美丽乡村建设给予了高度认可和指导支持。2012 年 10 月陇南市委、市政府印发了《关于学习推广康县经验，加快推进全市生态文明新农村建设的决定》；2014 年 5 月，甘肃省委、省政府在康县召开了全省改善农村人居环境现场会；2020 年 12 月省政府、农业农村部、法国美丽乡村联盟在康县举办了"一带一路"32 个国家和全国各省参加的美丽乡村论坛，康县美丽乡村赢得了国际友人的高度评价；2021 年 1 月省委研究室、省委党校、省农业农村厅在康县调研总结，以"久久为功磨一剑，美丽乡村绽新颜"为题，对"康县模式"在全省印发推广，国家乡村振兴局也在全国转发推广。

思路决定出路。康县美丽乡村建设顺应了发展大势，符合农村群众的迫切意愿。省第十四次党代会把实施"四强"行动作为主要抓手，特别是强县域行动明确乡村振兴是重中之重，为推进美丽乡村建设进一步指明了方向、提供了路径。

二 康县美丽乡村建设的主要做法和成效

美丽乡村建设从一开始，就确定了统筹城乡一体发展、建设小康美丽康县的总体目标，开启了全域建设美丽乡村、全域环境绿净美、全域乡村旅游的富民兴县工程。

（一）一张蓝图绘到底，久久为功

一是每年以县委一号文件专题安排部署美丽乡村建设工作。县委一号文件不仅有总体要求、基本原则等指导性意见，而且细化到建设多少个村、分布在哪些乡镇、实施哪些项目、达到什么标准、钱从哪里来等具体事项，既有宏观指导性，更突出微观操作性，简明扼要、一目了然，是一部年度美丽乡村建设的操作手册。二是统一制定切合实际的建设标准。着眼农业、文旅融合发展的国际潮流，坚持以景区的标准规划农村建设，以景点的要求打造每个村庄，以景观的设计改造每户庭院，提出了美丽乡村、美丽庭院建设"十有""五美""五净"标准。实施过程中，坚持留住乡愁的原则，在原有乡村建设布局、风貌的基础上进行改造和提升完善，依山就势，不是大拆大建、推倒重来，也不搞一哄而起，而是量力而行、循序渐进，一年建成一批村，几年后大部分村都建成美丽乡村。三是对全县所有村分层分类确定建设类型。根据各村自然条件和资源禀赋，确定了古村保护、康养旅游、生态田园、文旅开发、环境改善五种建设类型，每年按照达标村、示范村、精品村、旅游村四个等次滚动推进。达标村以改善基础设施为主，示范村以完善公共服务功能为主，精品村以净化、亮化、美化、文化、垃圾污水集中处理和产业发展为主，旅游村以完善旅游设施、丰富吃住行游购娱旅游元素为主。围绕不同村庄建设等次，全县平均每年新建和巩固提升 50 多个村，每个乡镇每年集中建设 1~5 个村（大乡镇 3~5 个村，小乡镇至少 1~2 个村），在全县形成比学赶超、争当先进的氛围，而且要求各村都要逐年提升，第一年建成达标村、两年建成示范村、三年建成精品村，旅游元素富集的精品村进一步提升建设为旅游村，使美丽乡村建设成为常态化工作。

（二）坚持规划引领，有序推进

在规划设计上：一是先做整体规划。编制了《康县县域乡村建设规划》和村庄建设整体规划，在规划基础上制定设计方案，全县 350 个村按区位环境，统一做宏观指导性的规划设计。二是实行分类管理。根据村庄地理位置、自然条件、人口流动趋势等因素，确定村庄发展类型，全县 350 个村分为聚集提升类 270 个、城郊融合类 34 个、特色保护类 17 个、搬迁撤并类 29 个，分类进行规划设计。三是注重专群结合。村庄规划设计由乡镇承担主体责任，广泛听取乡村木匠、泥瓦匠、粉刷匠等"土专家"意见，征询群众和帮扶干部的"点子"，最终形成设计单位、乡村干部、能工巧匠"三结合"的具体方案，规划接地气，收到事半功倍的效果。

在规划落实上：从项目审批、竣工验收到资金拨付等环节，严格遵照规划把关，做到无规划不设计、无设计不审批、无审批不建设。竣工验收中，县委农办组织相关部门和人员，重点核查是否按规划和设计建设、是否达到规划和设计标准，对不合格的工程不予验收通过、不报账，充分体现规划设计的严肃性和引领建设的作用。

（三）统筹整合项目资金，提高资金使用效率

一是在决策程序上，坚持民主决策、依法决策的程序，资金整合由县委常委会动议、政府常务会提出方案、县委安排四大班子联席会讨论、再经县人大常委会审批，有效解决了"谁来整合"的难题。二是在整合范围上，按照"渠道不变、充分授权"的原则，将住建、水务、交通、扶贫、发改、

生态环境、自然资源、农业农村、文旅等 10 多个部门的涉农资金，围绕当年计划建设的村，全部整合到一起，实现应整尽整、能整必整。三是在使用方式上，建立"项目跟着规划走、资金跟着项目走"的使用机制，资金支付实行县级报账制，按讨论审批方案，县委农办把关，按季度由财政局拨付到乡镇、到实施单位，有效破解了过去立项权限分散、碎片化管理、马拉松式的层层签字审批等影响工作高效推进问题的难题。

（四）集中整合力量，部门协作齐抓共建

一是县委农办和财政局牵头抓总。美丽乡村建设计划下达、任务分解、资金拨付、协调指导、督查检查、考核评比和组织竣工验收等，都由县委农办和财政局负责，避免了各自为政、无人负责的问题。二是县直各部门协作配合。根据规划涉及的建设项目，按照申报程序，各部门协同向省市有关部门申报立项，争取建设资金，部门之间沟通协作，协同一体完成统一规划整合任务，打破过去各部门各单位不协调、不通气、各干各、"单打一"的旧思路老习惯。三是整合县级领导干部力量包抓帮建。实行联乡抓村责任制，县上四大班子县级干部，每名每年包抓 1~2 个项目村。项目建设启动后，县级包抓领导每半月在县四大班子联席会上汇报一次各村进展情况，压实包抓领导责任，形成比学赶超的干事氛围。

（五）激发群众积极性，同心同力建家园

一是采取"财政奖补、群众主体"的激励办法，制定出台了 27 项奖补标准，公开透明落实奖补政策，充分激发群众的主体作用和创造精神。村内基础设施和公益设施，由部门、乡镇和帮建单位负责建设；房屋风貌改造、入户巷道和庭院硬化等，由群众自建，政府以资金或水泥、砖瓦、木料、涂料等建筑材料进行奖补，起到用政策奖补"四两"撬动群众投入"千斤"的效果。二是用先进激励后进，形成比学赶超氛围。用先干起来的先进样板，带动和倒逼其他乡镇、村社和群众主动跟进。一些落后村的群众纷纷给自己村的"两委"班子施加压力，村"两委"班子选举，党员群众投票的

标准就是谁能建设美丽乡村，就给谁投票，许多村主动要求提前创建，形成了比学赶超建设美丽乡村的浓厚氛围。三是动员在外工作的康县籍人士支持家乡建设，出工出力出思路，在全县形成了乡贤支持家乡建设的好风尚、同心同力建设家园的好氛围。

（六）明确管护主体，共建共管共享

一是配套环境管护设施并明确管护的主体。垃圾实行户收集、社集中、村清运，每个村都建有垃圾房、配有清运车，每个乡镇都建有垃圾填埋处理场，配有环保工具。美丽乡村建成后，公益项目产权及时移交到所在村社，由村社负责管护，落实管护主体责任。管护方式上因地制宜，灵活处置，可以由村级公益性设施管护协会等群众性组织自我管护，也可以由有经验有技能的村民承包管护，环境卫生由农户自行清扫或村级公益性岗位人员打扫。二是明确管护的标准。按照保障各类设施正常运转、长期发挥作用的要求，明确了村内道路、活动广场、园林绿化、文化体育等公共设施的管护标准。三是明确管护资金的来源。管护资金以县乡村三级投入为主，村民投入和社会捐助为补充。一般性经常性维护资金通过村办公经费解决，乡镇适当补助。因自然灾害损毁严重的设施，由县财政投入维护资金。发动受益单位和群众自愿出资出劳，鼓励帮村单位支持。落实项目建设单位工程质量终身负责制，确保建成的美丽乡村长期管护制度落到实处。

（七）完善基础设施，挖掘弘扬乡村文化

一是不断完善文化、净化、美化服务设施。2013 年县上就提出了乡村建设"六化"标准（基础设施配套化、产业发展生态化、村容村貌园林化、家庭院落花园化、村风民风和谐化、管理机制长效化），在城乡实施环境绿化美化净化工程，公共服务、环保项目下乡入村，现已建设农村污水处理站15 座、垃圾集中处理场 10 个、垃圾房 1800 多个，有 100 个人口在 600 人以上行政村的生活污水得到村内埋设管道集中处理，农户卫生厕所普及率达85%。村卫生室、村民文化广场实现全覆盖，农民群众医疗、教育、文化、

老年人照料中心、儿童游乐设施、爱心超市、理发室、农村图书室等方面的基本公共服务需求得到较好满足。二是保护原生态风貌和农村各类文物古迹。美丽乡村建设中坚持敬畏自然、顺应自然、保护自然，保护古建筑、保存原风貌、保全传统文化，不搞大拆大建、整齐划一，不砍树、不埋泉、不挪石、不毁草，保留了不同于城市的自然性、原生态。三是挖掘弘扬农耕文化。充分挖掘村庄独有的文化元素和内涵，尊重历史记忆，利用闲置房屋建了村史馆、农俗博物馆、乡村展览馆等，修缮维护祠堂、宗庙，让农村千百年形成的农耕文化、茶马古道文化遗存下来的女娶男嫁的婚俗文化、巴蜀秦陇文化、民俗文化、红色文化等各类文化绵延传承。四是培育文明乡风民风。在各村社树立村规民约，开展"六争六评""村评户比、家洁院净"等精神文明创建活动，培养讲究卫生、爱护公物、孝敬老人、丧事简办、喜事新办新时尚。

（八）坚持融合发展，推动产业振兴

坚持因地制宜、扬长避短，按照"生态建设产业化、产业发展生态化"要求和"南茶北椒、整县核桃，区域特色、做精做优"的发展思路，大力发展多元富民产业。制定出台了《康县产业扶贫奖补办法及标准》，按照种养业发展的规模、取得的成效，对农户以及带贫成效明显的龙头企业、专业合作社和"五小产业"示范户进行奖励扶持，直接奖补到农户或产业合作社，把精神扶贫与物质奖补综合起来、一体推进。

发展康养旅游产业，按照美丽乡村感受型、生态农庄体验型、特色农业观光型、环保工业展示型、景区休闲养生型五大乡村旅游品牌，围绕提升吃、住、行、游、购、娱旅游要素，实施了"十村百户千床"乡村旅游示范工程，从2021年开始又启动实施了"百村千桌万床"工程，发展农家乐、农家客栈、乡村宾馆、民宿村、中建旅游扶贫产业园村，让更多农民群众吃上了"旅游饭"。全县已建成4个国家4A级旅游景区、2个国家旅游重点镇、2个国家3A级旅游景区、7个国家森林乡村、2个省级森林小镇和70个具有乡土气息、田园风光、康养功能、康县品牌的乡村旅游示范村，

发展农家乐和农家客栈三四百户，开辟了康中田园观光游、康北历史文化游、康南生态风情游等乡村旅游主导线路，吸引6000多名长期在外务工人员返乡创业，9.7万多人通过参与乡村旅游实现增收。

大力发展林特生态产业，到2021年扶持发展核桃、茶叶、花椒、天麻、猕猴桃、板栗、大鲵等特色产业110多万亩，年培育食用菌1200多万袋、加工茶叶770吨、养蜂10万箱、产蜜440余吨，建成10多家林特产品龙头企业，打造了"康耳""翠竹"等一批"康字号"名优农特产品，不断把康县绿水青山的资源转化为群众增收致富的资本。

三 美丽乡村建设的体会和建议

（一）必须加强党的领导，要推动组织创新

一是关键在于"有一个好的班子"。美丽乡村建设，组织是关键。县委书记要当好"总指挥"，亲自谋划、亲自部署，并且示范带动县上四大班子及部门、乡镇把主要精力集中到美丽乡村建设这个中心和重点上来。乡镇和部门都要由"一把手"挂帅，承担第一责任，把想干事、能干事、干成事的干部配到"一把手"岗位上，让有为者有位、有位者更有为。二是重点在于锻炼和培养干部。县委各常委要包抓美丽乡村，把管人与管事、权力与责任相结合，让组织部门在美丽乡村建设实践中发现干部、识别干部、培养干部、选拔干部，让各级干部在美丽乡村建设主战场摸爬滚打、经受历练、培优选优。三是根本在于加强部门协调配合。美丽乡村建设是一项系统工程，要统筹全县力量推进，明确各职能部门的任务与责任，提出产业围绕美丽乡村调结构，交通围绕美丽乡村保畅通，城建围绕美丽乡村提品位，水利、林业围绕美丽乡村造景观，农业、扶贫围绕美丽乡村育产业，文化围绕美丽乡村铸灵魂，宣传围绕美丽乡村造声势，纪委围绕美丽乡村抓作风，各级帮扶单位围绕美丽乡村增投入，围绕美丽乡村聚合力的要求，形成了众人拾柴火焰高的局面。

（二）以人民为中心，牢固树立农村工作大局

县一级工作的重点在农村、大头在农村，建设乡村是第一要务。每年县上主要领导都要到最偏远的村社调研，主要领导每年至少要有1/3的时间下乡调研，问计于民、问需于民，了解群众对农村建设项目需求，解决群众反映的问题；乡镇党委书记、乡镇长要走进家家户户督查工作，一定要把群众的事当作自己的事，倾注真情、带着感情为群众干事。农村工作要多采取到村现场办公的措施，面对面解决群众事，用心用情服务群众。实践充分证明，只有真心实意为农村为农民办实事、解难事，才能造福于民；只要为群众干了事，群众便永远感恩党、感恩政府。

（三）科学合理规划，要符合时代要求和群众意愿

一是农村建设一定要强调群众参与，壮大村庄规划编制工作力量，凝聚乡村建设强大合力，切实提升村庄规划编制水平。不能把规划神秘化，关起门来纸上搞规划，一定要坚持从农村实际出发做建设规划，避免造成规划失误。二是要符合群众的意愿，对传统特色民居尽量保留，在不改变原风貌的前提下进行修缮加固；对群众近年自建房屋，从建设样式、风格、色彩等方面进行风貌改造；突出一村一户特色，农村房屋、庭院、厕所等生活设施都要合理配套。三是要注重建设内容的舒适性，建成一个既让村庄美丽，又能发展产业；既能吸引外出务工者回乡创业，又让留下来的人再不想出去，还要建成城里人观光、体验、旅游、康养、种菜、种粮的"后花园"。

（四）树立鲜明的用人导向，加强农村基层组织建设

坚持公心为上、工作为上，在工作一线发现、培养、锻炼、使用干部，凭实绩选人用人，2012年以来，全县先后有1150多名基层一线干部得到提拔重用，有40多名同志走上了副县级或转任正县级领导岗位，在工作实践中历练出一批能文能武、善作善战的优秀科技骨干、实干家队伍，9个乡镇的党委书记先后被市委提拔为县级干部，3个村党支部书记被破格提拔为乡

镇副科级干部。大力加强"四有"型基层党组织建设，把美丽乡村建设"主战场"作为检验干部能力和实绩的"大考场"，真正把那些政治素质好、群众威信高、愿意为村民服务、有能力有干劲的人选出来。实践证明，做农村工作首先要把乡镇党委、村党支部建好，把乡镇领导班子、村"两委"班子配强，把群众组织发动起来，齐心协力把农村的事办好，把农民自己的事办好。

（五）敢于担当负责、敢于直面矛盾

一是主要领导要胸怀全局，善于谋划利长远的大事。要立志做大事，但大事要从抓细节上做起，比如，在项目资金整合上就要亲自研究、敢于担当，资金整合虽然难度大，但只要一身正气，敢于担当就能做好，在实施乡村振兴战略中，中央、省、市赋予县级更大的资金使用自主权，只要用给老百姓，只要有利于发展，就大胆地干。二是主要领导要以工作衡量班子成员的德才与对党的事业的忠诚，调动分管领导和基层干部敢于担当、一心一意抓工作。每年组织一次由县四大班子主要领导带队的大规模美丽乡村建设观摩评比活动，现场点评、打分评比，将评比结果纳入年终考核，作为分管领导、包抓单位评先选优的依据，促使各位领导、各乡镇之间形成比学赶超、你追我赶的竞争氛围。三是主要领导要亲自研究，把县直、乡镇、村社、农户四个方面建设家乡的积极性都要充分调动起来。在美丽乡村建设责任主体确定中，坚持对通村道路、桥梁、河堤、公共文化等大的项目，由县直职能部门包抓实施；通社道路、村内广场、公益设施、环保项目、文旅小品节点，由乡镇实施；房屋风貌改造、庭院改造、改厕改灶，把资金奖补到农户，避免了县直部门实施项目乡村和老百姓不配合，或者把资金全部下达村户，县直部门和乡村不支持不负责，一头热一头冷，保证不了质量和效果的现象。

四 美丽乡村建设的启示

在美丽乡村建设中，只要政策机制对路，把大家的积极性调动起来，就

没有干不成的事。各地实际不一样，要创造各种不同风格的美丽乡村，关键取决于干与不干，关键要真抓实干。

实践证明，康县美丽乡村建设，就是抓住了推进农村五个文明协调发展的结合点，抓住了康县农村发展的主要矛盾，探索出了一条实施乡村振兴、实现共同富裕的有效途径，从而带来了全县的深刻变化。

一是以人为本，改善了农村生产生活环境。围绕增加农民收入，改善民生服务，在实践中逐步保障并落实了村民的各项权益，初步实现了发展成果城乡人民群众共享。解决了村上单凭一家一户解决不了的基础设施这一根本问题，彻底改善了人居环境，提高了农民群众的健康水平和生活质量。

二是创造了产业发展条件。一个新兴产业的壮大，初期必然离不开地方政府针对性极强的相关政策的扶持引导。康县确立绿色强县战略拉动了社会资本在农村投资、激活了农村消费，发展乡村旅游产业。由于有优美的自然环境和投资环境，企业和个人纷纷在康县投资建设了田园综合体、农家乐，市龙江公司在花桥建成了游客接待中心，省公航旅建起了房车营地，市信通公司和省文旅投建设了温泉度假村，重庆绿投公司建成山根梦谷民俗村。

三是密切了党群干群关系。基层党组织的组织力、创造力、凝聚力进一步提升，基层党组织真正成为服务群众、推动发展的坚强堡垒，美丽乡村建设让群众有了获得感，干部有了成就感。康县坚持把密切党群干群关系作为一切工作的基础和前提，在美丽乡村建设的各个环节，倡导干部亲力亲为、到一线服务群众的时代理念，落实想群众所想、急群众所急、帮群众所需的宗旨要求，追求让老百姓看得见、摸得着、感受得到的务实效果，让老百姓真切感受到县乡村干部都是为他们办好事的，增强了基层组织的号召力和群众依靠组织的向心力，十年美丽乡村建设，没有群众上访。

四是体现了项目的引领示范作用。高水平打造一批乡村振兴示范村，引领带动乡村全域美丽、全面振兴，努力走出一条具有康县特色的乡村振兴之路。通过美丽乡村建设的引领作用，高速公路、火车站、学校、医院、文化、体育、循环经济园区、城区供水、龙头企业、招商引资等重大项目相继得到各方面的支持，先后完成城市"双修"、城区道路、体育场馆等60多项市政项目，县城建成区面积比十年前翻了一番多，做到城乡统筹、以乡促城、以城带乡、城乡协调。

五是转变了人的思想观念。文明其实是由细节构成的，只有从转变群众的思想观念的角度出发，才能真正达到"创文明"的目的。环境的改善，让群众看到农村发展的广阔前景，提振了追求美好生活的信心，内生动力极大调动，文明习惯逐步养成，精神面貌焕然一新，城乡差别明显缩小，发展环境显著改善。

B.5
甘州区现代农业发展调查报告

李　晶*

摘　要： 农业现代化是实现国家现代化的重要组成部分，是实施乡村振兴
战略、缩小城乡差距、实现共同富裕的重要手段。甘州区现代农
业发展取得了良好成效，发展水平位于全省最前列，其做法与实
践值得研究和推广。本报告以现代农业发展为切入点，总结了甘
州区发展现代农业所采取的主要做法，以制种玉米、畜牧业、特
色产业发展为典型案例，深入剖析了当前甘州区现代农业发展的
现状和产生原因，进而从农业产业一体化、经营规模化、生态可
持续化、农业科技化"四化"协同发展方面以及从小农户与现
代农业有机衔接方面，提出了可供选择的实现路径，为推动甘州
区现代农业进一步发展提供参考。

关键词： 现代农业　农业产业　小农户　甘州区

甘州区地处千里河西走廊中部，正值北纬 38°农业生产"黄金带"，总
面积 3661 平方千米，耕地 139 万亩，土地广袤肥沃。黑河流域贯穿全境，
灌溉条件便利，特殊的地理位置和相对稳定的灌溉水源为河西走廊特色农业
发展提供了良好的先决条件①，也为甘州区现代农业发展奠定了良好基础。
设施农业的推广使用开启了甘州区现代农业的发展之路，从第一批设施农业

---

* 李晶，博士，甘肃省社会科学院农村发展研究所副研究员，主要研究方向为农业生态。

① 樊伟、齐鹏、马丁丑：《基于 PSR 模型的张掖市农业生态安全评价》，《国土与自然资源研
究》2020 年第 1 期，第 12~17 页。

引进到现在已有 30 多年。早在 20 世纪 90 年代，张掖市从钱学森的"沙产业"理论得到启发，借着自身优势，引进现代农业新技术、新品种，大力发展非耕地设施农业。1995 年宋有年①在石岗墩这片荒滩上，建立了甘州区第一个现代农业高科技示范园区，从以色列全套引进的微机控制"十连棚"，为甘肃发展现代农业打开了一扇窗户。2013 年甘州区被确定为全国 21 个现代农业改革与建设试点区之一，国家级农业产业化示范基地。2015 年甘州区主动适应经济新常态，深化改革，创新驱动，全力推进农业发展"转方式、调结构"，加快培育新型农业经营主体，积极构建现代农业产业体系，大力发展现代高效农业。2022 年，甘州区入选由农业农村部、财政部和国家发改委联合发布的全国 100 个县（市、区）创建农业现代化示范区名单。近年来，甘州区以习近平关于"三农"工作的重要论述为指导，区委、区政府连续多年出台"一号文件"，按照"建基地、强龙头、延链条、兴园区、育集群、创品牌、拓市场"的思路，走出一条产业布局合理、组织方式先进、资源利用高效、产品安全可靠、综合效益显著的农业现代化发展道路，其做法与实践值得研究和推广。

一　主要做法

（一）坚持政府主导

一是强化组织领导。强化党建引领作用，探索"片区党委+龙头企业+专业合作社""党建+扶贫+产业"运行模式，实现党建推进与产业发展有机融合；健全工作机制，坚持区委引领带动、乡党委凝聚调动、村党支部执行落实的机制，形成区乡村三级党组干部齐抓共管、上下同心的推进模式；发挥党员干部带头引领作用，调动各级干部群众工作积极性，为农业现代化发

---

① 宋有年，甘肃张掖人，有年金龙集团有限责任公司董事长，被农业部授予"全国乡镇企业家"称号，同时还荣获"全国优秀施工经营者""全国乡镇企业科技工作先进个人"等荣誉称号。2018 年宋有年因病去世。

展奠定坚实的干部群众基础。

二是做好顶层设计。按照已编制国土空间规划和乡村振兴相关规划，打造张肃公路、张民公路、北部通道、张大公路4条乡村振兴示范带，创建示范带建设、整乡推进、节点示范、中心集镇改造提升、服务城市、一二三产融合的六种模式；按照"一镇（乡）一业、一村一品"的总体思路，科学布局、统筹规划、重点打造，形成玉米制种、绿色蔬菜、奶肉牛、设施农业四大产业集聚。

三是精心实施。充分发挥现代农业产业园示范带动作用，创新推动现代农业快速发展；大力推进绿色有机农产品生产加工标准化进程，培育知名农产品品牌；加快农产品向西开放步伐，着力打造全省农产品出口中西亚市场的桥头堡；实施"互联网+现代农业"行动，推动互联网与农业生产、经营、管理、销售、服务等环节深度融合，加快现代农业转型升级；实施化肥、农业"零增长"行动，推行农业废弃物资源循环利用，减少农业面源污染，走农业可持续发展道路。

（二）夯实农业产业基础

一是重点发展主导产业。坚持"建基地、强龙头、延链条、聚集群"，不断加大财政投入力度、强化资源项目整合、壮大产业生产规模、提升产业发展质量，将玉米制种、商品粮生产、肉牛养殖、蔬菜种植作为全区主导产业，建立了玉米种子生产基地、商品粮生产基地、肉牛养殖示范区和五大"西菜东运"基地，使主导产业成为甘州区政府创收、企业盈利、农民增收的"金产业"。截至2021年12月，全区玉米制种面积达67.4万亩，其中转基因制种6.6万亩，建成规模养殖场120多个，形成"一集群、四基地"蔬菜产业格局，预计2022年制种玉米、奶肉牛、蔬菜产值分别可达30亿元、32.2亿元和23亿元。

二是积极发展绿色农业。以钱学森"多采光、少用水、高效益"的沙产业理论为指导，利用河西走廊气候干旱、光照充足、昼夜温差大的特点，将生态劣势转化为经济优势，将河西荒漠绿洲过渡地带的非耕地土地"变废为宝"，以现代设施为载体，以基质栽培、高效节水、设施种植等高新技术为支撑，把发展现代丝路寒旱农业和戈壁生态农业作为贯彻落实习近平生态文明思想的主要抓手，既避免了河西地区农业发展水资源短缺的"卡脖子"问题，又找到保护非耕地土地的有效路径，实现了社会、经济、生态效益的有机统一。

三是大力培育特色产业。为培育壮大富民产业，甘州区因地制宜发展小杂粮、中药材、食用菌、瓜果等特色高效种植业，以及生猪、肉羊禽蛋、特种养殖等生态养殖业，推进全区特色产业集群建设。截至 2021 年 12 月，甘州区特色农产品基地达 6 万亩，饲养肉羊 195.8 万只、生猪 45.42 万头、禽类 537.7 万羽，优质饲草 30 万亩，产值 32.5 亿元。

（三）大力建设农业产业园

一是积极创建现代农业产业园。紧抓创建现代农业产业园重大历史机遇，积极争取资金和政策支持，整合资金、土地、科技、人力等要素，高标准、高质量建设产业园，引领全区农业产业优化升级。截至 2021 年 12 月，农业产业园建设总投资达 127 亿元，已建成张掖国家玉米种子、有机农产品、现代畜牧、蔬菜精深加工、食用菌、设施农业等现代农业六大园区。

二是强化"四链同构"。各园区加强农业全产业链建设，着力延长产业链、提升价值链、打造供应链、完善利益链，形成"四链同构"体系，实现园区、企业、农民"三赢"局面，推动传统农业向高产、高效、优质现代化农业转型。

三是注重农业科技支撑。始终以科技创新为方向，对接国际前沿技术，引进科技企业和先进技术，在品种培育和引进、种养植、灌溉、施肥、加工、管理、销售等环节强化科技支撑；持续加大研发投入，与中科院、中国农科院、中国农业大学、甘肃省农科院、兰州大学、甘肃农业大学、河西学院等科研机构、高等院校建立长期科技合作关系，推进研发平台建设，加速科研成果转化。

（四）重点培育龙头企业

一是完善政策支持制度。为促进农业产业发展，在财税、土地、科技、金融等方面制定优惠政策，大力扶持龙头企业。如出台了支持前进牧业做大做强的实施意见，优先为前进牧业提供土地4.5万亩用于建设饲草基地、300亩用于建设科技研发中心，并大力支持兰州大学与前进牧业进行有机牧草科研。

二是营造良好的发展环境。对产业化龙头企业进行梯次培育，加大向农业产业园建设政策倾斜、资金倾斜和项目倾斜，支持各类新型农业经营主体加速发展；完善现代农业产业园区内供水、供电、排水、排污、仓储物流中心等基础设施和配套服务设施，为农业企业入驻营造良好的发展环境。

三是提供全方位公共服务。组织搭建银企对接平台，协调中国农业银行、中国邮政储蓄银行、甘肃银行等，为农业企业发展提供政策性项目贷款，缓解企业资金压力。

二 典型案例

（一）芯片短缺、价格上涨使电子信息制造业企业供应链和生产经营承压

甘州区是全国最大的县级杂交玉米种子生产基地。围绕保障国家种业安全的功能使命，立足打造"百亿级现代种业"体系，甘州区抢抓制种大县奖励政策机遇，全力推进中国·张掖国际玉米种子产业园和种业特色小镇建设，持续将玉米制种产业做强做优，争创以玉米制种为主的国家现代农业示范区。

1.建成国内知名玉米种子繁育加工基地

建立玉米制种生产基地60万亩，占耕地总面积的43%以上，58家玉米种子繁育企业在甘州区落地生根，全区年产种量占全国大田玉米用种量的

30%以上，在国家玉米种业安全战略中占有重要位置；"张掖玉米种子"荣获"甘味"农产品品牌"特别特"称号，入选农业农村部首次认定的中国农业品牌目录，之后名牌效应逐渐显现。

2. 玉米制种全程机械化效益显著

甘州区依托精品玉米制种基地，在耕种、植保、灌溉、施肥、抽雄、收割、打捆、废旧地膜回收等生产环节使用高精端农业机械，有效提升了制种玉米生产标准化、机械化、规模化、信息化水平。全区制种玉米耕种收综合机械化水平达到 83.82%。[1] 经济效益方面，全程机械化作业每公顷耕地节约劳动力成本 10155 元，有效地缩减了劳动力成本；生态效益方面，大面积推广绿色环保机械化技术，秸秆利用率达 96.5%，残膜回收利用率达 82.0%，采用机械化精准施肥、高效植保技术、水肥一体化技术，农药、化肥施用量降低了 42% 和 22%，有效地减少了农业面源污染；社会效益方面，全程机械化人均管理面积可达 6.6 公顷，是全人力耕种方式的 13 倍，有效缓解了农村劳动力短缺问题。[2]

3. 形成现代玉米制种产业体系

依托玉米制种业资源优势，形成了现代玉米制种产业体系，建立集科研、生产、加工、包装、销售于一体的种子产业化格局；基于"公司+基地+农户"的产业化发展模式，企业与农户签订制种玉米订单，将农民的经营与企业整体经营连为一体，使农户有效地规避了市场风险，并探索出农户与现代农业有效衔接的成功途径。

4. 创新服务机制

构建"专家团队+服务企业+制种基地+小农户"服务机制，针对不同种植区域、土壤肥力，向不同类型农业经营主体提供"订制式"绿色施肥用药技术托管服务方案，为制种玉米稳产增收提高服务保障。

---

[1] 《甘州：农业机械助推制种产业提质增效》，《张掖日报》2022 年 7 月 16 日。

[2] 王林、张东昱：《张掖玉米制种机械化应用现状及对策》，《中国种业》2022 年第 2 期，第 67~70 页。

（二）乌江镇大力发展特色产业，加快推进农业绿色高质量发展

在甘州城区西北郊 15 千米处沿黑河逐水而居的乌江镇，因盛产乌江大米、虹鳟鱼享有"鱼米之乡"的美称。全镇总面积 109.71 平方千米，辖 1 个社区、13 个行政村。近年来，乌江镇紧抓西部大开发、乡村振兴等国家战略，立足区域资源禀赋，改善基础设施条件，优化产业结构，将特色产业发展作为乡村振兴的重要引擎，全镇经济社会、农业产业和农民生活均取得了长足发展。

1. 区块化种植

全镇已形成了"一园为纲、八区齐飞"和"一村一品"的产业格局，落实了制种玉米、优质出口西甜瓜、"张掖乌江贡米"优质稻米、高原夏菜、供粤港澳大湾区优质蔬菜、供东南亚彩色胡萝卜、供深圳菜篮子优质蔬菜七个种植示范区和一个出口瓜菜保鲜分拣加工区，被农业农村部评为全国"一村一品"示范村镇。

2. 蔬菜产业集群化发展

乌江镇充分发挥区域资源优势和特色产业比较优势，于 2020 年通过招商引资的方式，先后引进了茂雄领鲜、福之口、深圳鸿富、臻康园、方舟农业等外向型蔬菜生产加工企业，建成供粤港澳大湾区优质蔬菜基地，着力打造百亿元绿色蔬菜产业体系。该基地以甘平公路、乌平公路为主要沿线，流转沿线周边 6 个行政村土地，依托高标准农田建设项目，集中整治土地，完善灌溉配套设施，实现统一管理、标准化生产，成为劳动密集型、资源节约型、生态良好型的优质蔬菜生产基地。

针对蔬菜产业深加工能力不足、产业链条短、附加值低等问题，乌江镇大力推动蔬菜产业延链、补链、强链工作，依托甘肃茂雄领鲜有限责任公司启动实施了乌江镇供粤港澳大湾区蔬菜精深加工及保鲜中心项目、张掖市福之口农业科技有限公司实施了农产品仓储保鲜冷链物流建设工程项目。诸如此类项目的实施，成为发展现代蔬菜产业化集群的成功实践。纵向上，蔬菜种植前、种植中、种植后深度融合发展，上下游紧密协作、产业链条不断拉

长，促进了乌江镇果蔬特色优势产业的快速发展和全产业链开发。横向上，表现为核心示范基地集中布局，发挥了产业集聚区和龙头企业对人口的"虹吸"效应，推进了农村土地流转速度，推动了新型城镇建设，带动了当地及周边乡镇经济社会发展。据调查，该地区农民通过土地流转每年每亩地可获得1200元的收入（2022年），同时可实现在家门口就近务工，获得务工收入每年在8000元以上。

3."张掖乌江贡米"荣获地理商标认证

乌江镇周边为张掖黑河国家级湿地自然保护区，无工矿企业，农业受工业污染概率小。祁连山雪水孕育的黑河流域穿流而过，有力保障了农业灌溉所需的水资源量。区域内土壤营养元素较为丰富，适宜稻米种植。独特的地理位置、丰富的水源和优质的土壤造就了乌江大米的优良品质。乌江镇水稻种植历史最早可追溯到唐朝，且在当时水稻的种植就颇具规模。也曾因为该地区所产的大米被皇家御用，所以称之为"乌江贡米"。

近年来，乌江镇大力恢复发展水稻生产，建立了水稻种植专属基地3000余亩，重塑了"乌江贡米"品牌，完成了"张掖乌江贡米"地理商标认证和绿色食品认证。2022年5月，入选了"甘州味道"的区域公用品牌。张掖西大湖现代农业开发有限责任公司是一家集水稻种植、收储、加工和销售于一体的现代化综合性米业生产企业。该公司紧抓机遇，2021年种植水稻2000余亩，年产量达1500吨，年销售额达1800万元。与此同时，在种植水稻的基础上大力发展文旅业，将水稻产业与乡村旅游相融合，在元丰村建成了以"张掖乌江贡米"为主题的新河田园综合体稻田艺术景观，带动了当地第三产业的发展。可见，种植优质水稻的同时发展文旅产业，形成集产业、旅游、文化、生态"四位一体"的戈壁水稻经济，开拓了新的产业发展空间，获得了经济效益和社会效益，实现了生态价值和文化价值，可谓河西地区丝路水乡生态农业发展的典范。

（三）畜牧业助推乡村产业发展

甘州区利用地势平坦广阔、秸秆饲草资源丰富的优势，大力推进规模化集中养殖，持续扩大现代畜牧业产业园建设，始终将现代畜牧业作为带动区域经济发展和促进农民增收的"火车头"。随后畜牧企业迅速涌现，形成以现代循环畜牧产业园、北部沿山养殖带和甘浚、大满等乡镇养殖小区为主的"一园一带多区"产业布局，建成规模养殖场120多个，奶肉牛饲养量达45万头，预计产值32.2亿元。2013年，甘州区积极筹建现代畜牧产业园，投资25.3亿元，规划面积达8万多亩。截至2021年12月，有14家大中型企业先后入驻产业园，企业类型涵盖了奶牛肉牛肉羊养殖、尾菜处理、畜禽粪污有机肥生产、饲料生产等，形成了种植、养殖、废弃物利用相结合的绿色种养循环发展产业链。

1. 前进牧业——陇原奶企的佼佼者

位于甘州区长安镇前进村的甘肃前进牧业公司，从众多陇原奶企中跻身而出，成为甘肃乃至全国牛奶生产行业的佼佼者。最初，前进牧业仅是一个村办合作社，由前进村村支书马志祥发动全村人参与，家家入股，建成张掖首个村集体模式化的千头奶牛养殖场。随后，前进牧业着力从农民专业合作社向现代化公司治理结构转型，秉着将前进乳业做大做强、占领前端市场的目标，该企业聚焦主链，不断延链补链强链，发展成为当前甘肃省养殖规模最大、产业链最全的农业产业化国家重点龙头企业。

2021年，前进牧业年生产总值达17亿元、总资产26亿元，带动全村1700多农户入股企业，全村人均年收入超过4万元。与此同时，前进牧业不忘帮扶省内其他贫困县区，如以配股形式帮扶张掖地区贫困户152户，在甘州区下寨村、庆阳高钵镇、东乡县地区帮扶建成奶牛肉牛养殖场。前进牧业的发展堪称地方民营龙头企业引领地方产业发展、带动群众共同富裕的典范。前进牧业今后的发展也得到甘肃省委、省政府的重视，其于2021年提出的"强科技、强工业、强县域、强省会"四强行动工作部署中，专门出台了支持前进牧业发展的意见，着力将前进牧业打造成西北奶业的新标杆。

2. "祁连牧歌"抢占国产牛肉高端市场

甘州区巴吉滩有一家集牧草种植、肉牛养殖、精深加工、活畜交易、冷链运输、市场销售于一体的农业产业化龙头企业——甘肃祁连牧歌实业有限公司。该公司专注纯种西门塔尔和安格斯肉牛品种，采用与北美对标的全围栏式智慧牧场，定位于后期育肥优质肉牛，并引进国际先进的肉牛精深加工、分割包装生产线，出产西门塔尔黄牛系列、安格斯黑牛高档雪花牛肉系列冷鲜、冷冻产品20余种。祁连牧歌以优良的品质被中国国家烹饪队确定为指定牛肉食材，获得中国肉类协会2018全国肉类食品行业最具价值品牌、中国畜牧协会中国雪花牛肉特优食材奖。

祁连牧歌采用线上线下一体化营销模式，大力开拓高端市场。线上入驻了京东、美团等大型电商平台，于2021、2022年连续两年获得京东国产肉禽金奖，成为国产牛肉代表品牌；在全国范围内已初步形成分仓布局，建有新零售布局及仓储配送中心13个，产品可覆盖北上广深、西安、湖南等省区市及城市。线下与麦德龙、沃尔玛、西贝等多家大型商超进行签约，尤其在北京商超祁连牧歌的销量占冷鲜牛肉总销量的60%以上，成为北京冷鲜牛肉最大供应商。

三 发展启示

（一）现代农业发展必须走"四化"协同发展的路子

甘州区在玉米制种、商品粮生产、肉牛养殖、蔬菜种植等主导产业发展过程中，已形成了一批能进行农产品生产、加工和销售的龙头企业或合作社，改变了以往传统农业产供销互相脱节的市场经营结构，将松散的小企业和小农户有机连接起来，形成风险共担、利益均沾的利益共同体，有效地将资金、技术、信息等要素整合起来，提高了农业生产效率和资源配置效率。但在多数情况下，甘州区乃至甘肃省内的许多地区农业生产产前、产中、产后联系仍不紧密，农产品档次多为初级产品层次，农民无法享受产后加工、销售环节产生的利润，导致农民生产积极性大打折扣，同时还存在农业生产组织化程度低、经营规模小的问题，致使农业生产一时难以适应市场经济的需要，以及农产品加工技术落后、销售渠道窄等问题也阻碍了现代农业的发展。因此，农业现代化发展应走四化协同发展的路子，即农业产业一体化、农业适度规模化、生产生态环境可持续化和农业科技化。

1. 农业产业一体化

完善农业产业一体化经营机制，即在农业生产的产前、产中、产后各个环节建立或完善管理与服务体系。如"产前"的信息服务、生产计划、金融服务、农资供应、良种的引种选育繁育、农业技术的研发与创新、农业职业教育等体系的建立和完善；"产中"环节应注重建立新型经营主体体系，以及健全农业技术服务体系；"产后"环节需加强完善农产品加工体系，积极引进农产品加工的新技术、新工艺，实现初级农产品的精深加工，提高农产品附加值，以及加快完善农产品交易市场体系和运销服务体系，加强市场的贮藏、保鲜、运输等基础设施建设。

2. 适度规模化经营

推进土地制度改革，因地制宜地推动多元化农业适度规模化经营，是实现现代化农业的重要途径。进一步实行土地制度改革，以"明确所有权、稳定承包权、搞活经营权"为原则，在"按户连片""联耕联种""土地托管"模式的基础上不断创新，探索适合当地农情的土地整改和分配制度，解决零碎土地隶属问题。加快土地流转，积极探索符合当地农业现状的土地流转制度，设立土地流转服务机构，规范土地流转行为。

3. 农业生产生态环境可持续化

将先进科学技术和管理手段作为农业生产生态环境可持续发展的主要手段。在农业生产过程中，引导农户进行科学、绿色的农业种植活动，使用科学、环保的农业生产方式，达到优化生态环境的目的；在农业生态管理中，创新管理制度，规范农药、化肥施用量及施用方式，加强农业废弃物资源化利用，强化农业面源污染治理能力。制定与农业生态环境保护相配套的鼓励政策与措施，出台绿色农业发展补贴政策，对使用科学、绿色农业绿色种植方式的、积极发展绿色农业的农户或企业，给予补贴或补偿。强化农民的生态环境保护意识，对农民以多种方式进行农业生态环保技术培训，将农业生态环保技术切实落实到农业生产的各个环节中。

4.农业科技化

科技是现代农业发展的驱动引擎。提升农业生产的机械化水平，推广机械作业模式，培育农业机械服务合作社，将科技要素投入作为现代农业主要的生产方式。提升农业数字化水平，大力发展智慧农业和数字乡村建设，运用大数据、互联网、物联网等新技术，驱动电子商务、休闲旅游等农业新业态的发展。

（二）小农户与现代农业的有机衔接是实现农业现代化的必然要求

在"大国小农"的基本国情下，小农户仍是我国农业生产主体，如何将小农户与现代农业相衔接是当前我国农业发展亟须解决的问题。近年来，甘州区以"新农人+小农户""专业合作社+小农户""农业企业+小农户"等形式将小农户纳入现代农业发展的轨道，探索过程中也存在一些问题。一是对小农户生产的长期性认识不足。农户将土地流转后进城务工，或受雇于家庭农场、合作社或农业企业，这种雇佣关系多属临时性，长期来看，不利于职业农民专业技能的提高，对新型农业经营主体的培育造成阻碍。二是新型经营主体与小农户的利益联结机制不完善。农业雇佣工资通常按日结算，农闲时节和农忙时节农民可得日薪存在很大差异，当地青壮年返乡务工的积极性不高，留守农村的老年劳动力可从事工作范围窄，导致新型经营主体与小农户之间未形成紧密的利益关系。以甘州区某蔬菜公司为例，在劳动力需求淡季，该公司可支付农民80~100元/天，旺季达到180~200元/天，但旺季期间务工人员多来自云贵川地区的农民，当地青壮年劳动力多半进城务工，留守在农村的老年劳动力只能从事轻松简单的农事活动，获取较少的收入。三是新型农业经营主体规模化发展，急需大量稳定且高素质的农业劳动力，但农村大量的青壮年劳动力涌入大城市，很大程度上削弱了优质劳动资源力量。出现这一局面的最主要原因是农村劳动力市场发育不完善，缺乏组织性，农村劳动力市场社保、医疗制度的不完善，降低了对高素质劳动力的吸引。此外，经营规模小、组织化程度低、抗风险能力弱、新农技术使用率低是小农户生产存在的突出特点，与现代化农业发展的要求具有一定差距，很有必要提出一些可供选择的路径将小农户与现代农业有机衔接起来。

1. 实施现代农业三农人才培育

坚持把小农户放在主体地位，通过对农民进行易于接受的职业教育或农业培训，转变农民陈旧的发展理念，增强农民从事农业的荣誉感和自信心，调动农民农业生产积极性，提高农业生产技能。对农村中具有一定种养经验、管理能力的农村"能人"进行常态化培训，强化农村"能人"队伍建设，使其成为推动现代农业发展的主力军。加强多元化农业经营主体的培育，鼓励有能力的小农户升级成为家庭农场，不断提高家庭农场的管理水平；发展多元化的农民合作社，不断拓宽合作社合作范围和领域；大力培育农业龙头企业，加快实施农业企业转型升级，优化企业产品结构，提高产品附加值，稳定农业企业与小农户的利益联结关系。制定人才引进方案，完善人才下乡的体制机制和政策保障，营造用人留人的环境，吸引城市人才、大学生、返乡农民等各类人才主动下乡服务，弥补农村人才缺失局面。

2. 健全农业社会化服务体系

在农业产前、产中、产后各个环节完善综合服务，拓展对农产品加工、冷链、运输、销售等领域的服务，因地制宜地发展生产托管、土地托管、订单农业等服务模式，解除小农户的"后顾之忧"。提升农业社会化服务水平，规范农业社会化服务行为，建立服务标准体系，提高服务水平和质量。发展多种类型的农业专业合作社，拓宽合作社组织范围和领域，依据当地农业特点和优势，创建行之有效的合作机制，将小农户与农业组织充分联结起来。充分发挥农业专业合作社的桥梁作用，不断提升合作社生产经营能力，加强管理制度的规范性。

3. 深化小农户与现代农业衔接的制度载体

完善多元化的农村社会合作机制，加强对农村合作组织或服务机构的资金投入，建立农村社会合作服务机构，或以购买方式，支持已创立的社会合作服务机构提供服务。着力培育形成以农户和各类服务组织为基础的多元化、差异化社会合作服务主体，搭建合作服务平台。加强各服务主体间的合作与交流，根据地域特点、资源禀赋以及农户需求，有针对性地选择合作服务项目。

B.6
高台县科技创新调查报告

蔺伟虎*

摘　要： "十三五"以来，高台县以建设创新型县为契机，以创新主体培育为重点，以特色产业发展为抓手，不断提高自主创新能力，加速创新驱动战略实施，全县上下创新意识普遍增强，创新生态明显优化，创新发展初见成效。本报告从科技创新建设情况及成效、科技创新建设的主要措施、科技创新的特色经验及做法这三个角度出发，对高台县科技创新情况进行了调查研究，发现高台县在科技创新建设过程中存在促进创新的机制不够完善、企业自主创新能力不强、引进吸收再创新水平偏低、创新型高端人才资源不足等问题。为给经济社会高质量发展提供强有力的支撑，高台县在今后的发展中需加快科技平台建设速度、积极引育科技创新人才、提升科技创新合作水平、加大科技投入力度、深化科技体制改革、营造创新政策环境。

关键词： 科技创新　现代农业　工业园区　高台县

一　高台县基本情况

（一）概况

高台县位于河西走廊中部，隶属于张掖市，东临泽县，南与肃南裕固族

---

* 蔺伟虎，博士，甘肃省社会科学院农村发展研究所助理研究员，主要研究方向为农业生态。

自治县相邻，北靠金塔县、阿拉善右旗。全县总面积4346.61平方千米，其中耕地59.66万亩，东西长99.13千米，南北宽90.93千米。总户数55472户，总人口15.9万人。2020年全县生产总值达到55.41亿元，较2019年增长2%。其中，第一产业增加值19.82亿元，较2019年增长5.54%；第二产业增加值8.58亿元，较2019年下降1.8%；第三产业增加值27.01亿元，较2019年增长1.6%；2020年高台县城镇居民人均可支配收入28057元，较2019年增长5.3%；农村居民人均可支配收入16202元，同比增长7.5%。

（二）创新建设

"十三五"以来，高台县以建设创新型县为契机，以创新主体培育为重点，以特色产业发展为抓手，不断提高自主创新能力，加速创新驱动战略实施，全县上下创新意识普遍增强，创新生态明显优化，创新发展初见成效。紧紧围绕"创业创新示范基地建设、科技支撑与人才保障、六大提升行动"等重点任务，先后制定下发了《高台县贯彻落实张掖市促进科技成果转移转化行动方案的实施方案》《高台县国家知识产权强县工程试点县建设实施方案》《小微企业创业创新若干扶持办法》《高台县国家级创新型县建设实施方案》等创业创新配套扶持政策，营造了良好的创业创新政策环境。通过不懈努力，实现科技对经济增长的贡献率及综合科技进步水平指数54%的目标，全社会研发经费占全县GDP比例达到1.2%。

（三）现代农业发展

高台县坚持以绿色、有机、循环为导向，大力发展现代丝路寒旱农业，蔬菜、制种、马铃薯、中药材等特色主导产业面积达43万亩。粤港澳大湾区绿色蔬菜种植基地带动全县种植蔬菜17万亩，玉米制种、瓜菜13.4万亩，辐射效果显著，构建了种养结合、农牧循环发展模式，累计认证"三品一标"农产品65个，高台辣椒干、胭脂鸡等获国家地理标志认证。全县拥有省级农业科技园区1个，省市级企业技术中心14个，高新技术企业23家，省级科技创新型企业3家，市县级专家科研工作站21个；认定国家级备案众创空间 2 个，国家级科技企业孵化器 1 个，省级众创空间 1 个，省级科技企业孵化器 2 个。

（四）工业发展

工业兴则县域兴，工业强则县域强。高台县以独特的区位、地域和产业三大优势，发展壮大了一批光伏发电等新能源产业，利用光伏治沙、光热发电、屋面分布光伏+充电桩等项目，以光电推动光能利用发展，以风电产业促进清洁能源的利用与发展，新能源开发利用大大提高了沙漠治理、植被修复、生态种养、乡村振兴融合发展效率。高台实施了"十强双百"企业振兴计划，支持企业扩能升级，年内升规入库企业 4 户，全县工业企业达到149 户，其中规上工业企业 23 户，同比增长 7.2%。高台加强工业园区平台建设，持续推进"一区两园"提级扩能，推动要素、项目、产业向园区集聚、集中和集群。目前已建成南华工业园区和盐池工业园区两个园区，在 2019 年度省级开发区考核评价中居第 3 名，通过省级承载能力评估认定。

二　科技创新建设成效

（一）创新建设目标指标完成出色

科技创新怎样实现，必须有清晰的路线和目标引领。根据《高台县国家级创新型县建设实施方案》以及 2020 年指标完成情况，在创新投入方面，本级财政科学技术支出为 1259 万元，占当年本级财政一般公共预算支出比重的 0.73%，万名就业人员中从事试验发展及研究的人数为 100 人，科技金融支持力度达到 15150 万元；在企业创新方面，规模以上工业企业试验发展与研究经费支出占主营业务收入的比重为 5.2%，规模以上工业企业试验发展与研究人数占规模以上工业企业从业人数的比重为 16.42%，规模以上工业企业中，建立了研发机构的企业数量占到 41%；在创新环境方面，创新创业服务机构及研究开发机构数 7 个，创新密集区数 3 个，企业享受研发费用加计扣除优惠政策获得的税收减免额为 4061.11 万元，高新技术企业所得税优惠额为 82.47 万元，地区财政性教育经费支出占地区生产总值（GDP）比重为 5.78%，市级以上科技特派员 15 人；在创新绩效方面，高技术产业主营业务收入占工业主营业务收入的比重为 30.4%，高新技术企业 23 家，规模以上企业新产品销售收入占主营业务收入比重为 7.5%，规模以上工业企业发明专利 11 项，万人发明专利授权数为 1.38 件，技术市场成交合同额为 40329 万元，省级以上农业产业化龙头企业 9 家，农产品"三品一标"为 65 个，城镇居民人均可支配收入 28057 元，农民人均可支配收入 16202元，万元 GDP 综合能耗下降 2.37%。各项指标的完成率达 95.7%，高台县创新发展的趋势明朗。

（二）科技创新水平及平台提升

科技投入持续增长。高台县对科技创新的重视程度和支持力度表现在科技资金和人力的投入不断增加上，自科技创新县建设以来，科技财政支出的比例不断增加。高台落实研发费用加计扣除政策不断加强，2021 年，享受开发新技术、新产品、新工艺发生的研究开发费用加计扣除企业共 40 家，加计扣除金额 3977.40 万元。高台重视科普设施建设，两年共投资 260 多万元用于学校科普设备购置和科普场地建设。

科技创新环境不断优化。高台县建立了企业与科研单位合作关系，与33 所高等院校和科研院所建立技术合作关系，建立成果转化渠道，组织实施重大科技项目 1 项，科技进步贡献率达 55%，综合科技水平达 52%，公民具备基本科学素质的比例达到 6.7%；拥有南华工业园、盐池工业园和合黎工业集中区 3 个创新密集区；高新技术企业所得税优惠额 82.47 万元；全县地区生产总值为 554000 万元，地区财政性教育支出为 32023 万元，地区财政性教育经费支出占地区生产总值比重为 5.78%。选聘市级以上科技特派员 15 人；化学需氧量排放量 1704.69 吨，比 2015 年下降 13.42%；氨氮排放量 89.29 吨，比 2015 年下降 16.68%；二氧化硫排放量 3502.13 吨，比 2015 年下降 1.42%；氮氧化物排放量 460.72 吨，比 2015 年下降 2.4%。万元 GDP 能耗下降 2.37%。污水处理率 96.2%，垃圾无害化处理率 100%。

科技创新平台是优质创新资源的汇集地，是推动工业、农业科技创新工作的重要基础。具体来看，高台县建设高水平科技创新平台的主要成果如下。一是加快工业园区建设。获得省、市补助资金 334 万元用于盐池工业园生活区公共租赁住房项目建设，获得绿色债券 2000 万元用于盐池工业园污水处理厂项目建设，获得省级重点人才项目资金 40 万元用于盐池工业园人才队伍建设；获得一般债券 700 万元用于中水回用蓄水池和应急救援中心建设。二是加强农业科技示范园建设。高台引进浙江台州客商发展大棚农业；引导绿翔专业合作社推广水肥一体化技术，全程机械化种植加工番茄 1800 亩；加大绿色循环农业技术支撑，建成水肥一体化示范基地 2.1 万亩，标准化蔬菜示范基地 2.1 万亩，沼液供田示范基地 1.1 万亩；建成绿色蔬菜产业示范区、牛羊产业示范区、酿酒葡萄产业示范区、玉米制种产业示范区、信息物流园区高标准综合管理科技示范园；大力支持发展中药材产业，全年开展专业培训 18 场次，累计培训 560 人次。三是积极与甘肃省农科院蔬菜研究所合作，建成了 1 个基层专家科研工作站，建成了 200 亩西甜瓜种质资源繁殖基地。

（三）产业转型升级有序推进

农业科技创新不断加强。重点推广玉米栽培模式创新、病虫害统防统治等技术手段。从定西市、陕西大地种业、河北张家口等地引进高产品种希森6 号，加快脱毒马铃薯繁育生产。开展土壤改良、番茄全程机械化种植、大棚西瓜全膜覆盖密植栽培、沼液直接供田、水肥一体化智能控制、基质栽培集成技术等 12 项新技术。在中药材标准化种植示范点开展了甘草育苗移栽种植试验示范及甘草野生种子驯化试验示范。大力推广中药材水肥一体化技术，开展病虫害统防统治与绿色防控等关键技术的试验示范。精心打造3200 亩特石生态循环农业示范点、1500 亩大棚新品种无籽西瓜栽培示范点、1800 亩番茄全程机械化操作示范点等 6 个农业科技示范点。组织申报认证新绿色食品 22 个，组织企业参加农业展会，提升品牌知名度。以中药材专业合作社为依托，开展中药材种子种苗繁育、野生资源驯化、栽培模式创新、有机种植、病虫害防控等技术的推广。依托中药材加工公司，提高中药材粗加工、中药养生保健和食疗药膳的技术和工艺，加大药材精深加工力度。由合作社牵头，与当地农户签订协议，建设马铃薯良种繁育基地，并引进了脱毒微型薯和相关技术，为农业生产提供了基础保障。农产品加工企业近三年内完成 7 项技术改造、241 项引进技术以及相关专利技术申报工作，不仅提升了农产品的加工水平，而且提高了产品附加值。

工业经济不断发展。围绕煤炭循环利用产业链，建设余热资源综合利用、10 万吨/年焦化粗苯加氢、1000 万吨/年物流园、南华工业园油气合建站、8 万吨/年 ZKL 粉煤热解中试项目、沥青加氢技术改造项目、二氧化碳回收利用项目、高纯氢综合利用项目、600 万吨/年尾矿回收综合利用等项目；盐硝精细化工采取集中供热方式，提升资源综合利用，提升企业复产芒硝利用率，形成了芒硝→元明粉和硫化碱→二甲基二硫→甲基磺酰氯、二甲硫基甲苯二胺和二乙基甲苯二胺等下游助剂和中间体产品→硫酸钠→硫化碱的循环发展链条。

（四）企业技术创新主体责任落实到位

高台县培育发展各类工农企业：认定 1 家省级企业技术中心、3 家市级企业技术中心、6 家民营企业为高新技术企业。强化知识产权意识：高台县狠抓落实省、市、县专利奖补、技术创新等优惠扶持政策，成立知识产权品牌服务机构，增强企业运用知识产权加快发展的能力与活力，累计为 35 项专利补助 10 万元。积极创建国家知识产权强县工程、传统知识产权保护试点县，加快推进知识产权的创造与产业化进程，提高知识产权保护与服务能力。创新绩效机制不断健全：高台县建立了有效可行的奖励激励机制，促进企业创新及可持续发展，按企业盈利情况，划分不同标准，实施不同奖励，为企业蓬勃发展注入新的动力。

（五）科技创新推进民生工程

医疗卫生服务能力提升。高台县加大药剂研发力度，通过药物研发创新及加强基础医疗设施建设，全方位提升医疗卫生服务能力，改善了就医环境，提高了患者就医满意度；目前，累计研发中药制剂 8 种，实现了中药材制剂创新发展；全面普及了电子健康卡，实现了远程诊疗、双向转诊、预约诊疗和资源共享创新发展。生态技术应用推广。安装太阳能路灯 180 盏，大力推广光伏发电；推广垄膜沟灌技术农田 25.2 万亩、膜下滴灌技术农田 11.73 万亩和微喷灌技术农田 0.47 万亩，增加了农民收入。信息化建设加强。高台县投资 5310 万元实施了"5G+智慧园区"、大数据、农村电商、数字城管等信息化项目，有效提高了社会信息化、科学化管理水平；建成高台县食品药品检验检测中心和高台县农产品质量检验检测中心，现可依法开展食品（调味品、植物油和罐头食品等 7 类 21 种产品）、食品中致病菌、食品中污染物、食（饮）具消毒等四大类 230 项检验检测项目。人才兴县。人才是科技发展的重要力量和源泉，高台县在文旅、教育、经济等领域引进高层次人才 43 名，为高台县的创新发展提供了动力。

三 科技创新建设的主要措施及特色经验

（一）主要措施

一是实施了创新环境优化工程。高台县在全县经济社会发展规划中列入科技创新，加大科技投入力度，优化创新平台，引进高层次人才，助推县域经济高质量发展；组织实施省级以上科技项目 10 项，其中实施"百城"行动重大科技项目 1 项；通过设立生态工业发展专项基金，支持中小企业科技创新发展。

二是实施了创新主体培育工程。高台县依照"科技型中小企业—科技小巨人领军企业—省级科技创新企业—高新技术企业"的培育路径，对未来1~3年有望成功申报高新技术企业的重点企业进行挖掘和培育；鼓励企业在产业链各个环节创新发展，激发企业创新驱动内生动力。

三是实施了新兴产业推进工程。狠抓绿色生态农业，以实施乡村振兴战略为抓手，按照"做大蔬菜产业、做精制种产业、做强草畜产业、做优特色产业、发展休闲农业"的发展思路，充分发挥了农业科技部门成果转化、示范推广、辐射带动职能作用。

四是实施了创新载体建设工程。科学合理对创新基地和服务平台进行布局，建立健全覆盖面广的研发基地和创新服务载体，建成2个省级技术中心，12个市级技术中心；以国家级平台抓"引领"、省级平台抓"示范"的思路，优化了研发、转化、孵化要素配置，多渠道为入孵企业和创业企业提供信息、咨询、培训、投融资、技术开发、成果转化等服务；近年来，实施各类项目百余项，提供就业岗位近1万个，带动4200人就业、创业，帮助企业引进科技人才数百人。

五是实施了科技惠民领航工程。科技创新提高了医疗卫生服务能力，稳步推进"互联网+医疗健康"，建成全县医疗机构信息平台；高台县人民医院和高台县中医医院建成向上与省、市级医疗机构互联互通，向下覆盖辖区内所有镇卫生院的远程医疗服务系统；县人民医院、县中医医院和县妇幼保健院牵头，分别与镇卫生院组建紧密型县域医共体3个，经常开展疑难病症联合会诊；研发"小儿健脾养胃颗粒""益气扶正颗粒"等新中药制剂8个。

六是提升了人居环境质量。大力推广实施了垃圾无害化处理、污水处理、土壤、大气污染治理等新技术，重视科技对生态文明建设的重要作用；减少了燃煤锅炉对环境的污染，对全县范围内80台109.2蒸吨工业和生活燃煤锅炉开展综合整治，拆除了9台18蒸吨、清洁能源改造13台14蒸吨、提标改造1台2蒸吨、洁净煤燃烧57台75.2蒸吨；建成农村污水处理站30个，实现了县城及8个镇政府所在地和集中居住楼房区污水处理设施全覆盖，生活饮用水源水质达标率100%；积极开展农村"风貌革命"，新建农村卫生厕所14273座，推广碳纤维电热暖炕17482户。

（二）特色经验

一是打造全产业链条的科技园区。高台县围绕"三区及五大工程、八大支撑保障体系"的园区规划和建设内容，抓项目、强科技、促带动，推动科技园区进档升级健康快速发展，累计完成投资2.3亿元，建成露地高原夏菜生产区14000亩，建设1个新品种、新技术展示休闲观光区，分别建设设施蔬菜生产区和供港蔬菜基地5428亩、2000亩，核心区绿色优质蔬菜年供应能力11.2万吨，蔬菜产业年产值2.24亿元，平均亩产值0.7万元，产量和效益相比外围产区具有明显优势，园区推广示范的11种蔬菜作物、87个国内外优良蔬菜品种，实现了全天候周年生产，打响了"红色高台，绿色蔬菜"品牌。示范推广西甜瓜标准化栽培、土壤有机质提升、设施棚室熊蜂授粉、尾菜肥料化、饲料化利用、有机生态型无土栽培等农业新技术12项，产生了一批"三品一标"农产品，引领农业创新高质量发展；与省农科院合作，在蔬菜产业园区建立甘肃省农业科学院高台综合试验站，通过开展各类农作物种质资源选育和试验示范，带动建成水肥一体化示范基地2.1万亩、标准化蔬菜示范基地2.1万亩、沼液供田示范基地1.1万亩，形成了示范区带动生态农业生产全环节升级、全链条升值的新业态。

二是发展生物天然气及有机肥一体化。由甘肃方正节能科技服务有限公司牵头并投资1.2亿元，实施了生物天然气及有机肥生态循环利用项目，依托区域性粪污集中处理中心集中建设规模化有机肥工程和沼气工程，对周边不同来源的畜禽粪污统一收集处理。通过槽式或堆垛采用好氧或厌氧+好氧发酵生产有机肥，通过发酵库采用厌氧发酵生产沼气和好氧发酵生产有机肥，有机肥替代化肥作农作物肥料施用，沼气用于生产生活或向周边销售，构建"中小规模畜禽养殖—集中处理中心、大型沼气工程集中处理—工业（用能）—种植业"一体化区域多向循环模式。该项目年产生物天然气700万立方米，有机—无机复混肥5万吨，有机肥5万吨，对于改善农村人居环境、发展生态农业等发挥了重要作用。立足培育"红色高台，绿色蔬菜"品牌。投资10.7亿元，建设主要工业园区的基础设施，建成日处理5000立方米、2500 立方米污水处理厂各 1 处，安装废水在线监测系统，禁止"三高"项目入园，提升园区标准化建设水平。

三是农业面源污染治理有效。创新推动生态治理和环境保护，围绕打造全域覆盖、生态宜居灵秀高台的思路，将农业面源污染治理作为推进绿色农业发展的重要抓手，通过推技术、调结构，促进种植业面源污染治理。实施化肥、农药零增长行动，大力推广测土配方、水肥一体化、增施有机肥等有效利用肥料技术和太阳能杀虫灯、粘虫板等绿色防控技术。减少化肥和农药用量，近年来，化肥和农药用量年均减幅 2%、1.5%；采用土壤调理剂施用、商品有机肥增施、复（套）种绿肥、推广施用高效新型肥料等盐碱地改良和土壤培肥技术，带动全县落实测土配方施肥面积 38 万亩以上，技术覆盖率达到 85%以上；以绿色生态为导向，引导农户将未利用农作物秸秆、废旧农膜等资源化利用，推行"秸秆置换有机肥"和废旧农膜"以旧换新"模式，鼓励农户交售未利用农作物秸秆、拾捡交售废膜，不断提升农业废弃物综合利用率；加大养殖场（户）粪污处理设施改造力度，通过沤熟返田消纳畜禽粪污，不断提升粪污资源化利用率；注重产业结构调整，依托现有产业基础，挖掘县域资源优势，引进发展一批投资规模大、带动作用强的现代农业企业，推动科学种养，降低农业面源污染；通过争取项目资金，在136 个行政村全面配套了农村生活垃圾收集转运处理设施，实现了"一户一桶、一社一斗、一镇一车"，垃圾治理能力和治理水平显著提升，主要农作物化肥农药使用量实现负增长，废旧农膜回收、尾菜处理、农作物秸秆、畜禽粪污综合利用率分别达到 81.8%、60%、90%、72%。全力开展国土绿化行动，推广石砾质戈壁免换土深松整地造林、枸杞扦插育苗等新技术，完成营造林 10.40 万亩，森林覆盖率达到 13%，四项主要污染物（化学需氧量、氨氮、二氧化硫、氮氧化物）较"十二五"末分别下降 13.42%、16.68%、1.42%、2.4%。

四是高崖子滩百万千瓦级光伏产业园。高台县发展新型生态工业，围绕高端化、智能化、绿色化发展方向，按照强龙头、补链条、聚集群生态工业发展新格局，一手抓传统产业技术改造升级，一手抓新兴产业创新发展，应用大数据、云计算、物联网、移动互联网等新技术，在智能装备、信息产业、新能源、新材料、精细化工等战略新兴产业加大科技研发投入力度，以矿产品为主的合黎工业集中区，以光电为主的高崖子滩百万千瓦级光伏产业园，在"三园一区"入驻企业100家，培育认定高新技术企业17家。以坚持绿色低碳发展为方向，充分利用县域内风、光资源，抢抓"双碳"、河西走廊综合能源基地建设等机遇，着力构建风、光、氢、醇多能互补，发、输（配）、储、用、造一体的综合产业体系。按照"强龙头、补链条、聚集群"的思路，绘制了新能源产业图谱，编制完成新能源发展规划。先后投资2800万元，完善基础设施，建成装机容量1500万千瓦高崖子滩光伏产业园。注重风电装备、太阳能发电装备技术研发，加快能源就地转化效率。目前，产业园已建成企业6家并网发电318兆瓦，截至2022年　月，累计发电28亿千瓦时，实现收入24亿元，上缴税金1.1亿元。光电产业已成为高台县生态工业体系的重要支柱，是张掖市规划面积最大、装机容量最多、并网规模最大的光电产业园。

五是推进"国家知识产权强县工程试点县"。2017年12月，高台县被国家知识产权局批准为"国家知识产权强县工程试点县"，为期两年。试点建设过程中，全县授权专利数高达357件，累计发明专利17件，每万人口发明专利拥有量达1.2件，授权3件以上专利企业数达20家，专利申请量年均增长20%，专利申请量和授权量实现了年均增长15%以上的目标。其中甘肃嘉宝机械制造销售有限公司被国家知识产权局确定为知识产权优势企业，高台县金康脱水蔬菜有限公司被国家知识产权局确定为知识产权贯标企业，甘肃嘉宝机械制造销售有限公司、张掖市黄河农林牧科技有限公司被认定为张掖市知识产权托管企业，累计技术市场合同交易额达到11.1亿元，有效商标548件，注册商标923件，建立了知识产权孵化企业56家，形成了一批以祁连冰白、冰红系列产品为主的甘肃省知名品牌和"康翠牌"蔬菜、东庄"西甜瓜"、"高台辣椒"等无公害产地认证。培育"高台辣椒""高台黑番茄""高台胭脂鸡"地理标志证明商标3件，培育"大漠紫光"中国驰名商标1件，"祁连传奇"国际商标1件，为扩大企业产品市场占有率和影响力、促进创新型建设发展提供了夯实基础。

六是推进数据信息化建设。积极推进农业科技信息进村入户，农业科技信息服务升级，实现了全县 136 个行政村农业科技信息网络全覆盖。围绕农村基层管理日常、自治协商、乡村综合治理等内容，全面打通数据共享通道，构建统一的陇政钉数据共享交换平台和政务服务信息微信群，实现基层数据共享；开通高台微信公众号，及时发布政府动态信息和便民服务事项，打通服务群众的"最后一公里"；加强数字信息安全保护，建立信息发布审查制度，建立严格的工作规范和巡查制度，避免信息资源的泄露与滥用。

四　高台县创新发展案例

（一）案例1

巷道镇东联村特石循环生态有机农业联合体项目。全村有 1022 人，耕地面积 2780 亩，2021 年农民人均可支配收入 18130 元，村级集体经济 110 万元。东联村坚持党建引领，培育特色产业，加强乡村治理。深入推进"一户一片田"改革，实现土地规模经营。探索推行"三变"改革模式，先行承担全县首批产权制度改革试点工作，与甘肃前进牧业联合建成 3000 头奶牛标准化养殖场，实现户均年分红 1.8 万元，集体经济收入 110 万元。先后建成 800 亩早酥梨种植基地、220 亩苗木繁育基地和 5000 吨气调保鲜库、仓储物流园等特色产业。2021 年，与浙江正泰公司合作率先实施户用光伏发电项目，预计实现装机容量 5 兆瓦，户均增收 1000 元，集体经济增收 10 万元。2022 年计划与上海特石集团合作，投资 700 万元发展生态循环有机农业，该项目将东联村奶牛场产生的牛粪牛尿装入循环发酵装置，每天处理牛粪牛尿 50 吨，将处理后的有机肥料通过循环装置还田，同时特石集团流转土地 1000 亩种植供港蔬菜，目前已陆续种植 600 亩，该项目借助村企联合体项目，促进粪污和废旧资源循环利用，增强农产品品牌意识，提升农产品附加值，使全村以种植、养殖为主的传统产业延伸拓展到集观摩培训、农耕体验、休闲采摘、乡村旅游等新业态于一体的城乡融合先行发展示范村。

（二）案例2

甘肃大漠紫光生物科技有限公司，位于高台县南华工业园区，现有生产基地3万多亩，是一家专业从事沙漠有机农业科学研究实验、挖掘培育具有超旱生基因的农作物品种，并种植推广、集产、学、研、销于一体的全产业链科技型企业，为甘肃省农业产业化重点龙头企业、高新技术企业。利用先进的灌溉措施，将巴旦吉林沙漠南缘高台县沙嘴墩3万亩的戈壁荒漠变成了四季常绿的绿洲良田，成为"一带一路"黄金段上一颗璀璨的绿色明珠和国际专家院士技术交流合作研发的平台。研发培育出了有限生长类型的第二代黑番茄新品种，在品种选育方面有了重要突破。目前，公司已建成全球首条黑番茄的生产加工线，日处理黑番茄鲜果450吨。随着种子技术的优化提高、工艺设备自主知识产权的转化、生产规模的扩大，黑番茄成为吸引德国、美国、西班牙、日本、韩国等国家的生产制造商、经销商热切希望得到的新产品。公司与杭州百e国际达成战略合作，目前产品市场销售通畅，销量逐月提升。

（三）案例3

主要从事葡萄种植、葡萄酒酿造及销售的甘肃祁连葡萄酒业有限责任公司，近年来，依托高台县酿酒葡萄种植最佳生态带、最佳生长区域的区位优势，先后引进栽植了蛇龙珠、赤霞珠、梅鹿辄、赛美蓉、贵人香、黑比诺、琼瑶浆、维黛儿等20多个世界名贵酿酒葡萄品种，拥有葡萄种植基地12000亩。依托中国农业大学葡萄酒研究中心的技术支撑，研发了"祁连传奇"牌干红、干白、冰红、冰白等优质葡萄酒。产品销往全国22个省份65个地市。企业先后通过了ISO 9001-2000质量管理体系认证、HACCP管理体系认证、有机产品认证和出口食品卫生注册，出口日本和东南亚各国。公司技术创新中心在原有1.2万亩优质酿酒葡萄基地、年产1万吨葡萄酒厂、

6000 平方米地下葡萄酒文化酒窖、360 亩祁连葡萄生态观光园及现有市场营销渠道等配套生产、加工、销售体系的基础上，积极购买一批用于研究开发的中试设备，配套相关设备设施，配备专业的化验检验办公室。与高校和科研院所建立了长期合作关系，建成县级科研工作站和人才创新工作室，申请了多项技术专利，加快技术创新，不断加强技术成果转化。

（四）案例4

甘肃嘉宝机械制造有限公司，坐落于高台工业园区，占地面积 40 亩，总资产 3200 万元，现有职工 30 余人，机械加工设备 100 多台（套），是一家生产系列翻转犁、旋耕机、深松机、大型精量播种机、激光平地机等农业机械设备的高新技术企业。公司先后申报国家专利 40 项，获授权 38 项，其中发明专利 3 项，实用新型专利 35 项。公司秉持科技兴企的理念，建立了以市场需求为导向、经济效益增长为目标、技术瓶颈突破为主攻方向，集技术研发、成果转化、加工制造于一体的技术创新体系。与兰州大学、甘肃省机械科学研究院等省内知名院校和科研机构进行技术交流合作，建立了紧密的产、学、研合作关系，组建专业研发团队，引进和培养本科及以上学历专业科研技术人员 10 名，占企业职工总数的 15% 以上。加大科研经费投入力度，每年投入不低于销售收入的 5% 用于新产品研发和生产，为公司发展提供了不竭动力。公司生产的翻转犁、深松机、旋耕机等产品均被列入国家农机购机补贴目录。公司以优质的产品质量、一流的售后服务和完善的营销渠道在甘肃、新疆、青海、内蒙古、宁夏等地建立了稳定的销售市场。"嘉宝"牌农机具在西北广大农村家喻户晓，深受用户喜爱。公司先后获得"国家高新技术企业""国家知识产权优势企业""甘肃省名牌产品""甘肃省质量信用等级 AA 级"等荣誉。

（五）案例5

中湖盐股份有限公司，是国家食盐定点生产企业，占地 80 余亩，总投资 3 亿元，通过引进世界先进生产线设备，建成全自动、全密闭、全智能天然湖盐生产基地，是全国盐行业自动化程度最高的生产企业。现拥有技术研发中心 200 平方米，各种研发、生产设备 100 余套。主要提供天然湖盐的开采、加工、销售等一体化、数字化、智能化发展战略服务。配备专业的化验检验办公室，全面推进企业技术创新工作的开展。建成县级科研工作站，加快技术创新，获得授权实用新型专利 18 个、外观设计专利 1 个，申报发明专利 4 项。中湖盐坚持生产最纯正的原生态健康湖盐，全品类湖盐产品包括湖盐家族系列低钠湖盐、加碘湖盐、盐根等品种。公司生产以节能降耗、循环利用、绿色低碳、安全环保为前提，建立了包括质量、环境、职业健康安全管理体系的"三标一体"综合管理体系，通过设备改造、技术革新、工艺优化、智能升级等硬件设施提高节能减排能力。2021 年被信息化部办公厅认定为国家级"绿色工厂"，被省科技厅认定为高新技术企业。目前已建成天然湖盐生产线 13 条，自动化涂盐口罩生产线 2 条，转化科技成果 10 项，引进高级以上职称人才 10 人，生产湖盐 7000 吨，实现销售收入 3600 万元。公司通过"合作—引进—转化—提高"产学研合作方式，与科研院所和高校建立了紧密的战略和科研合作关系，邀请行业专家开展湖盐生产线关键技术会 10 次、科技管理人员培训 15 次，提高了企业技术集成与创新能力，积极推进盐循环产业技术升级，不断推动公共健康产业发展。

五　科技创新建设过程中存在的问题及建议

（一）存在的问题

一是促进创新的机制不够完善。以企业为主体、市场为导向、产学研相结合的创新体系尚未得到全面完善，部门分割、行业分割和条块分割成为科技资源配置的限制因素，科技成果项目产业转化的直通机制尚未建立，知识产权保护未得到重视。二是企业自主创新能力不强。具有自主知识产权的高新技术产品产值占整个高新技术产业产值的比重偏低，一些企业在科技创新、产品研发过程中投入不足，许多企业缺乏核心技术和创新成果，没有打造出特色品牌。三是引进吸收再创新水平偏低。许多企业通过购买、合资、合作等方式引进了一些先进技术，但消化吸收再创新不够。四是创新型高端人才资源不足。高台县是农业大县，农业方面的技术人才、"土专家"较多，但工业方面的人才较为匮乏，大多是本地土生土长的"田秀才"，文化程度不高，缺乏统领创新发展的科技型企业家。

（二）建议

总体来看，高台县应把创新驱动发展战略放到更加重要的位置，以强科技、强县域为重点，全面落实中央和省、市相关部署要求，大力营造全社会参与科技创新的氛围，切实为经济社会高质量发展提供强有力的支撑。

一要持之以恒推进科技平台建设进程。抢抓"丝绸之路"科技走廊建设契机，以省级农业科技园区、工业园区及创业创新基地为依托，鼓励本地企业与外地企业、科研院所和高校强化深度合作，共创共建技术创新中心，联建创新型产业集群；大力扶持国家级、省级创新型孵化器和众创空间创建，充分释放创新发展活力。

二要积极引育科技创新人才。大力实施"人才强县"战略，引进一批急需紧缺人才、高层次人才、高技能人才和创新团队，壮大创新型、应用型、技能型人才队伍；实施"重点产业组团引才""高端人才柔性引进""高台籍优秀人才回流"等引才计划；支持企业建立科研工作站、技术中心，为各类人才提供创业创新平台。

三要提升科技创新合作水平。深化院地校企合作，培育一批具有市场竞争力的创新型领军企业、科技型种子企业；深度融入"一带一路"建设和"科技走廊"战略，聚焦关键技术领域，通过科技平台建设，与省内科研院所、高等院校、创新型企业在制种育种、旱作农业、新能源、新材料、节水、医药临床等方面展开技术交流和科技项目、区域科技创新合作，打造区域科技创新示范引领高地，增强科技创新发展的辐射带动功能。

四要加大科技投入力度。充分发挥政府财政资金导向作用，加大科学研究投入力度，引导企业扩大有效研发投入，加大金融部门对高新技术成果产业化扶持力度，强化政府资金和金融手段协调配合，促进金融资本、民间资本和社会资本支持创新发展，形成"以政府为主导、企业为主体、金融为平台、社会各方广泛参与"的科技投入机制；建议上级科技部门持续加大创新科技项目资金扶持，不断巩固创建成果，提升创建水平；探索创新财政资金支持方法，综合运用无偿资助、后补助、奖励、购买服务、税收减免、风险补偿、股权投资等多种直接和间接投入方式获取资金支持。

五要深化科技体制改革。加强镇、部门在科技创新中的考核比重，形成镇、部门共同推进科技创新的工作格局。建立健全科技与经济、社会等方面的政策谋划和创新发展之间的统筹协调机制及有效衔接模式，健全科技创新治理体系，推进依法行政，创建优质的科技政务服务系统；全面推进科技企业孵化器和众创空间提升计划实施，不断完善"众创空间—孵化器—科技园区"全链条科技企业孵化育成体系。

六要营造创新政策环境。认真贯彻落实中央、省市的科技创新政策，围绕创新链、产业链、资金链等方面的政策扶持，制定相关扶持计划，为科技产业提供政策、资金倾斜，建立适应科技创新规律的行政管理机制；深化人才发展体制改革，实行"揭榜挂帅"制度，依托县科技馆、博物馆等科普阵地，传播科学精神，普及科学知识，激发创新热情，培养青少年科技创新思维能力，提升全民科学素养。

B.7
临夏市城市服务调查报告

何 剑*

摘 要： 本文在实地调研的基础上，首先对临夏市科技、教育、医疗、社
会保障等城市服务的发展现状及取得的成绩进行梳理总结。其次
提炼出临夏市城市服务的亮点与特色，涉及文化宣传、智慧城市
建设、职业教育模式、家政服务等方面。再次对临夏市城市服务
尚存的问题进行分析研判。最后从提高对科技创新的保障水平、
提升职业教育对县域经济的支撑能力、推进医疗卫生服务体制改
革以及提高社保服务质量等四个方面给出促进临夏市公共服务水
平提升的对策建议。

关键词： 城市服务 科教文卫 社会保障 临夏市

一 城市基本服务发展现状

（一）科技服务发展现状

1. 科技支出水平显著提高

临夏市财政科技支出资金由 2019 年的 479 万元增加到 2021 年的 1259
万元，增长了 1.6 倍。2022 年 1~6 月已实现支出 1600 万元，继续保持高速
增长态势。科技支出占一般公共预算支出的比重由 2019 年的 0.17% 增长到

---

* 何剑，甘肃省社会科学院农村发展研究所助理研究员，主要研究方向为农村经济和区域发展。

2021 年的 0.46%。实现了支出资金量和预算占比的双倍增。

2. "产学研"带动企业技术创新

围绕企业升级改造及特色产业发展，临夏市协助地方企业深入挖掘科技创新和产业发展的结合点，并积极牵线搭桥，鼓励企业与科研院所、大专院校开展"产学研"合作。如甘肃清源肉制品有限公司和临夏市俊林肉制品有限责任公司分别与兰州理工大学、甘肃清河源肉制品有限责任公司与甘肃农业大学建立了长期合作关系。随着一批"产学研"合作研发项目的落地实施，临夏市依托高校及科研院所开展科技创新的能力进一步提升，实现了外部科技资源与企业内部资源的优势互补，推动了产业转型升级。

3. "立项目"促进科技成果转化

临夏市把项目建设作为带动区域科技事业发展的重要抓手，持续加大对科技项目的争取力度。近三年来，共争取到国家、省、州一级的科技计划项目 29 个、项目资金 918 万元。特别是 2022 年上半年已争取到各类项目 3 个，获得奖励资金 55 万元。通过这些项目的实施，企业作为创新主体的作用进一步凸显，科技助力县域经济发展的作用进一步提升。

4. 人才支撑作用进一步加强

一是实行"科技特派员进企业"制度。按照"选强派优"的原则，近三年来，临夏市持续精准选派科技特派员到龙头企业开展驻点服务，帮助企业开展技术创新，以及解决企业在生产经营中面临的技术难题。2022 年上半年，已向俊林、清源等龙头企业选派了 11 名具有副高及以上职称的科技人员开展服务工作。二是开展农村特色种植、养殖实用人才培训。2021 年已开展青年创新人才培训 91 人次、畜牧技术培训 54 人次、食用菌技术培训 55 人次。2022 年 1~6 月已完成西瓜、花卉种植技术培训 50 人次，其他培训正在逐步实施。

（二）教育服务发展现状

临夏市现有各级各类学校 150 所，其中幼儿园 91 所，小学 47 所，初级中学 8 所，高级中学 2 所，职业学校 2 所。现有各类在校学生 69630 人，教职工3520人。全市学前三年毛入园率95.96%，九年义务教育巩固率99.29%，高中阶段毛入学率93.26%。

1. 教育基础设施建设持续推进

一是编制完成《临夏市2021—2035年教育设施布局专项规划》，促进教育城乡一体化发展，实现教育资源均衡配置；二是制定《2022年临夏市教育系统民生实事项目实施方案》，持续加强普惠性、基础性、兜底性教育设施建设；三是推进包括河州中学教学楼在内的2个续建项目、第五实验小学在内的3个新建项目建设，总投资6.08亿元，总建筑面积9.58万平方米；四是新增学位6420个，其中高中3900个、小学2160个、幼儿园360个；五是大力提升教育信息化水平。已完成义务教育装备能力提升设备采购项目招标工作，总投资510万元。与广东"心里程"教育集团开展合作，为河州中学配备云办公系统、智慧黑板、计算机教室、高标准考场、数字化实验室等信息化设施。

2. 教育人才保障机制逐步完善

一是优化教师队伍结构。坚持引培并重，通过全州事业单位招考、农村特岗等渠道持续补充教师队伍，临夏市招录"同工同酬"学前教师198人，引进人才63人，上报教师招聘计划471名。推进义务教育学校校长交流轮岗，调整农村学校教师93人到城区任教，安排26人到教师紧缺学校任教。二是全面推行中小学教师职务（职称）制度改革。完成事业单位内部职称晋级405人，已取得初、中、高级职称资格自主聘任451人，考核认定研究生一级教师资格审核27人。三是加大教师培训力度。依托国培、省培和州培等项目，开展教师全员培训5715人，先后组织28名教育局干部、校长赴厦门学习培训。四是完善教师待遇保障机制。制定《临夏市教育系统奖励性绩效工资实施指导意见》，加快奖励性绩效工资实施进度，全力提高教师工资待遇。

3. 职业教育发展成绩显著

顺应"技能甘肃"行动要求，近年来临夏市职业教育发展步伐加快。依托兰州新区职教园区、省属中职学校、济南市市中区、厦门市思明区和临夏现代职业学院等职教资源,成立了临夏市职业技术教育中心,由市政府主要负责人担任中心主任,极大提升了临夏市职业教育办学水平。2021年,临夏市被评为全省"技能甘肃"推进力度大、职业教育改革成效明显的县(区、市),受到省委省政府的表彰。

4."东西协作"助推教育高质量发展

临夏市充分利用域外优质教育资源,全力打造魅力教育品牌。以河州中学教育集团(包括河州中学、集团附属中学及附属幼儿园)为基地,邀请北京、济南等地名师专家开展集中培训与专题讲座。同时,组织全市68所中小学、幼儿园与济南市市中区学校进行结对协作,目前已开展4次线上教学研讨活动,又引进由12名专家组成的团队为临夏市一线教师传经送宝,实现了教育人才培训从"参与式"到"植入式"的转变。

(三)医疗卫生服务发展现状

临夏市医疗卫生机构包括3家县级公立医院,4家乡镇卫生院,6家社区卫生服务中心,39家村卫生所(室),6家社区卫生服务站,12家民营医院,3家门诊部,8家学校医务室以及143家个体诊所。目前全市各级各类医疗机构以"医共体(医疗服务共同体)建设"为纽带,形成相互补充、一体化管理、分层级诊疗的医疗服务架构。

1.基层医疗卫生服务水平明显提升

一是乡镇卫生院建设运行逐步规范。目前,全市4镇各卫生院的"四大件"均已配齐并正常使用①,各卫生院至少配备有一名全科医生。截至2022年6月,各镇卫生院共有执业助理医师9名,执业医师31名,全科医生26名。同时将符合条件的到龄退休村医全部纳入乡村医生养老管理。二是以"优质服务基层行"创建活动为契机促进基层医疗机构服务水平提升。目前全市已有5家社区或乡镇医疗机构达到创建活动的国家标准,枹罕镇卫

---

① 乡镇卫生院的"四大件"包括DR(直接数字化X射线摄影系统)、彩超、全自动生化分析仪、心电监护仪。

生院正全力创建国家推荐标准卫生院。三是老年人健康体检、"家庭医生"签约服务工作全面推进。各基层医疗机构均成立了老年人体检专项行动小组，设立老年人健康体检工作台，制定明确的体检流程，加强医务人员培训，提高体检结果可信度。同时以家庭医生团队服务为载体，全面落实家庭医生签约制度，基本实现了重点人群"应签尽签"和特殊人群签约全覆盖。

2. 医疗体制改革稳步推进

一是积极打造"医联体（区域医疗联合体）""医共体"。目前，临夏市属各公立医院均与兰大一院、兰大二院、省妇幼保健院、省中医院、省人民医院等省级医院建立了不同形式的医疗联合体，开展对口帮扶工作；州、市医院与4个镇的卫生院建立了医共体，使患者在基层医院就能享受二甲医院的医疗服务。二是全面推进医疗信息化应用。按照国家卫健委、国家医保局等四部门联合印发的《医疗机构检查结果互认管理办法》，积极推进与省、州级医院医学影像等检验检查结果的共享互认，目前两家县级医院已完成与全省医学影像共享交换平台的对接工作，全市各级医疗机构已全部接入甘肃省远程诊疗系统。积极推进区域临床检验、影像、心电、病理和消毒供应"五大中心"建设。全市所有公立医疗机构均已接入临夏州"雪亮工程"视频工作平台，私立医院和个体诊所应接入单位接入率已达100%。

（四）社会保障服务发展现状

1. 严格落实各项社保惠民政策

一是社会保险覆盖范围不断扩大。目前，临夏市企业职工基本养老保险覆盖范围扩大至失地农民和农村户籍灵活就业人员，工伤保险覆盖范围由各类企业扩展至有雇工的个体工商户、机关事业单位、民办非企业单位及农村务工者全体，失业保险保障范围扩大至城乡所有参保失业人员。二是社会保障水平稳步提高。严格执行国家连续18年调整企业退休人员养老金政策，目前全市企业退休人员养老金达到1560元/月。三是出台企业社保金缓缴、减免政策，加大助企纾困力度。精准落实惠企利民政策，支持受疫情影响的企业正常生产经营，对全市中小微企业及个体工商户缓缴养老、失业、工伤保险单位缴费部分的期限延长至2022年底。同时，对不裁员、少裁员的企业实行普惠性失业保险稳岗补贴返还政策，规定中小微企业返还比例由60%提高至90%。截至2022年6月，全市124家企业35.59万元的稳岗补贴已足额发放到位，惠及952人，社会保险"减震器""安全网"的作用得到充分发挥。

2. 全力聚焦稳定和扩大就业

一是针对重点群体开展就业扶持工作。通过举办线上线下招聘、直播带岗、家政培训、送岗位信息下乡、扶持企业办乡村就业工厂等措施，为已脱贫人口、失业人员、农村务工人员、高校毕业生等重点群体提供就业岗位。目前全市已通过网络招聘、直播带岗提供职位1118个，招聘人员7052人。二是认真落实就业奖补政策。目前已发放城镇公益性岗位补贴222.7万元，惠及626人。发放乡村公益性岗位补贴35万元，惠及279人。发放高校毕业生进基层补贴34.05万元，惠及40人。三是加大基层人才引进力度。继续开展机关事业单位招考招聘高校毕业生工作，积极落实"三支一扶"计划、"农村特岗教师计划"等基层服务项目，深挖基层教育、卫生、社保、社区工作、司法辅助等就业机会。持续推进一万名未就业高校毕业生到基层就业，确保临夏市规模不低于110名。

截至2022年6月，临夏市实现城镇新增就业1531人，占全年任务数的45%；实现失业人员再就业456人，占全年任务数的51%；实现困难人员再就业176人，占全年任务数的46%。全市城镇登记失业率3.62%，达到全州城镇登记失业率4%以下的要求。

3. 全面推进养老服务体系建设

积极应对人口老龄化趋势，临夏市不断完善养老服务体系建设。一是高质量完成7个城市街道综合养老服务中心建设，其中5个服务中心已投入运营。二是全面提升农村养老服务能力。2022年6月，面积超过700平方米、护理型养老床位不少于10张的乡镇综合养老服务中心在城郊镇开工建设，中心建成后将为辖区失能、半失能老年人提供全托、日托照料护理服务。三是整合全市养老服务资源，发挥最大效能。以政府购买服务的方式，委托甘肃江子为民公司、临夏安逸养老和甘肃"爱友家"养老服务公司为全市城乡低保和特困家庭中 60 岁以上失能、失智老年人及 80 岁以上老年人提供上门服务，服务质量得到明显提升。

二 城市服务的亮点与特色

（一）融媒体中心建设

临夏市融媒体中心成立于 2019 年 3 月，目前设有电视、广播、微信、客户端、抖音、视频号、学习强国、新华网、央视频、新甘肃、今日头条等21 个平台，形成了一个强大的融媒体矩阵，为临夏市县域经济高质量发展提供了坚实的舆论保证，助力城市竞争力的提升。

1. 通过创优内容、讲好故事宣传城市名片

融媒体中心坚持"移动优先"策略，借助全媒体矩阵资源，通过电视、广播、云直播、短视频、动画等新媒体形式快速、全景呈现临夏市的重要活动和重大新闻事件，用"接地气""沾泥土""带露珠"的内容宣传报道好全市重大主题、项目建设、重要节会、乡村振兴、产业升级、东西协作、疫情防控等重点工作。通过临夏市新闻、微信公众号、各种专题专栏等形式推出涉及各方面的报道，牢牢把握主流媒体宣传报道的主动权，让"打造魅力花都，建设公园城市"的临夏发展定位深入人心，为临夏市的经济社会发展营造良好的舆论氛围。

2021 年临夏市融媒体中心累计在中央主流媒体播发新闻 30 余条，在甘肃卫视、公共频道、都市频道、视听甘肃等电视平台播出新闻 200 余条，内容涉及临夏市民生、产业、科教、环保等。通过这些主题报道展示城市形象，宣传城市名片，提高城市的知名度和美誉度。中心采制的 7 分钟宣传片《遇见临夏》，将临夏市的历史文化资源和自然人文景观通过讲故事的形式传递给大众，在全网获得超过 200 万次的点击量。采制的《高原牡丹城，

美味"河州包"》作品荣登"小康中国·千城早餐"第 3 季最佳创意奖榜首，在全网获得接近 300 万次的点击量，为临夏市打造"美食百亿"产业起到较好的宣传助推作用。

2. 通过功能创新、多元服务赋能城市发展

融媒体中心推出的"新临夏"客户端融合了新闻、党建、政务、服务功能，自 2019 年上线以来已形成 7 万用户的注册规模，客户端不断整合本地的服务资源，成为获取临夏区域资讯、政务信息、生活服务信息的综合平台，为基层群众提供便捷化、多样化的服务，助力临夏智慧城市建设。疫情期间，融媒体中心将镜头聚焦于东郊公园、牡丹公园、牡丹广场等市内景点，通过慢直播的方式让观众在线欣赏到临夏市的风景，举办了"云上赏花，在线观景"等活动，开启了文旅产业发展新局面。此外还增加了网络直播带货内容，与镇、村开展合作，开拓临夏砖雕、泥塑等非遗产品以及草莓、树莓等农产品的销售渠道，助推地方特色产业发展。

（二）智慧城市建设

为了更好地实现城市精细化管理，推动城市综合治理能力提升，以打造魅力花都、建设公园城市为目标，临夏市相继完成了《临夏市"云上河州"城市大脑建设工作方案》《关于全面推进智慧城市建设工程的实施方案》两个方案的编制工作，以建设智慧城市为目标，以数字产业化、产业数字化为主线，全面构建"1+5+N"模式的智慧城市运行体系，即"1"表示数字基础设施，"5"表示包括一个数字孪生底座、一个数据处理中心、一个智能管理平台、一个运营智慧中心以及一个智慧 App 在内的 5 个工作平台，"N"表示 N 个应用场景。采取分步实施的原则，5 个工作平台单独进行设计，其他应用场景，如智慧文旅、智慧农业等，由各牵头单位逐步实施。截至目前，平台建设中，"数字孪生底座"已基本完成功能模块的加载以及人民红园、八坊十三巷的精模制作；应用场景建设中，"智慧国土"已完成临夏市"国土一张图"的绘制和规划数据建库，基本功能已趋于完善。"智慧文旅"已完成了与省智慧文旅大数据检测中心的对接，即将建成临夏市智慧文旅大数据检测中心。智慧城市建设将有力带动临夏市民生服务、城市管理、规划建设、招商引资等工作智能化、数字化水平的飞跃提升。

（三）技能培训及就业服务

1.临夏市职业技术教育中心的主要做法

临夏市职业技术教育中心是一所集学历教育、短期培训和职业技能鉴定于一体的综合性、多功能职业技术学校。中心占地面积 30 亩，建筑面积 12559 平方米。现有教职工 74 人，专任教师 64 人，其中高级职称教师 18 人、中级职称教师 30 人、"双师型"教师 24 人[①]；国家级职业技能鉴定质量督导员 2 人，省级职业鉴定考评员 46 人，省级职业指导师 2 人。开设有幼儿保育、汽车运用与维修、计算机应用、高铁乘务、光伏工程技术与运用、中餐烹饪、园林技术、旅游服务与管理、养老护理等 9 个专业。常年开设汽车与工程机械维修、电工电焊、传统餐饮、牛肉拉面、地方传统工艺美术（葫芦雕刻、彩陶和砖雕）、旅游管理、办公自动化、家政服务等各类短期培训班。目前在校学生 271 人。

临夏市职业技术教育中心以长期培训和短期培训相结合、以短代长为主要办学特色，强调理论和实践一体化教学，为地方经济发展培育实用技能人才。在培养方式上采取长期班与短期班、普通班与兴趣班相结合的方式，适应不同学生的就业需求及兴趣爱好。同时强调对实操能力的培养，将理论课时与实践课时保持在 4∶6 的水平，汽车与工程机械维修、中餐烹饪、幼儿保育等专业均设立了较先进的模拟操作台；在专业设置上，不断优化专业结构，在做强优势专业的基础上，于 2022 年新开设了光伏发电、高铁乘务、园林技术、旅游服务与管理和养老护理专业，适应经济转型升级的要求；在培训对象上，除进行普通招生的长期培训外，重点为失地农民、未就业大中专毕业生、农村"两后生"、就业困难人员、下岗职工、复转军人等特殊群

---

① "双师型"教师：高职教育教师中的特定称呼，是指"双证"教师或"双职称"教师，即"教师+中级以上技术职务（或职业资格）"，如"教师+技师（会计师、律师、工程师等）"。

体开设汽车与工程机械维修、高级焊工、砖雕、彩陶、牛肉拉面、电子商务等专业的短期培训；在政策优惠上落实全年、全员免费政策；在培训效果上，按照培训一人、成功一人的原则，持续向临夏市周边地区以及福建等地输送就业，就业率达到95%以上。2021年度中心共完成各类技能培训1487人次。2022年受疫情影响，截至5月底共完成培训140人次。职业技能鉴定工作开展方面，2022年1~5月共完成各类职业技能鉴定131人次。

2. "阳光大姐"职业技能培训学校的主要做法

"阳光大姐"职业技能培训学校成立于2021年9月，是山东济南"阳光大姐"家政服务公司在临夏市开设的分支机构。目前学校开设有家政服务、母婴护理、养老护理、美容美妆、"河州厨嫂"、茶艺师、营养配餐师、中式烹调师等8个专业的实用技能培训，主要培训对象为失业失地妇女、农村富余妇女劳动力、女大中专毕业生等生活与就业困难的女性群体。截至2022年6月，学校累计培训学员1278人，其中有86%的学员实现了首次就业。"阳光大姐"建立了较为先进的标准化家政服务培训体系，利用大数据平台，对培训学员的信息实行动态化管理，实时掌握学员数量变化及就业情况，特别是对已就业学员的工作地点、工作时间、薪资水平等做到实时跟踪了解，及时掌握市场需求信息。为了更好地安置学员就业，学校上线运营了"阳光大姐"手机App，模拟外卖接单的模式，依据大数据分析，挖掘市场需求，分析消费者特点，实现家政服务与互联网的对接。

三 城市服务存在的问题

（一）服务科技创新的能力不足

一是创新型人才匮乏。临夏市专业技术人员主要集中在教育、卫生、农业等领域，工业部门高级专业技术人员和高层次创新创业人才偏少，特别是从事应用技术研发的技能型人才和优秀企业管理人才十分匮乏。二是科技创新投入不足。以企业为主体、政府为引导的科研投入机制尚未完全形成，财政科技投入分布不均、金融支持不到位。三是产学研合作不密切。由于研发投入少，承接高层次产学研合作的能力不足，企业主导的产学研融合偏少，新技术、新成果转化运用水平较低。

（二）民生保障面临财力不足、信息化滞后的问题

一是财力薄弱，民生保障能力不足。目前临夏市民生保障资金主要依靠省、州一级扶持，市级资金配套比较困难。如新建一个750平方米以上、包含10张以上护理型床位的标准化养老中心，需要700万~800万元，按照目前省、州、市投入资金比例5：2：3的政策，则市级至少需要配套210万元，因此面临较大的财政支出压力；二是信息化建设滞后，制约了民生服务能力的提升。目前临夏市民生服务部门之间信息不共享，造成相关工作推进落实不畅，如群众申请低保或临时救助，民政部门工作人员需要分别到公安、房管、银行、人社等部门查阅个人车辆、房产、金融、社保等信息，导致为民办事的效率不高。

（三）职业教育服务县域经济发展的能力有待提升

临夏市职业教育专业教师尤其是中青年专业教师数量偏少，知识结构老化，"双师型"教师资源短缺，难以适应经济转型对职业技能人才的新要求。职业技术教育中心基础设施建设不达标，校舍、食堂等设施尚未达到甘肃省标准化职业学校的标准，此外教学设备和实训设施陈旧且数量少，难以满足学生实训需求，与打造"技能甘肃"要求尚有较大差距。培训课程设置针对性不强，服务县域经济发展的成效有待提高。

（四）医疗卫生服务机制不健全

临夏市城乡医疗资源规划布局欠合理，基层首诊、双向转诊等有序就医体系不完善，制约了城乡医疗资源效能的发挥。同时，基层医疗服务能力薄弱仍是突出短板，基层医疗机构高层次人才、医疗新技术引进明显不足，尤其是实用型人才资源匮乏。在医疗卫生单位投入补偿、人事薪酬等制度方面的改革尚未取得关键突破，导致经营压力日益加大。新冠肺炎疫情威胁持续存在，对公共卫生体系建设提出新的挑战。

四 对策建议

（一）提高对科技创新的保障水平，以"强科技"助力"强县域"

一是立足临夏市资源禀赋、产业基础、区位优势，构建以产品为导向的科技创新体系，支持企业、高校、科研院所融合创新，推动院所科研与企业实践相结合，围绕"牛羊菜果药菌花"特色产业，加强关键共性技术攻关，促进科技成果转化。二是健全科技特派员工作机制。优先支持科技特派员进驻全市龙头企业、产业链"链主"企业开展科技帮扶服务，加强科技特派员工作站与示范基地建设，保障其充分发挥作用。三是鼓励技术市场交易。鼓励和支持企事业单位设立开展专业化技术转移机构，加强与省内技术交易服务平台的对接与联系，围绕省、州科技奖项进行成果转化，落实技术交易合同奖补政策。支持技术交易中介居间、行纪、代理合理合法取得报酬，常态化开展科技成果征集和推介。

（二）提升职业教育对县域经济发展的支撑能力

适时调整职业技术教育的办学思路和人才培养方向，以适应临夏市县域经济发展需要。一是围绕打造"八坊十三巷""魅力折桥湾"等旅游品牌，结合临夏市旅游、餐饮发展实际，将城镇低收入家庭成员纳入技能培养范围，开展旅游服务、酒店管理、传统小吃烹饪等业务技能培训，在带动困难群体就业的同时促进旅游产业发展。二是结合乡村振兴战略的实施，在已有花卉种植培训的基础上，进一步扩大培训项目，以拱棚西瓜、露地蔬菜、食用菌、高原夏菜种植为重点，实施农村技能人才全员培训，为乡村振兴提供智力支持。三是依托临夏市文化资源优势，立足彩陶省级大师工作室，扎实开展彩陶、砖雕等民间传统技艺传承人培训工作，助力文化产业发展。

（三）持续推进医疗卫生服务体制改革

一是在现有医疗服务体系的基础上，加快建设紧密型"医共体"，加快发展"互联网+医疗健康",全力提升三级医疗服务能力。二是加大人才引进力度。积极向省、州争取医疗卫生人才,通过事业单位公开招考、农村订单定向医学学生、订单定向村医、规范化住院医生培训、全科医生转岗培训等措施,吸纳、培养更多的优质专业技术人才。三是深度推进医养融合,加快建设居家社区机构相协调、医养康养相结合的养老服务体系,大力争取和实施康养中心建设项目;四是继续落实慢病患者家庭医生签约服务,全面应用甘肃省慢性病管理信息系统,切实提升慢性"四病"服务的公平性、可及性和效率。①

(四)切实保障人民群众福祉,进一步提高社保服务质量

一是增强服务意识,创新服务方式,拓展"互联网+政府服务"内容,坚持"让信息多跑路,让群众少跑路",提高为民办事效率。二是深入推进参保体系建设。全力推进企业职工基本养老保险全国统筹、失业及工伤保险省级统筹,持续推进机关事业单位养老保险制度改革。健全农民工、灵活就业人员、新业态从业人员等重点群体参保机制,扩大社会保障覆盖面,把更多群体纳入社会保险保障范围,不断健全完善多层次养老保险体系。三是加大"我为群众办实事"行动力度。进一步梳理项目清单,转变工作作风,提升服务效能。如针对社保待遇申领、社保待遇资格认定等老年人高频服务事项,提供预约和上门服务,切实解决老年人运用智能设备困难的问题,真正实现从"便我"向"便民"转变,着力打造群众满意的社保服务。

参考文献

王睿君:《扶上马 送一程——临夏市积极巩固脱贫成果侧记》,《甘肃日报》2019年3月12日。

---

① 慢性"四病":心血管疾病、癌症、糖尿病、高血压。

农业农村篇

Chapters of Agriculture and Country

B.8
甘肃农村产业融合发展研究

王卫华 张福昌 翁 丽*

摘　要： 推进农村一、二、三产业融合发展，是拓宽农民增收渠道、构建现代农业产业体系的重要举措。本报告对甘肃省农村产业融合发展的现状和特点进行了总结，分析出当前制约甘肃省农村产业融合发展的不利因素，并从多元化培育农业融合主体、加强产业融合政策支撑体系、建立更加紧密的利益联结机制、加强对县域经济发展态势的监测和研究等方面，提出了进一步推进甘肃省农村产业融合发展的思路和建议。

关键词： 农村　产业融合　甘肃省

---

* 王卫华，甘肃省统计局农村处处长，主要研究方向为产业经济学；张福昌，统计师，甘肃省统计局农村处副处长，主要研究方向为农业经济学；翁丽，甘肃省统计局农村处一级主任科员，主要研究方向为区域经济学。

推进农村一、二、三产业融合发展，是拓宽农民增收渠道、构建现代农业产业体系的重要举措。近年来，面对严峻复杂的发展环境和交织叠加的风险挑战，甘肃省以习近平新时代中国特色社会主义思想为指导，立足全省农业农村经济社会发展实际，大力发展现代丝路寒旱农业，推进农村一、二、三产业融合发展，促进农业全产业链、价值链转型升级。通过优化乡村产业布局，健全现代农业经营体系，积极发展农产品加工业，拓展乡村旅游、休闲农业、文化体验、科普研学、民宿康养、电子商务等新产业新业态，推动农村由卖原字号向卖制成品、卖休闲服务转变，逐步形成了政府支持、龙头企业牵头、家庭农场和农民合作社跟进、广大小农户参与的农业产业化联合体，助推乡村产业兴旺，助力农民持续增收，农村产业融合发展水平不断提升。

按照国家统计局农村司《关于开展农业产业融合发展情况重点选题调研的通知》要求，课题组对14个市州的32个县开展了深入调研，收集有效问卷1122份，其中农业经营主体问卷188份、农户问卷934份。

一 甘肃省农村产业融合发展现状

（一）产业融合发展基础不断夯实

1.农村经济综合实力稳步增强

深入实施国家粮食安全战略和重要农产品保障战略，落实藏粮于地、藏粮于技，构建科学合理、安全高效的重要农产品供给保障体系。2021年全省农林牧渔业总产值2439.54亿元，比2015年增加1053.36亿元，年均增长9.9%。全省一产增加值1364.75亿元，增长10.1%。农村居民人均可支配收入11433元，增长10.5%。全省粮食播种面积4015.14万亩，粮食总产量1231.46万吨，粮食总产量连续两年稳定在1200万吨以上，被农业农村部列为全年粮食生产工作突出的18个省份之一通报表扬。全省肉蛋奶总产量225.10万吨，蔬菜产量1655.25万吨，园林水果产量539.07万吨，比2015年分别增长51.8%、52.4%和77.3%。

2. 农业产业发展进一步提质增效

坚持用工业思维发展现代农业，做好产业转型、结构升级、要素聚集和链条锻造，全力推动农业全面、高效、高质量发展。以发展农产品深加工为核心，全面提升特色产业的价值链，形成了以黄土高原区旱作高效农业、河西走廊戈壁节水生态农业、黄河上游特色种养业、陇东南山地特色农业等为主的区域性优势产业。以玉米制种、马铃薯、中药材、高原夏菜、平凉红牛、河西肉牛、临夏肉羊、静宁苹果等特色产业为依托，培育形成了一批具有甘肃特点和市场影响力的农业品牌，"甘味"农产品品牌影响力进一步扩大。2021年，全省特色优势产业全产业链产值3897亿元，其中加工和销售产值1562亿元。全省牛羊菜果薯药产值达到1524.44亿元，占农林牧渔业总产值的62.5%。全省设施农业占地面积84.21万亩，其中塑料大棚43.76万亩，日光温室38.28万亩。全省农业产业不断提质增效，特色农业大省正在向特色农业强省加速转变。

3. 农业农村基础设施日臻完善

农业农村现代化建设、乡村振兴战略实施、美丽乡村建设、农村人居环境综合整治等政策措施的实施，促使全省农业农村基础设施日臻完善。2021年，全省整治撂荒地202.40万亩，累计建成高标准农田880万亩，推广全膜双垄沟播技术1516万亩，推广农田高效节水技术1000万亩，农作物耕种收综合机械化率达到63.5%。推行农药减量、测土配方施肥、绿色防控等措施，提高土壤肥力、降低害虫危害，促进农产品绿色、有机、无污染生产。开展乡村建设行动，全省33.4%的进村道路、11.2%的村内道路为柏油路面，65.9%的进村道路、82.7%的村内道路为水泥路面；87.5%的行政村通公共交通，73.6%的行政村有电子商务配送站点，88.9%的行政村有综合服务站。开展农村人居环境综合整治行动，创建村庄清洁行动先进县10个、清洁村庄示范村10000个、省级美丽乡村示范村900个、市县级美丽乡村示范村2000个，县级以上文明村3367个。全省67.9%的行政村生活垃圾全部集中处理，88.4%的行政村有公共厕所。农业基础设施日臻改善，农村人居环境整洁优美，加强了农业生产要素的聚集，为实现一、二、三产业的融合打下了坚实的基础。

4. 现代农业智能化水平不断提升

通过设立甘肃农业信息监测预警系统、测土配方施肥系统、农业专家系统，将物联网、大数据、云计算等信息技术与农艺技术集成运用，在设施农业、节水灌溉、环境监测等领域实现信息化与自动化，实现农业生产、经营、管理和服务的综合提升，为甘肃省农业现代化提供了强有力的支持。2021年，全省农村基层信息化工作组织系统覆盖全县80.0%以上的行政村，农业信息化覆盖率已达80.0%。

（二）产业融合内涵日益丰富，多业态蓬勃发展

1. 在产业链前端建设绿色生产基地

农产品加工企业的"第一车间"是绿色生产基地。近年来，甘肃在农产品产业链条的最前端以绿色、标准化、规模化为基础抓点示范，指导支持特色产业大县，整县全面推进绿色标准化产业集群，扩大养殖规模，加强产业集中度，夯实了产业链基础。2021年，全省建设抓点示范种养基地786个，其中省级抓点示范基地94个、48.4万亩。建设绿色标准化种植基地925万亩，打造产业大县14个，产业规模效应逐步显现。

2. 农产品精深加工产业链纵向延伸

农产品加工业是"接一连三"的重要桥梁，是实现农产品的价值转换、增值，保障农民就业和增加农民收入的关键举措。甘肃以实施全省特色农产品及食品加工业"链长制""链主制"为抓手，提升产业精深加工能力、产业规模化程度和龙头企业带动能力。以链主企业为主，以骨干企业为后盾，将产业链的中端发展壮大。坚持"引培"两手发力，引导加工产能向特色优势主产区布局，促进农产品就地加工转化，提升农产品加工转化率和附加值。2021年全省农产品加工转化率达56.0%。有农业产业化龙头企业3235家，农民专业合作社9.08万家，家庭农场5.04万家。2022年计划实施龙头企业"2512"提升行动，预期通过3~5年时间，打造营业收入1亿元以上的龙头企业200家，10亿元以上的50家，50亿元以上的10家，百亿级企业2家。

3. 休闲观光乡村旅游产业链横向拓宽

作为一、二、三产业的有机结合，休闲农业与乡村旅游逐步从"赏花摘果吃农家饭"的初级形态，向农事体验、白酒、果酒、食醋、酱油酿造、生态保护、文化传承、科普教育等多业态拓展，吃、住、行、购、研等功能日趋完善，呈现规模扩大、质量提升、品牌升级的良好态势，休闲农业全面步入成熟期。2021年全省创建全国乡村旅游重点乡镇 3 个，全国乡村旅游重点村 6 个，全国首批甲级旅游民宿 2 家，省级乡村旅游示范县 8 个，文旅振兴乡村样板村 60 个，乡村旅游合作社 381 个，乡村旅游游客接待量达 1.31 亿人次，实现乡村旅游收入 390.33 亿元。

4. 电子商务新兴产业快速崛起

近年来，数字经济迅速崛起，数字乡村建设加快推进，以消费为导向，大力推进电子商务进乡村，推进"互联网+""大数据"等信息技术向农产品销售领域渗透、应用。通过加大与阿里、京东、拼多多、快手、抖音等国内知名平台合作力度，开展直播带货和农产品网上促销活动，促进农副产品直播带货规范健康发展，持续带动农民增收。与此同时，拓展线上线下融合推介渠道，在天津、山东、福建及省内各地建设线上特色馆、线下体验店近千家。2021年注册地在甘肃省的各类网上经营主体有 21.98 万家，其中经营甘肃特色农产品的网店 9.78 万家，占比达 44.5%。全省网上销售农产品 226 亿元，带动全省农民人均增收 418 元。电商成为农产品上行和消费品下行的新渠道，商务部向全国范围内推广了"成县模式"。

5. 产业链、价值链向高端环节延伸

甘肃加大科技和人才投入，从技术、专利、品牌、服务着手，推进农业产业链由制造向研发、销售两端延伸。全力打造国家玉米制种基地、马铃薯脱毒种薯繁育基地、蔬菜花卉杂交制种基地、航天蔬菜育种基地以及高寒阴湿区杂交油菜种子生产基地。在全国范围内，甘肃省有效期内"两品一标"产品有 2930 个。支持 1147 家新型经营主体新建 1120 个冷链设施，增加储藏能力 70 万吨。新建了一批专业批发市场，如金川江

楠蔬菜、平凉红牛、东乡达坂肉羊、古浪森茂肉羊市场。不断扩大"甘味"品牌影响力，实行以"甘味"为统领、地方公用品牌为支撑、企业品牌为根本的品牌营销策略，将60个区域公用品牌和300个企业品牌纳入《"甘味"农产品品牌目录》，使整个产业链和企业的市场竞争能力得到进一步提升。"甘味"在2021年中国地区农产品品牌影响力排行榜上名列首位。

6.生态循环农业加快发展

在延长农业产业链、效益链、价值链的基础上，重点发展农业生态，促进全省农村生产、生活、生态协调发展。通过农业生产方式的革新，深化对农业农村生态涵养作用的深度开发，建立了一批具有代表性的生态循环农业模式：河西地区生态循环农业发展模式，陇东地区粮畜果综合循环模式，中部小流域的产业发展循环模式，陇南市、天水市南山区的农林生态循环模式，甘南州和祁连山地区的草原生态畜牧业循环模式，沿黄灌区的绿色、高效的现代城市循环农业模式。目前，已形成一、二、三产融合发展，产品安全优质，资源综合利用，环境持续改善的农业发展新格局。2021年，全省畜禽粪污资源化综合利用率79.0%，废旧农膜回收率83.6%，尾菜处理利用率51.1%，农作物秸秆综合利用率稳定在85.0%以上。

（三）生产主体向新型经营主体聚拢

近年来，甘肃坚持以发展新型农业经营主体为重点，大力支持经营主体创新生产管理模式，促进龙头企业、合作社、家庭农场、规模户、农业协会、联盟等蓬勃发展，惠农效益不断提升。2021年，甘肃省新增139家农业产业化龙头企业，全省农业产业化龙头企业总数达到3235家。特别是引进的中盛、海升、伊利、德青源、新希望等大型龙头企业，对县域或市域农业产业链发展起到很好的带动作用。全省有农民专业合作社9.08万个，吸收成员205.6万人，带动农户251.7万户。农业大户和返乡创业人员大力发展家庭农场，目前全省共有5.04万个家庭农场。

（四）产业效益向产业园区聚集

甘肃要加快建立以国家级为龙头、省级为骨干、市县级为支撑的产业园区体系。巩固提升安定区、肃州区、凉州区、宁县、临洮县、东乡县、麦积区 7 个国家现代农业产业园。环县、甘州区和安定区成功获批国家农业现代化示范区。创建省级现代农业产业园 61 个，累计达到 86 个，"一县一园"建设全面推进，产业集聚优势凸显。2022 年甘肃省道地中药材产业集群获批国家优势特色产业集群，庄浪县朱店镇、天祝县松山镇、酒泉市肃州区果园镇、舟曲县立节镇、永昌县焦家庄镇、成县店村镇获批国家级农业产业强镇。

（五）公共服务支撑有力

甘肃探索完善多渠道农村产业融合服务。通过建立省市两级电子政务外网云平台，强化农业技术管理、农情信息采集、农业科技服务等农村信息化服务支撑；通过打通融资渠道，引导金融机构加大对龙头企业的贷款，建设符合农业产业化发展要求的金融服务体系；通过强化人才和科技支撑，培养了一大批具有科技文化素质的新型农民、种植大户、养殖能手和种养专业大户等乡土科技人才。2021 年，甘肃科技特派员累计培育示范户 1 万多户，累计建成示范基地 150 个；"12316 三农服务热线"网站上传信息 6000 余条，微信平台发布信息 2000 余条，累计受理各类咨询近 50 万例，农技推广自上而下拓展延伸到农村，全省农业科技进步贡献率达到 57% 左右。

二 甘肃省农村产业融合发展特点

（一）经营主体负责人综合素质较高，从业农户职业技能水平有所提升

近年来，甘肃以建设新一代乡村企业家队伍为目标，吸引和培养农业龙头企业带头人，以实施高素质农民培育计划为抓手，面向家庭农场主、农业合作社带头人开展提升培训，面向种养大户和专业农机手开展重点培训。在

实践中造就一大批"土专家""田秀才""乡创客",打造"三农"高素质人才队伍。问卷结果显示,66.0%的经营主体负责人年龄在31~50周岁,88.8%为男性,48.4%为大专及以上学历。53.0%的从业农户年龄在30~49周岁,64.8%为男性,43.0%为初中毕业学历,32.9%为高中、大专及以上学历。经营主体负责人和从业农户获取专业知识、信息、政策的途径基本一致,主要通过政府部门宣传、专家级农技员的指导、互联网新媒体、电视广播、报纸、杂志、书籍等途径获取。72.6%的从业农户表示,农业经营组织在解决就业、提供农业生产指导、解决农产品销售问题上提供了帮助。

(二)经营主体主营收入较高且发展稳定

甘肃采取一系列措施,坚持内培和外引两手发力,千方百计引进大型龙头企业,加快培育本土骨干企业,支持农业合作社、家庭农场、种养大户等一、二、三产业融合经营主体做大做强。问卷结果显示,188家产业融合经营主体中,94家为农业龙头企业,占比50.0%;57家为农业合作社,占比30.3%;25家为家庭农场,占比13.3%;12家为种养大户及其他经营主体,占比6.4%。78家成立7年以上,占比41.5%;63家成立3~7年,占比33.5%;40家成立1~3年,占比21.3%。87家年经营收入200万元以上,占比46.3%;25家年经营收入100万~200万元,占比13.3%;25家年经营收入50万~100万元,占比13.3%。

(三)新产业、新业态提档升级

近年来,甘肃大力推动农业与旅游、教育、文化、养老、电子商务等领域的深度融合,并在一定程度上支持乡村智慧旅游。问卷结果显示,59.6%的经营主体拥有自主品牌。经营主体的新业态主要涉及休闲农业、观光农业、创意农业、体验农业、生态农业、"互联网+农业"等,其中生态农业占比较高,为35.8%。31.2%的经营主体在产业融合中与农业合作社合作,26.9%的主体与农业龙头企业合作,17.3%的主体与种养大户合作,剩余24.3%的主体与家庭农场、高校及科研院所、协会等有所合作。27.8%的经营主体通过订单订购方式销售农产品，13.8%的主体借用第三方电商平台销售，8.1%的主体通过自建休闲生态农场自销，12.9%的主体通过合作社销售，10.9%的主体通过龙头企业收购，10.4%的主体通过商贩上门收购。

（四）政策扶持措施多样

自 2016 年 8 月省政府办公厅印发《关于推进农村一二三产业融合发展的实施意见》起，全省各部门，各市州、县区不断完善配套政策，因地制宜强化政策落地和机制创新，为推进农村产业融合发展提供了坚强政策支撑。2021 年，省委省政府印发《关于加快县域经济高质量发展的意见》，明确了全省县域经济发展的五大发展类型，即工业主导型、城市服务型、农业优先型、文旅赋能型、生态功能型。农业优先型县域要推动农业产业规模化、标准化、园区化，加快建设现代农业产业园区。2022 年，省委办公厅省政府办公厅印发《甘肃省强县域行动实施方案（2022—2025 年）》，在农业优先提质量方面，重点构建现代农业产业体系，开展农业龙头企业引培提升行动，打造农业优质品牌，实施乡村振兴示范工程 4 项工作任务。这些政策措施的实施落实，必将有力推进全省农村一、二、三产业融合发展，促进农业产业进一步提质增效、农民持续增收。问卷结果显示，80.9%的经营主体负责人表示，当地有促进一、二、三产业融合的相关政策。84.1%的经营主体获得了资金支持、财政补贴、税收优惠和农业保险保障，15.9%的经营主体获得了农机服务、科技信息服务等。87.7%的从业农民获得了财政补贴、税收优惠、农业保险、农机服务、科技信息服务等政策扶持。31.2%的经营主体融资渠道为商业银行和政策性银行。

三　制约农村产业融合发展的不利因素

（一）经营主体的人员规模有待进一步扩大，链条有待向三产深入延伸

问卷结果显示，大多数经营主体的人员规模为 10~50 人，占比 41.5%，

人员规模 10 人以下的占 28.2%，51~100 人的占 20.2%，100 人以上的占 10.1%，人员规模有待进一步扩大。从经营类型看，71.8%的经营主体主营业务为种植、畜禽养殖、农产品加工等，24.4%的经营主体主营业务为农林牧渔服务业、农产品批发和零售业、住宿和餐饮业、旅游业等。85.4%的经营主体收入来源于农产品种植、畜牧养殖及涉农加工业。92.2%的从业农民从事农产品种植、畜牧养殖和农产品加工。产业融合经营主体的主营业务目前主要为农业生产及农产品加工，产业链条有待向三产进一步深入延伸。

（二）农村产业融合存在要素瓶颈约束

问卷结果显示，28.1%的经营主体融资渠道为自有资金，28.1%为其他方式，19.5%为商业银行，11.7%为政策性银行。由此可见，经营主体的融资渠道多为自有资金或其他方式。83.7%的经营主体希望获得技术、资金补贴、销售渠道对接和贷款优惠支持。31.4%的经营主体存在资金紧缺的困难，30.7%的经营主体存在生产或加工技术落后、信息化水平低、人才缺少的困难，26.0%的经营主体存在政策支持力度不大、缺乏营销平台或销售渠道的困难。46.3%的经营主体没有电商销售渠道，39.4%的经营主体电商平台销售额占总销售额比例为 1%~20%。经营主体期望获得更多资金、技术和营销支持。

（三）经营主体带动农民增收能力有待进一步提升

问卷结果显示，农业经营主体雇佣工的月均工资大多在 3001~4000 元，占比 42.6%，2000~3000 元的占 29.8%，4001~5000 元的占 21.3%，5000 元以上的占 3.7%。从业农民每年在农业经营组织中平均获得收入 1 万元以下占 18.3%，1 万~3 万元的占 38.8%，3 万~5 万元的占 32.5%，5 万~7 万元的占 6.5%，7 万元以上的占 3.9%。从业农民家庭收入来源主要为农产品种植和畜牧养殖，占比 60.3%，务工等非农行业占比 23.9%，从事涉农加工业和涉农服务业的收入占比为 15.4%。从事农业生产和外出务工仍是农民收入的主要来源。

四　推进农村产业融合发展的思路和建议

（一）多元化培育农业融合主体

一、二、三产业融合发展需要有政府支持，通过政策扶持、典型示范、机制创新等途径，形成一批具有较大示范作用、较高技术装备水平和较强市场竞争力的经营主体。一是加强农业龙头企业的带动作用。培育和发展龙头企业，鼓励农产品加工、储运流通、电子商务、品牌营销、社会化服务等一体化、链条化发展；加强对科技的投资，提高龙头企业的核心能力；加强现代信息技术的应用，延伸产业链及价值链。二是发展农民专业合作社、家庭农场、种植大户。鼓励合作社、家庭农场、种养大户通过合作、吸收新成员等形式，实现横向整合，增强防御风险的能力。

（二）加强产业融合政策支撑体系

要因地制宜，要有针对性地推进财税、金融、科技、信息等相关政策和措施，明确具体措施，切实改进农业政策执行效果。积极统筹和整合财政涉农资金，重点扶持一批先导区、示范市、示范园区和示范企业。推动农业基础设施的进一步改进。通过对基本农田质量的改造和提高，加快农机化装备建设，突出设施农业，加强农业防灾减灾体系建设，加快公路、电、水、气、网、邮电、通信等基础设施建设，不断完善农业产业融合发展的基础条件。

（三）建立更加紧密的利益联结机制

通过合作制、股份制、股份合作制等多种形式，进一步完善订单农业、土地经营权入股等利益联结机制，使农户得到更多的二、三产业增值收益，形成农民收入持续增收的长效机制。加快建立农户土地经营权、产品、技术、财政量化到户的资金投入等制度。发展专业合作社、股份合作社等多元化、多类型的合作社，推行"保底收益+股份分红"的经营模式。扶持龙头企业和农户联合建立风险保障基金，并鼓励龙头企业为农户和合作社提供贷款和担保。强化企业的合同意识，加强风险防范。

（四）加强对县域经济发展态势的监测和研究

县域强则产业兴，产业兴则农民富。县域经济是国民经济的基本单元，是推动形成新型工农城乡关系的重要纽带，也是全面实施乡村振兴战略承上启下的重要环节。甘肃立足省情和县域实际，为破解"三个不平衡"发展难题，实施了强县域行动。为了综合反映全省县域经济发展态势，2021年省政府办公厅印发《甘肃省县域经济发展综合评价考核办法（试行）》，设置经济发展、创新驱动、城乡融合、绿色生态、风险防控5个方面25项指标，客观考核县域经济发展现状。甘肃省社会科学院和甘肃省统计局合作编写《甘肃县域和农村发展报告》，综合分析全省各县县域竞争力。应进一步加大对县域经济发展态势的监测研究力度，通过分析研究，找准县域发展的合适路径，以县域综合发展，促进农村一、二、三产业融合，带动农业产业转型升级、提质增效。

参考文献

《国务院办公厅关于推进农村一二三产业融合发展的指导意见》，《农村工作通讯》2016年第2期。

本刊综合：《国家"十四五"规划中的"三农"工作》，《致富天地》2021年第4期。

李红霞、汤瑛芳、沈慧、陈文杰：《推进甘肃省农村一二三产业融合发展的思考》，《甘肃农业科技》2020年第1期。

王颖：《产业兴旺助力乡村振兴 建设美丽新农村——抚宁区乡村振兴发展情况调研报告》，《统计与管理》2021年第5期。

本刊编辑部：《发展特色农业 推进乡村振兴——甘肃省现代寒旱农业发展持续向好》，《甘肃农业》2022年第9期。

熊磊、文泽宙、肖俊夫：《分工视角下交易效率对农村产业融合发展的影响》，《重庆大学学报》（社会科学版）2022 年 11 月 9 日（网络首发）。

孙洁：《农业三产融合来了　解读〈关于推进农村一二三产业融合发展的指导意见〉》，《中国农村科技》2016 年第 3 期。

B.9
甘肃农村电子商务发展的现状与趋势分析

徐吉宏*

摘　要： 数字化时代带动了农村电子商务的兴起和快速发展，现今已成为农业农村经济发展的重要增长极。本报告对甘肃农村电子商务发展现状、问题进行分析，进而探析其发展趋势，并提出进一步提升农村数字化基础设施建设，着力做强农业"芯片"、做大优势产业集群，健全完善农产品电子商务标准体系建设，多措并举强化人才培养，全力加强宣传力度的对策建议。

关键词： 数字化　农村电子商务　甘肃省

21 世纪是互联网快速发展时代，电子商务是顺应时代潮流的新兴产业。自 2010 年中央一号文件明确提出大力发展电子商务等现代流通方式，到 2022 年中央一号文件提出推进电子商务进乡村，政策的提出充分彰显了党中央、国务院对发展农村电子商务高度重视。习近平总书记指出，"电商不仅可以帮助群众脱贫，而且能助推乡村振兴，大有可为。"① 现今农村电子商务已成为缩小城乡差距的"加速器"，农村经济发展的"助推器"，乡村振兴的"引擎器"。近年来，甘肃依托精准扶贫、脱贫攻坚、乡村振兴以及国家级电子商务进农村综合示范项目实施的契机，大力推进农村电子商务发

---

* 徐吉宏，甘肃省社会科学院副研究员，主要研究方向为农村发展及地理信息技术。
① 人民日报记者、新华社记者：《"陕西要有勇立潮头、争当时代弄潮儿的志向和气魄"——习近平总书记陕西考察纪实》，《法治学社会》2020 年第 5 期。

展，取得了显著成效，但仍需在诸多方面进一步改进和完善。基于此，本报告对甘肃农村电子商务发展的现状、问题进行分析，进而探析其发展趋势，最后提出发展对策建议。

一 甘肃农村电子商务发展的现状

（一）农村电子商务发展基础设施进一步提升

近年来，甘肃在国家大力支持下，不断优化和提升农村电子商务发展基础设施。一是邮政业务量和快递业务量快速上升。2021 年，甘肃邮政业务量为 49.8 亿元，同比增长 21.2%，较 2018 年增长 59.4%；快递业务量为 1.8 亿件，同比增长 33.5%，较 2018 年增长 101.98%（见图 1）。二是移动电话业务量、互联网业务量稳步增长。2021 年，移动电话普及率为 109.7 部/百人，同比增长 8.6%，较 2018 年增长 5.3%。移动宽带接入用户普及率 98.2 部/百人，同比增长 16.9%，较 2018 年增长 13.0%；2021 年移动互联网用户接入流量为 61.9 亿 GB，同比增长 94.0%，较 2018 年增长 371.4%；固定宽带接入用户普及率为 41.0 部/百人，同比增长 16.5%，较 2018 年增长 44.9%（见图 2）。三是交通设施不断完善。截至 2022 年，100%的市（州）通高速，82.96%的县（市、区）通高速，99.9%的乡村通公路、通汽车。

（二）农村电子商务服务体系不断完善

近年来，甘肃抢抓政策机遇，依托精准扶贫、脱贫攻坚、乡村振兴战略以及国家级电子商务进农村综合示范项目实施的契机，结合实际，扎实推进农村电子商务快速发展。截至 2021 年底，累计实施 80 个国家级电子商务进农村综合示范项目，涉及 68 个县（市、区），实现国家级贫困县全部覆盖。同时，在此基础上，甘肃着力建设农村电子商务服务体系，自 2015 年以来，累计下拨 2.73 亿元电子商务专项资金，建成了县级电子商务公共服务中心 75 个，贫困村所在县乡村三级电子商务体系全部实现，村级电子商务服务

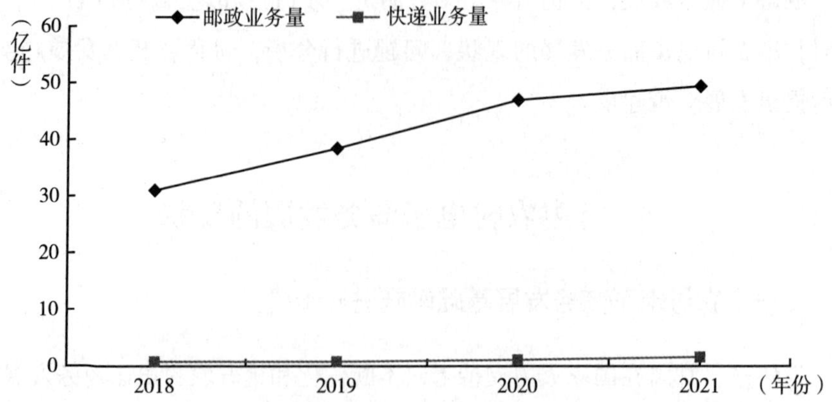

图1 2018~2021年甘肃邮政业务量和快递业务量

资料来源：2018~2021年《甘肃省国民经济和社会发展统计公报》。

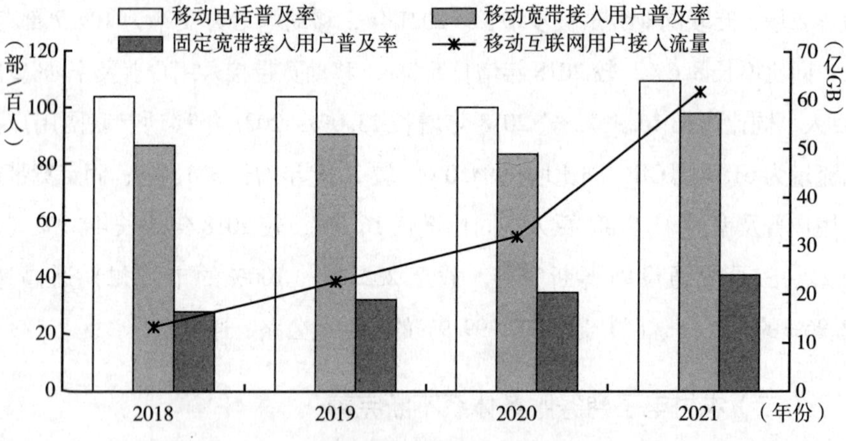

图2 2018~2021年甘肃移动电话、互联网业务量

资料来源：2018~2021年《甘肃省国民经济和社会发展统计公报》。

站点覆盖率达73.6%。全省电子商务购销比由2015年的12∶1提升至2022年的6∶1，实现了增收节支同步提升。①

---

① 资料来源于甘肃省统计局、甘肃省商务厅。

（三）网络经营主体队伍不断壮大

近年来，甘肃各类网上经营主体稳步扩大。据甘肃易览大数据科技有限公司（以下简称甘肃易览大数据）监测，2021 年，累计注册地在甘肃的各类网上经营主体约 21.98 万家，同比增长 0.37%，较 2018 年增长 223.24%。截至 2022 年上半年，注册地在甘肃的各类网上经营主体约 22.03 万家，其中，实物类销售网店约 9.40 万个，占比约为 43%；服务类销售网店约 12.63 万个，占比约为 57%。

从经营产品行业来看，以党参、当归、甘草、枸杞等为代表的中草药，西瓜子、南瓜子、葵花籽为主的坚果炒货，以及花牛苹果、民勤蜜瓜、人参果、甜百合等新鲜果蔬，具有较强竞争力，带动食品保健行业在实物类网络零售额中排名首位，网店比重为 44.5%；以临夏皮毛制品、"JK.TEE"、"列卡侬"等为代表服饰鞋包行业网络零售额增长较快，网店比重达 15.7%；以本地小家电等日用品，以及保湿补水面膜等为代表的美容护理用品网络零售额稳定增长（见图 3）。

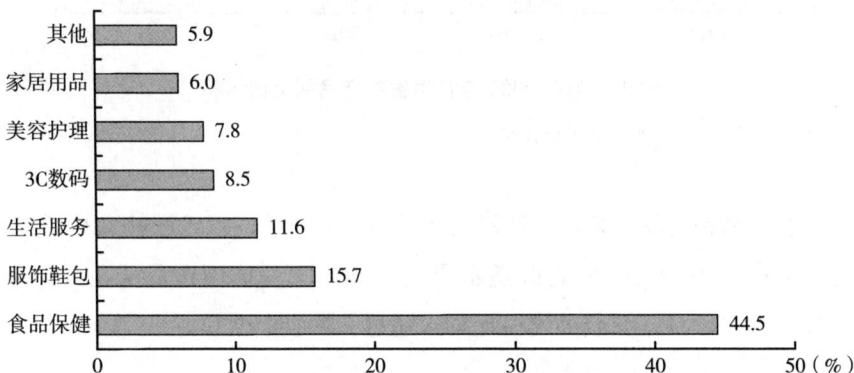

图 3　2022 年上半年甘肃省网店经营种类占比

资料来源：甘肃易览大数据测算整理。

（四）农产品网上销售规模持续扩大

近年来，甘肃农产品网上销售规模持续提升，有效带动了农民增收。

据甘肃易览大数据监测，2021 年，甘肃农产品网上销售额为 226 亿元，同比增长 16.5%，较 2018 年增长 93.2%；直接带动农民人均增收约 418 元，较 2018 年增长 39.3%（见图 4）。2022 年上半年，甘肃农产品网上销售额为 104.29 亿元，同比增长 12.14%，带动农户人均增收约 267 元；其中，农产品网上批发占比 66.4%，农产品网上零售占比 33.6%。在一定程度上，农村电子商务有效解决了农产品产销信息不对称问题，创新销售渠道，助力了乡村振兴。

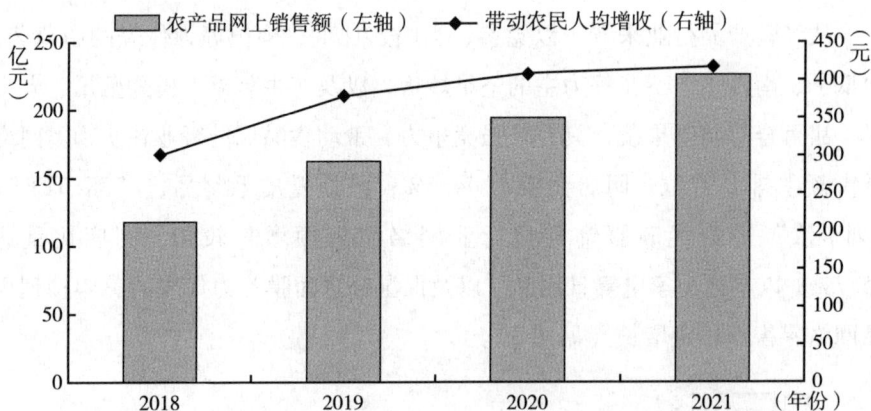

图 4　2018~2021 年甘肃省农产品网上销售额

资料来源：甘肃易览大数据测算整理。

从农产品销售品种来看，2021 年至 2022 年 6 月，销售滋补食品类产品的占比最高，为 28.9%，其次是水果类为 20.2%，休闲食品类为 19.6%，肉禽蛋类为 13.4%。其余品类占比均未超过 5%（见图 5）。

（五）直播电商新业态发展初显规模

近年来，直播电商行业"人、货、场"不断优化，直播电商新业态呈多元化发展，尤其在新冠肺炎疫情影响下，成为许多企业"线下+线上"融合发展的新模式，网红带货、店主直播、导购直播等多元化直播电商不断涌现，已成为促进甘肃经济发展的重要助力。据甘肃易览大数据监测，2021

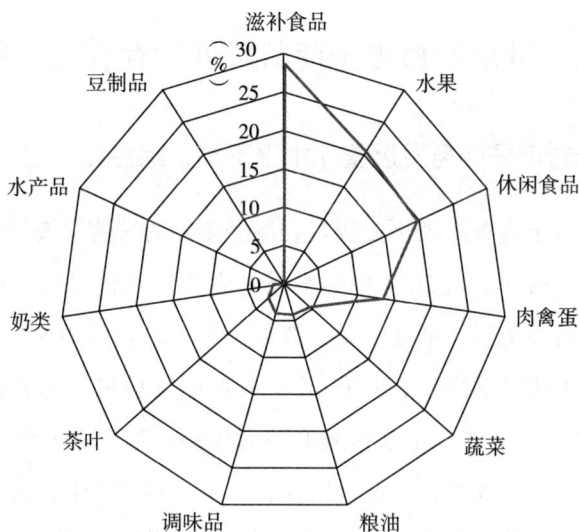

图 5　2021 年至 2022 年 6 月甘肃省农产品销售品种占比

资料来源：甘肃易览大数据测算整理。

年，甘肃直播网络零售额为 54.7 亿元，占全省网络零售额的 12%，直播场
次达 18300 场，累计观看人次 11200 万人次。2022 年上半年，参与直播的
商品实现网络零售额 28.64 亿元，占全省网络零售额的 14%，直播场次达
10524 场，累计观看 7230 万人次。

（六）电子商务人才培训力度持续加大

近年来，甘肃着力实施"精准滴灌"式培训方式，开展了系列培训活
动，如"电商扶贫培训全覆盖"工程，电商专家下乡活动，选派骨干连续
参加商务部中国国际电子商务中心"电商精准扶贫讲师专题培训班"，举办
全省电商扶贫产品"三品一标"品牌认证培训班、全省分产业电商精准培
训等。同时，在新冠肺炎疫情防控期间，大力实施线上培训，举办全省直播
电商骨干人才培训，培训面广、内容多样，总共培训 2 万人次，全力提升了
甘肃省电子商务人才综合技能素质。

二　甘肃农村电子商务发展中存在的问题

（一）农村电子商务发展整体水平不高，综合竞争力不强

甘肃农村电子商务发展历史较短，虽经多年的快速发展，但整体水平不高，综合竞争力较弱。从 2021 中国县域电商竞争力百强榜来看，处于前十位的全部处于沿海地区，浙江 4 个，江苏 2 个，山东、福建各 1 个，华南 2 个；从各省份上榜县域来看，共有 19 个省份的县域榜上有名：浙江 17 个，广东、江苏各 13 个，这 3 个省份具有绝对优势，处于县域电商竞争力第一梯队；河北、山东各 8 个，江西、山西各 6 个，福建 5 个，这 5 个省份处于县域电商竞争力的第二梯队；四川 4 个，安徽、湖北、湖南各 3 个，吉林、内蒙古、新疆、云南各 2 个，海南、黑龙江、宁夏各 1 个，这 11 个省份，处于县域电商竞争力的第三梯队。[①] 甘肃无一上榜，县域电商竞争力处于劣势。

（二）数字化农业农村基础设施建设水平较低

近年来，甘肃积极抢占数字经济高地，着力推动互联网、大数据、人工智能和实体经济深度融合，取得了一定成效，但与其他省份相比，数字化发展仍处于起步阶段。截至 2020 年底，数字经济龙头企业 2350 家，但其电子商务交易主要聚集在全国知名大平台，占 95% 以上，而在本地平台比重却不足 5%，这从侧面反映了甘肃数字化农业农村基础设施建设水平不高。一是落后的经济条件，致使在数字化农业农村基础设施建设上投入不足。二是建设数字农业农村基础设施投入成本太高，共享机制尚未建成，加上农村信息技术人才和资源匮乏，限制了中小电子商务企业及农户层面的数字化发

---

① 郭煦：《"2021 中国县域电商竞争力百强榜"发布　沿海县域电商为什么这么强》，《小康》2021 年第 4 期。

展。三是农村居民的文化水平不高，信息化接受程度有限，以及基层组织对数字化建设重视不够，信息化硬件、软件比较薄弱。四是人工智能、大数据、云计算等新技术尚未普及应用，仍处于从传统农业向数字化转型的起步阶段，在一定程度上限制了农村电子商务的发展。

（三）标准化、品牌化程度不高，同质化现象凸显

农产品标准化和品牌化是农村电子商务高质量发展的关键所在。甘肃农产品的品种类别众多，农业生产分散，规模较小，农产品标准化、品牌化程度不高，同质化现象凸显。从调研中了解到，一是受传统种植习惯的影响，部分农户标准化生产意识差，在农产品种植过程中随意性强，致使农产品质量参差不齐。二是农产品标准的制定与实施过程衔接不紧密，在一定程度上使政府相关部门无法进行全程无缝隙监管。三是随着生活水平和生活质量的不断提高，消费者对电子商务产品的要求有所提升，但由于受到技术、内容、策略等因素制约，许多电子商务企业对成功电子商务案例直接复制、模仿，导致电子商务产品同质化严重。四是农产品属于生鲜产品，但当前商品流通规模和效率无法支撑农村市场需求。此外，随着电子商务平台的遍地开花，部分企业和农户对于品牌价值的重要性认识不足，还停留在卖货阶段，对农产品区分度较弱，品牌的知名度未能发挥应有的价值。

（四）农村电子商务人才保障力度不够

长期以来，甘肃农村人才匮乏，人口流失严重。一是大多数高校毕业生第一选择在城市工作，回村创业很少，农村留不住人才，引不进人才现象明显，侧面反映了政府在留人和引进人才的政策效应不够。二是农村人口受教育水平较低，据统计，甘肃乡村的人口占全省人口的47.77%，其中，15岁及以上未上过学的人口占14.36%，小学学历人口占38.46%，初中学历人口占31.60%，高中学历人口占8.96%，其他教育程度的人口比重均在5%以下（见图6）。调研发现，大部分乡村人口接受电子商务仅限于简单的售卖，数据分析、市场调研以及营销策略等是他们的"盲区"，尤其对规模化、专业化等标

准化流程知之甚少。加之甘肃属欠发达地区，尤其在农村，由于地域环境、发展条件等因素限制，人才下沉意识较低，"引不进、留不住"现象普遍。三是现阶段省内从事农村电子商务人员的知识结构、工作经验及整体素质等方面很难达到电子商务发展需求，培养、引进精尖人才困难，无法满足新时代、新形势下农村电子商务发展需求，严重制约了甘肃农村电子商务发展。

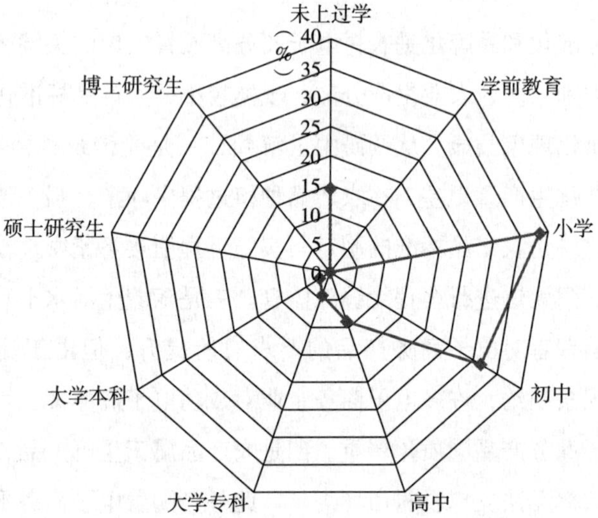

图6　甘肃省乡村15岁及以上人口受教育程度

资料来源：甘肃省统计局、国家统计局。

三　甘肃农村电子商务发展趋势分析

（一）直播电商成为经济新增长极

直播电商是在数字化时代背景下直播与电商融合的产物，作为一种赋能地区发展的新技术形式与商业模式，改变着传统购物模式、产业链与供应链结构，逐渐成为经济发展的新引擎。① 直播电商实现了用户、场景、屏幕

---

① 张英浩、汪明峰、汪凡、刘婷婷：《中国直播电商发展的空间差异与影响机理研究》，《地理科学》2022年第9期。

间的联动，具有很强的娱乐性、互动性、关注感和真切感。尤其是智能手机的广泛普及，满足了消费者的精细化需求。2021 年 12 月 27 日，甘肃举办了为期 48 天的"臻品甘肃杯"第二届全省电商直播大赛暨网上年货节活动，将直播大赛与网上年货节相结合，活动期间，网络零售额达 36.2 亿元，较上年同期增长 7.7%，其中，通过直播渠道实现网络零售 4.8 亿元，占比达 13.3%，较上年提高 1.3 个百分点。同时，受北京冬奥会带动，各类冰雪运动门票销售呈爆发式增长，实现网上销售 3894 万元，较去年同期增长 35%。① 2022 年 4 月 28 日，中国（天水）跨境电子商务综合试验区首场跨境直播售货活动，在天水经济技术开发区众创大厦天水跨境电商综试区展示中心举行，通过阿里巴巴国际站直播平台直播，介绍了天水雕漆、麻鞋等非遗文创产品，据统计，现场销售额达 19600 多美元。② 在未来很长一段时间内，直播电商将成为农村电子商务发展的新趋势，也将激发更多消费者的购买兴趣。

（二）深度融合成为未来发展大趋势

农村电子商务颠覆了传统农业购买与销售的方式，使线下市场逐步发展为线上购物、网络交易。随着农村电子商务快速发展，"线上+线下""数字+实体"深度融合发展将是未来发展大趋势。一是电子商务企业通过线上渠道为消费者全面展示商品，线下实体店（体验店）为消费者增强体验感，进一步增强消费者对于商品的认可度。二是大中小企业融合发展成为新的趋势。大型企业在技术、资金、研发等方面具有很强的优势，而中小型企业具有本地化的实体优势，二者深度融合发展，形成优势互补，可最大限度实现利益最大化，同时也有利于带动中小企业实现高质量发展。三是农村电子商务成为连接消费者与乡村资源的桥梁，实现多点互补，推动乡村打造特色品牌优势，助力乡村振兴。此外，"线上+线下""数字+实体"深度融合发展，产品的质量与服务品质也将进一步提升。

---

① http：//swt. gansu. gov. cn/swt/c110971/202204/2003341. shtml.

② http：//swt. gansu. gov. cn/swt/c108416/202204/2030580. shtml.

（三）呈现以"县域"为单元的集群化发展趋势

《甘肃省国民经济和社会发展第十四个五年规划和二〇三五年远景目标纲要》提出，"加强生产性服务业向专业化和价值链高端延伸，推动现代服务业同先进制造业、现代农业深度融合。"① 这就给农村电子商务赋能，改变了过去"单打独斗"的发展模式，以"县域"为单元的集群化发展模式成为了新的发展方向。一是与地方农业产业协同发展，发挥电子商务优势，撬动农业产业结构升级，推进产业标准化、规模化发展，打响地方优势品牌，提高市场竞争力，促进区域经济高质量发展。同时，促使农民从只生产农产品原材料的身份，转变为农产品生产、加工、销售等多种角色，增强致富技能，实现稳定增收。二是与物流产业协同发展，进一步提高农产品流通速度和效率，降低企业成本，也为未来农村智能化等应用场景提供舞台。此外，与信息服务资源协同发展，互联互通、信息资源共享成为新趋势，这将进一步延伸农村电子商务服务产业链。

四　推动甘肃农村电子商务高质量发展的对策建议

（一）进一步提升农村数字化基础设施建设

一是进一步加强交通设施建设，推进县域高速公路全覆盖，着力提升乡村公路改造升级，全力解决乡村物流配送"最后一公里"问题。二是加大网络基础设施改造升级力度，不断提升覆盖率，提高传输速率。三是加大农产品仓储保鲜冷链设施建设，以"乡镇"为单位建立产销冷链集配中心，实现资源"可共享"。四是完善农村物流服务体系，协同快递、仓储保鲜冷链、电子商务等平台，发挥优势资源要素，探索实施统一调度管理，推进集约共享发展模式。五是完善物流配送机制，在政府加大资金投入力度的同

---

① 甘肃省人民政府：《甘肃省国民经济和社会发展第十四个五年规划和二〇三五年远景目标纲要》，2021年2月22日。

时，与大型物流企业、本地物流企业协同合作，构建大型中转站，补齐电子商务和物流发展的短板。六是优化农村资源配置，建设绿色供应链，推广绿色物流，从源头解决生鲜农产品电子商务的物流瓶颈，促使农村电子商务的快速发展。

（二）着力做强农业"芯片"、做大优势产业集群

紧抓乡村振兴机遇，结合甘肃农情实际，进一步完善和提升甘肃现代农业产业体系，提升农业竞争力。一是依据各区域资源环境、功能定位、农业发展水平和比较优势，着力打造沿黄高效农业产业带、河西灌溉农业区、陇东雨养农业区、中部旱作农业区、天水及陇南山地特色农业区、甘南及祁连山高寒草地农牧交错区等现代丝路寒旱农业"一带五区"，大力推进优势产业向优势产区聚集发展。二是大力推进"牛羊菜果薯药"及以现代制种产业为重点的基地建设和提质，重点扶持食用菌、百合、藜麦等地方性特色产品。三是强化农业龙头企业培育，引导龙头企业入"园"进"区"，推动各类资源要素跨界融合，形成农业全产业链集群体系。四是鼓励农业龙头企业升级改造，融合中小企业发展特色农产品加工、精深加工，不断提高农产品品质和影响力。五是积极拓展农业新业态，推动农村电子商务资源整合与集群发展，推进特色农产品、休闲农业等产业协同发展，着力发展数字农业、共享农业、创意农业等，提高农业附加值，助推乡村振兴，促进农民增收。

（三）健全农产品电子商务标准体系

一是健全农产品电子商务标准体系，进一步完善农产品产供销全过程标准，形成权威的认证。二是健全农村电子商务平台监管体系，提高质量安全追溯水平，确保农产品质量安全。三是着力强化"甘味"品牌化战略，构建农村电子商务企业的差异化发展机制，依靠各地区资源差异优势，逐渐摆脱产品同质化竞争，提高品牌综合竞争力。四是鼓励和引导电子商务企业与农业产业化融合发展，推动生产、加工、物流、营销等一体化发展，合力打造农产品品牌。五是叠加宣传效应，纵深推进农村电子商务信用体系建设，

不断规范生产者和电子商务主体行为，全方位保障农产品质量安全和消费者权益，促进农村电子商务健康持续发展。

（四）多措并举强化人才培养

一是政府在做好调研的基础上，完善农村电子商务人才数据库和人才培训机制，为农村电子商务发展奠定人才基础。二是结合甘肃农情村情，通过第三方电子商务平台、县域公共服务网站等形式，建立农村电子商务实训式培育机制，全面提高从业人员业务水平和实际操作技能。三是进一步加强与省内院校合作，培养专业人才，不定期对电子商务主体进行系统培训，重点培养一批本土化的职业经理和专业人才。四是采取内外结合的方式，进一步加强农村电子商务人才"引进来"和"走出去"的培养力度。加大激励措施，吸引人才助力甘肃农村电子商务建设和发展，同时，推动农村电子商务相关人员"走出去"，到沿海等优势地区"取经"，为农村电子商务发展奠定人才支撑。

（五）全力加强宣传力度

一是加强对农村电子商务的宣传和教育，培养农户的电子商务意识和网购习惯。二是加强农村对电子支付的日常宣传工作的力度，提升农户对电子支付的认知程度。三是政府要做好农村电子商务的基础教育培训工作，教会农民如何使用电子商务平台，增强电子商务意识和能力，逐步扭转农户过去的消费偏好。四是加强对身边典型案例的宣传，调动农民的积极性，使农户能够参与到农村电子商务平台的产业链中。五是营造电商直播和"社交电子商务"的发展氛围，各地区要根据农产品的特点，结合本地风土人情、文化等精心设计，以视频化、图片化等方式借助自媒体宣传，吸引更多消费者，扩大农产品的影响力和知名度。此外，还应构建多元化金融服务机制，为农村电子商务高质量发展破解"融资难"困境。

B.10
甘肃特色农产品全产业链增值机理研究

李 晶 陈瑞瑞*

摘 要: 近年来,乡村振兴战略的提出对甘肃特色农业产业发展起着巨大的推动作用。"甘味"特色农产品畅销八方,补缺了东南沿海"伏缺"季节蔬菜的缺口,弥补了南方没有广袤草原生产牛羊肉的不足,丰富了全国市场的"菜篮子""果盘子""肉案子",因此,如何进一步完善特色农产品产业链,推动甘肃省特色产业链转型升级、增加地区农民收入是甘肃省特色产业发展进一步要解决的问题。本报告立足甘肃省特色农产品产业链发展现状,将特色农产品全产业链增值分为产品增值、品牌增值、服务增值、创新增值、衔接增值、规模增值六个模块,并利用系统类变量分析法构建甘肃省特色农产品全产业链增值机理模型,得出政府政策支持、市场竞争压力,以及产业链自身发展存在的问题是推动特色农产品产业链增值的动力;而市场需求、比较利益增加、特色产业兴旺等是拉动产业链增值的目标变量。最后,报告从充分发挥政府的主导作用、运用互联网大数据、加强特色农产品品牌建设、完善产业链利益联结机制等方面为甘肃特色农产品全产业链增值提出了对策建议。

关键词: 特色农产品 产业链 甘肃

---

* 李晶,博士,甘肃省社会科学院农村发展研究所副研究员,主要研究方向为农业生态;陈瑞瑞,甘肃农业大学财经学院硕士研究生。

引　言

自党的十九大提出乡村振兴战略以来,党中央、国务院对如何实现乡村振兴做出了全面部署,提出始终要把农业农村发展放在首位,坚持绿色兴农、质量兴农,推动我国农业从增产转向提质。特色农产品作为富农的"金钥匙",是以特定地区独特的资源优势为基础,形成的具有一定规模优势、区域优势、竞争力优势的农产品。各地发展要利用好当地的资源禀赋,有序开发形成资源优势,建立特色农产品优势区,将资源优势转化为经济优势,把特色产业打造成富民强县的主导产业,为实现乡村振兴注入强大的动能。甘肃省位于我国西部地区,地形狭长,其独特的地理位置和多样的气候类型造就了多种特色鲜明的农产品。近年来,甘肃省构建了以"牛羊果蔬薯药"六大优势特色产业为主导、地方特色农产品为补充的特色产业发展新格局,提出到2025年加快推进特色产业全产业链建设,实现特色产业提档升级。现阶段甘肃省正处于特色农业大省向特色农业强省的战略机遇期,如何建设特色农产品全产业链及实现全产业链增值是目前亟须解决的难题,同时也是甘肃特色产业发展的瓶颈。基于此,本报告根据甘肃特色农产品全产业链发展现状及存在问题,找出甘肃特色农产品全产业链增值机会,构建全(产业链增值)机理模型,对调整甘肃省产业结构、实现甘肃特色产业兴旺、促进地区农业高质量发展有重要意义。

一　甘肃特色农产品发展分布

根据国家发展改革委、农业农村部印发的《农业生产力布局与结构调整规划(2021—2030年)》和甘肃省委农办、省农业农村厅和省林草局制定的《甘肃省现代丝路寒旱农业优势特色产业三年倍增行动计划总体方案》,甘肃省根据各地的自然资源条件和所处功能区,形成了以"牛羊菜果薯药"和现代种业为主导、区域特色农产品为补充的"一带五区"产业布局，并提出完善现代乡村产业体系、建设一批产业大县、加工强县和产业强镇，打造优势特色产业集群，加快形成"一乡一品""一县一业""连乡成片""跨县成带""集群成链"的现代乡村产业发展新格局，实现特色优势产业规模扩大、品质提升、产值翻番、效益倍增，推动甘肃省由特色农业大省向特色农业强省转变。甘肃省"一带五区"特色农业发展布局如表 1 所示。

表 1　甘肃省"一带五区"特色农业发展布局

一带五区		分布地区	特色产业
一带	沿黄高效农业产业带	临夏州、兰州市、白银市和兰州新区	蔬菜、饲草料和现代畜牧业
五区	河西灌溉农业区	酒泉市、张掖市、金昌市、武威市	现代制种、戈壁蔬菜农业、现代畜牧业
	陇东雨养农业区	平凉市、庆阳市	优质苹果、草食畜牧业、蔬菜、马铃薯、中药材
	中部旱作农业区	白银市会宁县、定西市、临夏州(沿黄灌区除外)及天水市北部部分县	优质马铃薯、道地中药材、饲用玉米、优质苜蓿、全膜双垄沟播玉米、区域特色小杂粮
	天水及陇南山地特色农业区	陇南市所辖县区、天水市南部县区	林果(苹果、花椒、核桃、油橄榄、桃、大樱桃等)、蔬菜(包括食用菌)、生态畜牧业、茶叶、油橄榄、蜂产品及蚕丝
	甘南及祁连山高寒草地农牧交错区	甘南州及祁连山区	高原特色畜牧业(牦牛、藏羊)和藏中药材、特色乳制品、优质牛羊肉

二　甘肃特色农产品全产业链发展现状及存在的问题

(一)甘肃特色农产品全产业链发展现状

甘肃省位于我国西北部，东西跨度 1600 多公里，从南到北包括亚热带季风气候、温带季风气候、温带大陆性气候、高原高寒气候。独特的地理位置和丰富的气候类型孕育了独具特色的乡村产业。近年来，甘肃省坚持到户产业培育和产业体系构建两手并抓，全省特色产业发展呈现良好的势头，初步形成了产加销一体化发展格局，并在全国农产品供给中占有重要地位。截至 2022 年，甘肃省药材和高原夏菜产量居全国第一，苹果和马铃薯产量居全国第二，洋葱、番茄和橄榄油等果蔬品质优良，牛羊养殖产业优势突出。在产业链前端，甘肃省坚持绿色生产基地建设，开展绿色化、标准化、规模化种养基地抓点示范。全省已建成绿色标准化种植基地 925 万亩，抓点示范种养基地 786 个，其中省级抓点示范基地 94 个，共计 48.4 万亩，并有环县等存栏百万只的肉羊大县 5 个、甘州等存栏 20 万头的肉牛大县 4 个。同时，甘肃省指导特色产业大县全域建设绿色标准化产业带，提高种养规模化程度和产业集中度，加快创建新一批产业大县，夯实了产业链基础。在产业链中端，引进大型龙头企业，加快培育骨干企业，有序跟进配套企业，筹措资金进行分级奖补，全省龙头企业总数达 3315 家，总产值 1500 亿元。通过农机购置累加补贴、托管代种代养强化合作社、家庭农场等新型经营主体服务功能，把散种散养的小农户逐步纳入龙头企业带动、专业合作社组织、家庭农场示范的发展模式中来。成功创建安定、肃州等 7 个国家级现代农业产业园和 14 个省级现代农业产业园，建设平凉红牛、戈壁设施农业等 4 个国家级产业集群，打造产业强镇 35 个，建成冷链库容 667 万吨。在产业链后端，甘肃以市场营销、产业融合发展等为重点，新建了金川江楠蔬菜、平凉崆峒红牛、东乡达坂肉羊、古浪森茂肉羊交易市场等一批专业批发市场，扶持 1147 个新型经营主体，建设冷链设施 1120 座，新增贮藏能力 70 万吨。建立特色农产品产地环境监测评价体系、营养品质监测评价体系、质量安全追溯监管体系和生产技术标准化体系，全省有效期内"三品一标"产品达到 2930 个。目前，甘肃省已经形成省级"甘味"公用品牌、60 个市县区域公用品牌和 300 个企业商标品牌，进一步增强了产业链产品及企业市场竞争力。2021 年，"甘味"品牌在中国区域农业品牌影响力指数百强榜排名第一。

（二）甘肃特色农产品全产业链发展存在的问题

1. 上游存在的问题

一是良种培育滞后，特色农产品品质不佳。种子位于产业链的起点，是最基础也是最重要的生产资料。甘肃省长期以来育种工作以产出量作为主要衡量指标，2021 年，玉米、马铃薯、瓜菜花卉制种面积和制种产量分别较上年增长 8.9%、2.2%、9% 和 6.4%、24%、2.5%。但对新品种的创新投入不够，育种创新能力有待加强，导致各地区特色农产品缺乏区域自有品种，品种质量下降，从产业链根源影响了特色农产品品质。二是小规模生产与大市场需求之间的矛盾日益突出。历史形成的以家庭为主的生产单位导致种养化规模和产业集中度不高。种植分散不具规模优势。加之农户老龄化严重，受教育程度较低的影响，接受新技术和新知识的能力有限，在选种、种植、防灾防害等管理过程中专业化水平低，整个生产过程标准化水平低。小规模经营和粗放式管理不能满足日益完善的需求市场。

2. 中游存在的问题

一是地区龙头企业量少，带动能力弱。甘肃位于西北地区，经济发展水平落后，农民企业家和合作社是带动当地特色产业发展主要的经济组织，但是由于受到资金、技术、人才等要素的制约，导致他们对地区农户生产基地和地区产业发展的带动能力弱。二是精深加工能力不足。受自身实力影响，企业开发新产品的能力有限，加工产品类型简单，只是对初级农产品进行简单的加工，例如马铃薯简单加工成粉条、百合简单清洗处理装袋、苹果简单加工成苹果汁、中药材简单加工成中药含片，特色产品受当地企业能力约束未能开发成高精尖产品，增加特色农产品附加值。三是冷藏能力不强。肉类、果蔬类等特色产品在进行简单加工之后都要进行冷藏处理，在一定程度上维持产品的价值，部分通过储藏进行反季节销售实现增值。甘肃省地区冷藏库容积小，建设年限较长，耗能高，不能满足特色农产品的储藏需要，储藏能力不足。

3. 下游存在的问题

一是品牌影响力不够，市场占有率低。特色农产品发展要突出特色，要在市场处于明显的优势地位，树立品牌是特色农产品全产业链实现增值的首要任务。品牌作为无形资产，可以增强消费的信任感和依赖感，提高农产品复购率。甘肃省特色农产品既缺乏有影响力的企业品牌，同时也缺乏区域品牌。"甘味"品牌虽然有一定的影响力，但由于各地区农产品种植生产与质量管理标准较低，产品质量不能严格把关，大部分特色农产品还未纳入"甘味"品牌体系，特色农产品整体品牌建设滞后。二是营销体系不健全，营销效率低下。随着人们生活方式和生活习惯的改变，人们对特色农产品提出了新要求，越来越注重商品的品质，以及产品的绿色化生产过程，并开始注重体验营销、物流配送等，甘肃各特色农产品生产地区由于受到人才、技术、资金等要素的影响，大多以加工企业直销或经销商分销为主，营销道路单一。特色产业经营者文化水平低，难以接受互联网营销、电子商务等现代信息化、数字化营销手段，无法健全特色农产品营销体系。

4. 环节衔接存在的问题

从全产业链的角度来看，甘肃特色农产品全产业链各参与主体之间衔接松散，脱节严重，没有形成纵向一体化格局。特色农产品全产业链各参与主体都以追求自身利益最大化为目标，出现违约收益高于违约成本时，农户为了自身利益选择违约，导致生产环节与加工环节衔接不足；在国家收储价格的保护下，农户更多注重产品的产量而不是质量，导致产品品质参差不齐，难以满足下游消费者对特色农产品日益增长的价值需求，上游生产环节和下游消费环节衔接较弱。产业链各参与主体各自为政，没有形成合力，各环节信息交流不畅，上游生产者对下游消费者需求的反馈具有滞后性，加大了产业链增值及管理难度，各环节有效衔接受到限制。

三　全产业链增值机会分析

通过分析甘肃特色农产品全产业链面临的问题，本报告试图从存在问题中寻找产业链增值机会。依据模块化理论，将甘肃省特色农产品全产业链增值分为产品增值、品牌增值、服务增值、创新增值、衔接增值、规模增值六个模块，构建"三纵三横"全产业链增值网络框架[①]，如图1所示。其中产品增值是基础，加工企业依据市场需求变化丰富加工品种实现产品增值；品牌增值是关键，特色农产品品牌建设是关键，品牌建设可以提高甘肃特色农产品的知名度和消费者的依赖度，稳定市场份额，通过提高无形价值实现增值；服务增值是保障，通过服务保障各种生产要素的供给，实现产业链增值；创新增值是核心，产业链增值离不开组织管理和生产要素服务创新；规模增值是前提，甘肃特色农产品产品增值、品牌增值、服务增值、创新增值、衔接增值都是以产业规模效应为前提的；衔接增值是纽带，通过环节衔接提高整个产业链资源配置合、信息传递效率，实现产业组织优化和产业链升级。

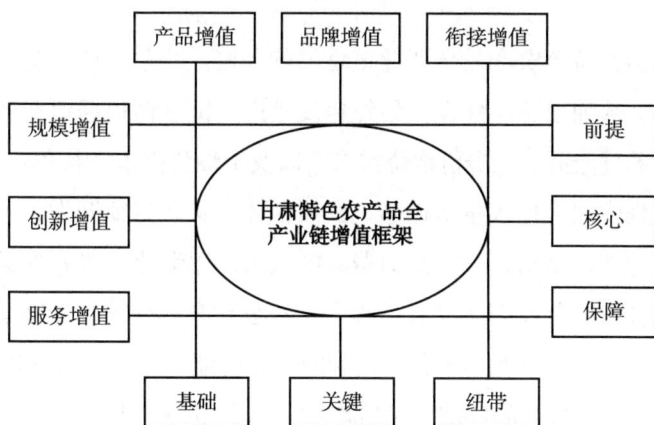

图1　甘肃特色农产品全产业链增值网络框架

（一）产品增值

产品增值是特色农产品全产业链增值的基础。在种植环节对种子、劳动

---

① 寇光涛：《东北稻米全产业链增值的创新路径及机制研究》，中国农业大学博士学位论文，2017。

力、物力、财力等生产资料的投入是产品增值的初级阶段，生产资料的投入与种/养殖的环境、模式、工艺的匹配程度，以及投入品之间的匹配程度影响其转化为产品的效果以及投入成本的节约；在产品增值的初级阶段，生产者通过改变生产经营方式，扩大种植规模，实现规模化种植和标准化管理，提高特色农产品的品质和产量，降低生产成本，实现产品自身价值增值；加工企业根据市场多元化需求，通过技术创新开发新产品，不断丰富特色农产品主产品和副产品的加工类型，增加特色农产品附加价值；特色农产品的生产和消费存在季节性的分离，仓储可以打破特色农产品季节性供应的特征，促进农产品供需实现在时间方面的全面对接，达到反季高价格的效果，增加特色农产品的附加价值，实现特色农产品价值增值。

（二）品牌增值

品牌增值是特色农产品全产业链增值的关键。特色农产品要开拓市场获得竞争优势必须加强品牌建设。品牌建设是产业链主体根据消费者的效用需求、安全营养健康需求、身份地位需求，以及个性化需求在特色农产品种/养殖、加工过程中加大投入技术创新、品质保障、文化特征开发、形象与广告开发等方面的特殊劳动，并得到消费者的认可，逐渐让消费者形成信赖感和满足感。在甘肃特色农产品发展过程中，各级政府高度重视品牌建设。近几年对"甘味"省级农产品区域公用品牌的精心培育，"甘味"品牌已成为具有全国影响力的省级农产品区域公用品牌，"甘味"品牌位居"2021 中国品牌区域农业形象品牌影响力指数"100 强榜首，"花牛苹果""岷县当归""兰州百合""静宁苹果"同时入选百强榜。2022 年 5 月，"甘味"品牌入选消费者喜爱的中国品牌 TOP100 榜[1]。消费者对品牌的认可是拓宽及稳定消费市场的关键举措。甘肃在特色农产品品牌建设过程中，提高了特色农产品生产过程中投入的特殊劳动与消费者市场需求匹配程度，使甘肃省特色农产品实现了品牌增值。

---

[1] 王朝霞：《奋力书写现代寒旱特色农业新篇章》，《甘肃日报》2022 年 8 月 22 日，第 1 版。

（三）衔接增值

衔接增值是特色农产品全产业链增值的纽带。价值的形成与分配是产业链衔接增值的关键。衔接增值不直接参与产品的生产、加工与销售活动，而是通过优化特色农产品产业链资源配置，注重特色农产品在市场交易过程中产业链环节之间的协同，实现参与主体之间的有效衔接，提高产业链的运营效率。产业链各参与主体有效衔接是特色农产品全产业链增值的关键[1]，各参与主体通过有效衔接能及时了解彼此的需求，在一定程度上避免了由于信息不对称造成的"产无所需、需无所供"现象。价值的形成与分配是产业链各环节衔接增值的关键。通过各环节衔接实现多要素匹配、多环节协同、多主体融合的体系化发展，提升特色农产品运行效率、降低特色农产品运行的风险及成本，实现全产业链增值。

（四）规模增值

规模增值是实现特色农产品全产业链增值的前提。产业链上核心企业做大做强的前提条件就是实现规模经济和范围经济。[2] 甘肃特色农产品产品增值、品牌增值、服务增值、创新增值、衔接增值都是以产业规模效应的实现为前提的。规模经营是指特色农产品全产业链各环节通过规模经济或范围经济降低生产成本，为特色农产品产业链参与主体带来一定的价值收益。以甘肃省特色产业实现现代化的目标，大力推进适度规模经营已经形成共识。在特色农产品生产加工过程中，适度规模经营能改变低效率的生产方式，有利于实现机械化和产业化，减少特色农产品或相关服务的平均生产成本，提高特色农产品全产业链的规模收益，实现规模增值。

---

[1] 魏然：《产业链的理论渊源与研究现状综述》，《技术经济与管理研究》2010 年第 6 期。

[2] 许庆、尹荣梁、章辉：《规模经济、规模报酬与农业适度规模经营——基于我国粮食生产的实证研究》，《经济研究》2011 年第 3 期。

（五）服务增值

服务增值是实现特色农产品全产业链增值的保障。现代农业服务业的发展已经成为引领农业产业链转型的有效手段，是现代农业发展必不可少的条件。现代农业服务不只是一个单项的服务，而是具有目标协同性、集成性、融合性的一系列服务。随着甘肃特色产业的发展，特色产业规模越来越大、产业化经营组织形式的不断创新，特色产业各链条成员更依赖现代农业服务，现代农业服务向产业链横向和纵向延伸，逐步形成农业科技服务、农业信息服务、农业金融服务、农业人才服务、农业物流服务、其他服务（农业观光服务、中介服务等）等服务群落。在产业链上游，服务组织提供农技、农资、农机方面的服务，在中游提供融资、物流、人才等服务，在下游提供信息、广告、政策等服务。实现产业链有效衔接，信息服务起着重要作用。服务组织把及时有效的信息传递到上中下游成员，优化产业链成员的行为选择，使产业链各环节之间的衔接越来越紧密。当特色产业规模越来越大，服务组织和被服务的主体成本降低，收益增加，双方都实现了增值。

（六）创新增值

创新增值是特色农产品全产业链增值的核心，甘肃特色农产品全产业链增值离不开创新。创新是价值的来源。在特色农产品全产业链增值过程中，创新能力的提升可推动特色农产品全产业链走向高技术化和高服务化，实现特色农产品全产业链升级。在特色农产品全产业链发展过程中，上游环节需要创新新品种培育技术、革新肥料及装备技术、创新特色产业经营组织形式；中游环节需要组织管理方式的创新、生产技术创新；下游环节需要平台运营模式创新、营销方式的创新。总而言之，农产品全产业链增值存在复杂性，因此需要通过组织管理创新、要素服务创新、科学技术创新，进行实现全产业链价值最大化的运筹优化，以达到全产业链增值的目标。

四 特色农产品全产业链增值机理分析

（一）影响特色农产品全产业链增值的各变量分析

1. 环境变量

环境变量是用以表达可控程度较小的、能够通过诱发关键变量变化进而影响全产业链增值特征变量变化的变量。依据内外部环境分析可将影响甘肃省特色农产品全产业链增值的环境变量分为政府宏观政策影响、市场竞争压力以及特色农产品全产业链自身存在问题。首先，乡村振兴战略的提出对甘肃省特色农产品全产业链增值起着巨大的推动作用。政府政策不仅有助于形成特色产业发展的"软环境"，而且可以营造良好的特色产业发展"硬环境"。甘肃省各级政府基于振兴乡村产业、拉动区域经济增长的目的，通过政策支撑、资金扶持、直接投资等方面引导和干预产业链增值主体之间的博弈行为，并通过政府政策的不断反馈调优，实现政府政策对特色产业链的支持、引导和保障，推动甘肃省特色农产品全产业链增值。其次，甘肃特色农产品产业链低效无序的运行导致农产品生产成本高、标准化程度低，在市场上不具竞争优势。在市场竞争压力推动下，特色农产品全产业链各参与主体开始注重精细化生产和标准化管理，通过优化自身行为和加强彼此的协调与合作降低产业链生产成本，满足产业链终端消费者需求，推动产业链降本增值。最后，甘肃特色产业已形成一定的规模优势，但由于地区人才、技术、资金等要素匮乏，产业链发展仍在初级阶段。产业链条短，产业链上游新型经营主体数量少，核心企业规模小，精深加工能力不足等问题突出。在产业链增值过程中，在成本控制、品牌建立、风险防控、利益分配等方面存在一系列问题。产业链发展存在的系列问题也将成为推动特色农产品全产业链增值的动力。

2. 行为选择变量

行为选择变量是用以表达特色农产品产业链实现增值过程中产业链各参

与主体行为变化的要素，主要有生产主体行为、加工主体行为、营销主体行为、政府行为、服务主体行为。各行为主体是相互关联、相互制约的关系。① 各参与主体利用自身的优势进行专业化分工，在合作的基础上发挥自身的作用。由于各自资源禀赋的差异，各主体在全产业链增值中发挥的作用也不同。特色农产品经过种植户、加工企业、经销商到达消费者手中，农产品的价值经过以上活动不断增加。由此可见，各行为主体的行为变化和决策，对实现特色农产品全产业链增值起着重要的作用。各参与主体在内外部环境影响下根据市场需求和产业发展目标要求调节自身行为，做出利于产业链增值的行为决策，推动特色农产品全产业链增值。

3. 关键原因变量

关键原因变量是用以表达影响特色农产品全产业链增值中有独有特征的变量。与传统产业链相比，主要有成本降低、效益增加、风险降低、效率提升等变量。"增值"的根本在于增加效益、减少损失，即"增益减损"。② 所以效益增加、成本降低、风险降低是特色农产品全产业链增值最根本的特征。在产业链发展过程中通过有效的组织架构、有效的组织流程及有效的技术实现成本的节约及组织效率的提升，避免因质量、风险、效率错失机会损失成本，影响全产业链增值。

4. 主题特征变量

主题特征变量用以反映特色农产品全产业链增值后有哪些独特特征。主要有产业链稳定性和产业链创新能力两个主题特征变量。在甘肃省特色农产品全产业链实现成本降低、风险降低、效率提升、效益增加后，产业链整体效益大幅度增加，相比传统产业链进一步的优化创新，增强了产业链的创新能力。在产业链增值过程中，让各环节主体获得更多价值收益的协同目标使产业链在一定的时间保持稳定，并不断从松散型向紧密型强化③，运行状态

① 宋晗：《大沙河地区梨产业价值链分析与增值核算》，南京农业大学硕士学位论文，2017。
② 程华、谢莉娇、卢凤君、刘晴：《农业产业链的增值体系、演化机理及升级对策》，《中国科技论坛》2020年第3期。
③ 丁冬：《吉林省稻米全产业链增值机理与路径优化研究》，吉林大学博士学位论文，2020。

从无序走向有序，可以使产业链稳定性不断增强。

5. 目标变量

目标变量用以表达全产业链增值后的目标要求等。本报告分析认为主要有满足市场需求、区域比较利益增加、特色产业兴旺等目标变量。消费者需求影响产品价值，并影响产业链各参与主体的行为决策。近年来，消费者的消费观念日渐多元化、个性化、精细化。不仅注重产品品质，更注重产品生产过程是否规范、安全、绿色。特色农产品全产业链各参与主体为了满足消费者多样化需求、获得更多的剩余价值，产业链各环节必须紧密衔接，提高产业链运行效率，降本增效，实现产业链增值；在特色农产品全产业链高效运行的情况下，产业链各主体行为优化，控制生产成本，保障产品质量，同时各环节衔接紧密，市场需求信息传递及时准确，产销对接，有利于将资源优势转化为经济优势，增加产业链参与主体的比较利益。在此因素拉动下，产业链各参与主体作为理性经济人，为实现自身利益的增加，将摒弃传统的产业链运作方式，以市场需求为导向，通过精确化、高效化产业链运行模式，拉动特色农产品全产业链增值。

（二）特色农产品全产业链增值机理

综上所述，将影响甘肃特色农产品全产业链增值的变量分为环境变量、行为选择变量、关键原因变量、主题特征变量及目标变量，以产业链增值为核心，利用系统类变量法构建甘肃省特色农产品全产业链增值机理模型，如图2所示。在国家乡村振兴战略推动下，打造一条高效的特色农产品全产业链是甘肃省将当地的资源优势转化为经济优势的必然要求。在愈演愈烈的市场竞争中，国家惠农政策的发布及甘肃特色农产品自身发展存在的问题将成为推动特色产品产业链增值的动力。随着生活水平的提高，消费者需求不断升级，企业迎合消费者需求并追求利益最大化的目标将拉动特色农产品产业链升级实现产业链增值。同时，各地区区域比较利益的增加和以特色产业兴旺作为产业发展的终极目标也将拉动特色农产品产业链协同增值。在环境变量的推动和目标变量的拉动下，产业链各参与主体根据市场环境变化做出利于全产业链增值的行为决策，达到成本降低、风险降低、效率提升、效益增加的目标，增强了特色农产品全产业链的稳定性和创新能力。

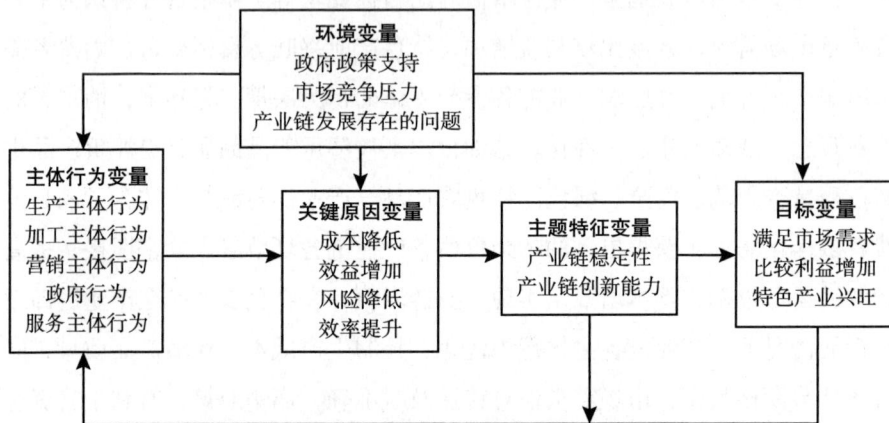

图2 甘肃省特色农产品全产业链增值机理模型

五 对策建议

（一）充分发挥政府的主导作用，优化城乡资源配置

甘肃特色农产品全产业链增值离不开政府宏观政策的支持、项目资金的保障和高新技术及高素质人才的支撑。农业生产面临着市场和自然两重风险，农业生产风险高、人才技术不足、产业模式不适等问题突出，仅仅依靠基层生产单位农户和产业链企业，以及相关服务机构不足以解决以上问题。各级政府应该从宏观政策方面入手，利用宏观政策的引导扶持所产生的政策红利为产业链增值带来一定的机遇。各级政府产业发展部门应该做好市场预估，制定科学、合理的宏观政策，形成政策导向，不断吸引人才、技术、资金在农村地区集聚，实现人才、技术、资金等要素的良性循环。各地政府应根据特色产业优势，通过口碑、宣传、展示等方法，加大当地特色产业宣传，提升当地农产品的形象价值；不断完善科技服务体系，在品种研发、种

苗培育、风险防御、加工工艺的引进，以及冷藏储存等方面加大科技投入，实现各个环节技术提升，同时联合当地高校、科研机构、涉农院校通过开展与单独产业相关的公益性讲座和实践教学课程，对种植技术、生产知识及标准管理方法等进行推广，提高当地农户的现代生产技术水平。通过完善社会服务体系，吸引专业技术生产人才、管理人才、电商人才、营销人才，助推当地特色产业发展。针对资金不足问题，当地应该形成以地方财政收入为主体，社会各方资本为补充的多层次、多渠道的投融资体系，创新金融产品，特别是互联网金融产品，不仅可作为理财产品盘活产业链参与主体零散资金，而且可以作为一种融资渠道提供资金的筹集服务，为产业链增值提供资金保障。

（二）运用互联网大数据，提高全产业链资源配置效率

近年来，随着互联网技术的不断发展，以电子商务为代表的网络经济迅速崛起。互联网大数据和电子商务参与到农业产业链中，可以减少产业链中的冗余环节，提高整个产业链的资源配置效率，实现产业链运行效率最大化。要实现甘肃特色农产品全产业链增值，首先要加强各地互联网基础设施建设，在确保农村互联网普及率达100%的情况下，提高农村宽带接入能力，积极研发适用于农村的互联网终端系统，保障互联网能真正运用于农产品全产业链增值中。其次，政府应该引导阿里巴巴、京东、苏宁等第三方平台在农村地区设立电子商务平台，在各地形成以龙头企业、专业合作社、村委会为主导的多层次电子商务销售平台，打造网上销售新模式。电商平台作为连接消费者与生产者的核心纽带，能够有效整合信息资源，及时准确传递信息，一方面向生产者传递消费者的需求信息及反馈信息，引导改变特色农产品种植结构、丰富加工品种；另一方面向消费者提供产品生产相关信息，实现消费者对生产信息的获取，解决传统层级批发销售模式带来的成本过高、信息沟通不畅、利益分配失衡等问题，实现各主体共生共赢。电子商务平台线上销售模式打破时间和空间约束，拓宽线上销售渠道，实现了产地与消费者直接连接，减少流通环节，降低交易成本，提高产业链运行效益。最

后，利用互联网、物联网、大数据，对特色农产品生产、加工、储存、运输实行统一管理，实现农产品生产过程中的浇水、施肥、喷药精准化，自然灾害防治及时化，农产品加工标准化，加工企业管理科学化，仓储专业化，物流配送高效化，保证产品质量，提高消费者的购买放心程度，无形中提高特色农产品价值，实现全产业链终端的增值。

（三）加强特色农产品品牌建设，打好全产业链增值根基

特色农产品品质的提高能在广大客商和消费者心中留下较好的印象，建立良好的口碑，形成"品牌溢价"增值。近年来，消费者需求进入优质化、绿色化、特色化、多样化的新时代，特色农产品有了更广阔的市场空间，蕴藏着巨大的品牌价值。甘肃特色农产品全产业链增值应该以市场需求为导向，深入挖掘甘肃特色农产品内在的文化内涵，充分认识"甘味"的品牌价值，积极加大"甘味"品牌体系建设，扩展甘肃省各地区特色农产品的消费空间，使当地农户感受到来自特色产业的实惠。同时，培育知名企业品牌和产品品牌，形成以区域公用品牌、企业品牌和特色农产品品牌为核心的农业品牌格局，构建甘肃省特色农产品品牌保护体系[1]，通过不断完善"甘味"品牌鉴定体系、品质支撑体系、品牌宣传体系、品牌线上线下推广体系、品牌评价体系，提高甘肃特色农产品的品牌竞争力和核心竞争力。形成特色农产品"生产基地保质量，产业协会当纽带，'甘味'品牌扩市场"的发展模式，不断完善特色农产品产地环境监测、产品品质监测、产品质量安全监测及可追溯体系监测，实现特色农产品全产业链增值。

（四）完善产业链利益联结机制，确保全产业链持续增值

产业链价值创造与传导是产业链价值增值的过程，价值分配是持续增值的关键。完善利益联结机制可以有效保障农产品产业链参与主体根据自身贡献度分配到应得的利益，激发产业链参与主体的内生动力，确保产业链协同

---

① 肖业清、李胜军：《大数据建设在农业领域的利用研究》，《中国果树》2021年第10期。

演进和持续增值。目前，甘肃省特色农产品产业链各主体的利益联结机制还比较松散，主要以买断型分配模式为主，加工企业或合作社与农户进行"一锤子买卖"，农户由于议价能力有限，往往处于弱势，产业链利益分配不均衡现象普遍。价值创造是价值分配的前提，各个环节应该通过优化主体行为，提高产业链经营效益。首先，在种植环节通过扩大 GAP 基地建设、优化种植结构、选择优良品种、实行规范化标准化生产等提高经营效益；在加工阶段通过培育加工企业、丰富加工品种、研发新型仓储技术等提高经营效益；在营销环节主要通过扩展销售渠道、特色农产品品牌建设、保障售后配送时效等提高生产效益。其次，根据边际生产理论，个体对生产的实际贡献度决定了个体收入。产业链利益联结机制的建立要采用科学合理的方法，对特色农产品全产业链各参与主体所承担的风险、耗费的成本、贡献度、创新度进行评估，充分考虑在产业链运行中各个参与主体的贡献，合理配比，激发各参与主体的积极性。参与主体在产业链增值中耗费的成本越多，他们的贡献度就越高，同样收益更多，风险更大。有学者把产业链利益分配模式分为买断型、保护型、服务型、返利性、合作型五种类型，基于小农户的谨慎性，当地应该选择有保障的利益分配模式。结合各地组织模式选择股份合作型分配模式，农户以农机、土地、资金等资源作为经营资本入股，加工企业或合作社合理统筹规划入股资源，按入股比例分红，充分发挥产业链各参与主体的优势，避开劣势，优劣互补，优化产业链资源配置，确保全产业链增值。

B.11
甘肃城乡融合发展路径研究

何 剑 王喜红*

摘　要： 本报告从城乡生产要素流动、城乡基本公共服务、城乡基础设施
及城乡经济发展等方面出发，总结分析甘肃城乡融合发展现状及
存在的问题。在此基础上，从积极推进县域工业化、优化城镇布
局、深化户籍制度改革、培育新型职业农民、积极稳妥引导农村
转移人口离农退地、建设农村新型服务型社区等六个方面提出促
进甘肃城乡融合发展的实现路径。

关键词： 城乡融合　城镇化　公共服务　甘肃省

一般而言，一个国家或地区的发展，必然经历由城乡同质化发展、低水
平均衡，到工业化带动城市起飞、城乡差距逐渐拉大，再到城市支持乡村、
城乡差距缩小、城乡发展重新融合这样三个阶段。经过几十年的工业化发
展，我国建立了强大的工业体系和城市经济，奠定了工业反哺农业、城市支
持乡村的坚实基础。目前，我国城市支持农村的第一阶段任务——脱贫攻坚
任务已如期完成，正处在第二阶段——城乡融合发展的十字关口。在此背景
下，探讨加速推进城乡融合的现实路径、避免少走弯路，具有很强的现实指
导意义。

中共甘肃省委甘肃省人民政府于 2019 年出台了《关于建立健全城乡融
合发展体制机制和政策措施的实施意见》，2020 年又出台了《甘肃省关于加

* 何剑，甘肃省社会科学院农村发展研究所助理研究员，主要研究方向为农村经济和区域发
展；王喜红，中共临夏市党校助理讲理，主要研究方向为乡村旅游产业发展、农村基层党建。

快推进新型城镇化和城乡融合发展的政策措施》，由此形成了构建新型城乡关系、走城乡融合发展道路的共识和政策框架。实施近十年的精准扶贫、精准脱贫战略，让甘肃农村面貌发生了翻天覆地的变化，在农村基础设施建设、公共服务提升、组织建设保障、治理能力培育等方面取得了举世瞩目的成绩，为下一步促进城乡融合打下坚实的基础，但目前仍存在一些阻碍城乡融合的问题尚未得到解决，如农业经济效益低下、城镇化质量不高、县域工业基础薄弱、公共资源均衡配置体制不健全等。

一 甘肃城乡融合发展取得的成效

（一）农民生活水平大幅提高

农村居民收入、生活支出水平稳步提高，如图 1 所示。2012～2021年，甘肃农村居民人均纯收入由 4507 元增长到 11433 元，年均增长10.9%，年均收入增幅比同期城镇居民高 2.4 个百分点；2012～2021年，甘肃农村居民人均生活消费总支出由 4146 元增长到 11206 元，年均增长11.7%，年均消费支出增幅比同期城镇居民高 3.7 个百分点。农民消费结构持续改善，生活质量不断提高。2012～2021 年，农村家庭恩格尔系数由0.40 降低到 0.29，文教娱乐、医疗保健支出占生活消费总支出的比重分别由 7.9%、9.6% 提高到 11.4%、10.7%，而衣着支出所占比重则由7.3% 下降到 5.6%。

（二）城镇化进程加速推进

城镇化率快速提升。甘肃省常住人口城镇化率由 2012 年的 38.8% 提升到 2021 年的 53.3%，虽然 2021 年与全国城镇化率仍有 11.4 个百分点的差距，但差距呈逐步缩小的趋势，如图 2 所示。随着越来越多的农村人口进城，城乡融合的步伐也在不断加快。

图1　2012~2021年甘肃农村居民收入、生活支出变化趋势

资料来源：前瞻数据库。

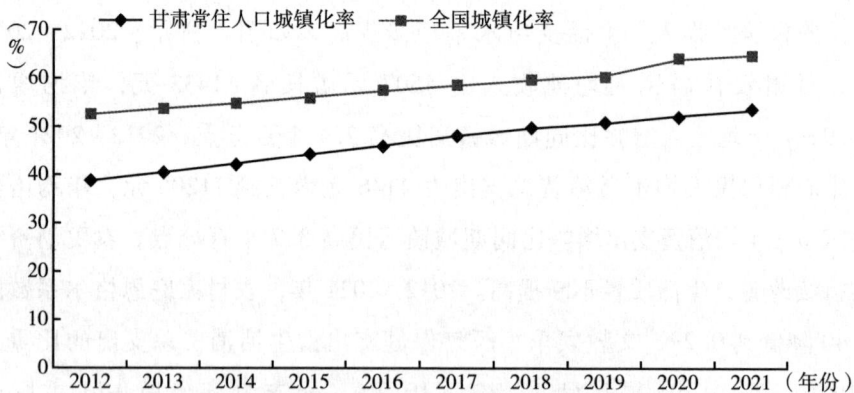

图2　2012~2021年甘肃与全国城镇化率比较

资料来源：前瞻数据库。

（三）城乡基本公共服务均等化程度不断提升

1. 教育方面：城乡办学条件明显改善

全省中小学互联网接入率达100%，实现了数字教育资源城乡全覆盖。留守儿童关爱服务体系不断健全，全省进城务工人员随迁子女在公办学校就

读的比例达到99%。目前，全省学前三年毛入园率达到93%，普惠性幼儿园覆盖率达到91%，义务教育巩固率达到96.6%，高中阶段毛入学率达到95%。

2. 医疗方面：基层医疗服务体制不断完善

加强乡镇卫生院基础设施建设，实施医疗服务与保障能力提升项目，近年来陆续为全省833个服务人口万人以上的乡镇卫生院配备DR机、彩超或B超、生化分析仪、心电图机等"四大件"，为村卫生室配备健康一体机。目前，有543家基层卫生机构达到国家基本标准，80家达到国家推荐标准。建成社区医院45家，建成全国百强社区卫生服务中心6家。全省乡村一体化管理率达到98.82%、绩效工资考核落实率达到98.40%。2012~2021年，甘肃省每千名农业人口拥有的乡镇卫生院床位数由1.13个增加到1.49个，每千名农业人口拥有的乡镇卫生院人员数由1.39个增加到1.69个。

3. 文体方面：推进基层体育设施建设

2021年筹集体彩公益金10502万元，在616个行政村投入建设农民体育健身工程，在100个乡镇和社区设立体育健身中心，全省实施农民体育健身工程的行政村总数达到16354个，占行政村比重达98%。

4. 社会保障方面：完善各项机制建设

进一步健全城乡低保、特困人员救助供养、临时救助等基本生活救助，完善教育、就业、医疗等专项救助。截至2021年，全省纳入城乡低保和特困供养范围的困难群众分别达到176.9万人和9.4万人。养老体系不断完善，已建成覆盖省、市、县三级的养老服务信息平台。全省近90%的城市社区和超过60%的行政村建有养老服务设施。近年来，甘肃发展农村社区互助型养老设施8807个，部分乡镇已形成"15分钟养老服务圈"。城乡低保和特困供养标准逐年提高，2021年城乡低保标准分别达到人均6924元/年和4428元/年。

（四）财政、金融支农力度不断加大

近年来，甘肃省出台一系列农业支持举措，取得了显著成效。2012~2021年，甘肃财政资金涉农支出由302.4亿元增加到839.4亿元，年均增

长12%；其中扶贫开发支出由35.4亿元增加到432.4亿元，年均增幅达32%。2012~2021年，甘肃财政对农村最低生活保障支出由36.9亿元增加到130.3亿元，年均增长15.1%。2004~2021年，甘肃省累计投入财政资金4.43亿元，扶持109.1万农民以及各类农业生产经营组织购置农业机械，落实农机具购置补贴政策，促进农业发展和农民增收。在金融支持方面，持续追加涉农领域贷款，仅2021年1~6月，全省涉农贷款余额即达到6971.9亿元，占全省贷款规模的近三成；其中，脱贫人口小额信贷累计投放656亿元，惠及146.1万户已脱贫及边缘易致贫农户。

（五）农村基础设施不断完善

道路建设始终放在优先位置。目前，全省农村公路及自然村组道路达到19.2万千米，与周边省（区）所有乡镇和重要农村经济节点都实现普通国省道联通，建制村实现了100%通硬化路。农村人居环境整治成效显著。农村卫生厕所普及率33.2%，行政村卫生公厕覆盖率达到97.8%。全省专职、兼职村庄保洁人员达到14.9万人，配备各式垃圾保洁、收集、运输车3.82万辆。对垃圾进行收运、处置的行政村达到15999个，创建清洁村庄累计达到10000个，国家部委命名的各类美丽乡村（生态文明）示范村212个。连续两年举办"一带一路"美丽乡村论坛。农村饮水安全巩固提升。基本建成以集中供水工程为主、分散供水工程为辅的农村人饮供水网络。全省农村集中式供水人口比例达到96%，农村自来水普及率达到93%。

二 甘肃城乡融合发展存在的问题

（一）城乡居民收入差距有拉大趋势

虽然与城镇居民相比，甘肃农村居民的收入增速更高，但两者的绝对差距却在拉大。如图3所示，2017~2021年，甘肃城乡居民收入之比虽然从3.44下降到3.12，但收入差距却从12687元增大到24255元。城乡收入差距的增大，势必影响农民获得感的提升，不利于推进城乡融合发展。

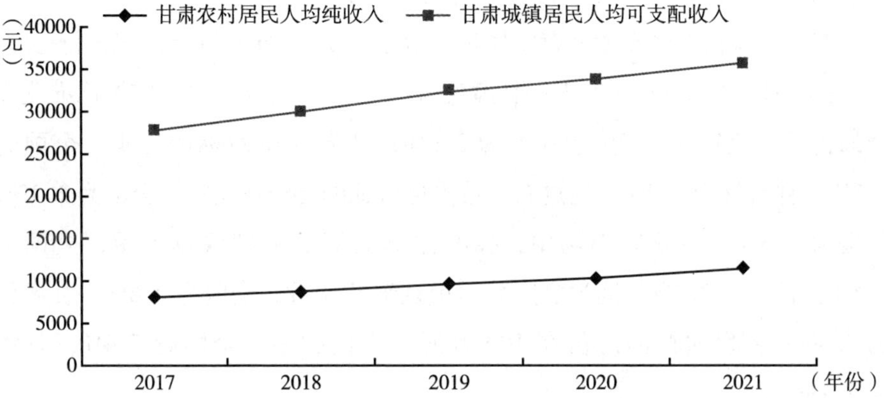

图3　2017~2021年甘肃省城乡居民收入变化

资料来源：前瞻数据库。

（二）进城务工人员收入不稳定，返贫、致贫风险增高

总体来看，近年来甘肃农民收入多元化趋势逐渐显现。除经营性收入稳步提升外，转移性和工资性收入大幅增长。2004年经营性收入、工资性收入、财产性收入和转移性收入之比为66.3∶28.5∶1.4∶3.8，到2020年这一比例变为45∶28.9∶1.3∶24.9。收入多元化固然是好事，但也表明农民增收对外出务工和转移支付的依赖性在增强，且受外部经济环境影响较大。甘肃工业发展较为滞后，本地缺少中小型制造业企业，对技能型人才需求不旺，加之职业教育体系不完善，导致目前农村青壮年劳动力多以"重体力、轻技能"为主要特征，整体科技文化素质不高，从事非农产业也多集中在餐饮、家政、建筑等低端行业，且以短期打零工为主，因此收入很不稳定且缺乏保障。由于新冠肺炎疫情及经济下行等因素，农村外出务工人员收入不同程度地受到影响，脱贫人口返贫、边缘人口致贫风险增高。

（三）农业经济效益不高，农村产业基础薄弱

经营性收入占农民收入的比重相对下降，反映出目前农业经营效益不高

的困境。目前，甘肃农村产业基础仍较为薄弱，制约了自身发展能力的提升，突出表现在农业新型经营主体规模偏小、实力薄弱。目前，全国农民专业合作社社均成员数为 38 人，甘肃仅为 19 人。在合作社中，实施标准化生产的比重，全国为 5.3%，甘肃为 3.9%；拥有注册商标的比重，全国为 4.6%，甘肃仅为 1.9%；通过农产品质量认证的合作社比重，全国为 2.4%，甘肃为 1.3%。在家庭农场中，拥有注册商标的家庭农场比重，全国为 4.4%，甘肃为 2.0%；通过农产品质量认证的比重，全国为 2.6%，甘肃仅为 0.4%；销售农产品总值在 100 万元以上的比重，全国为 5.4%，甘肃为 2.2%。

（四）城镇化质量不高，半城镇化、"两栖"城镇化特征明显

作为西部欠发达地区，甘肃省城镇化水平与全国相比尚有不小的差距，目前城镇化率比全国低近 10 个百分点。虽然近年来农村人口向城镇转移步伐加快，但由于产业支撑能力不强、省域间经济发展差距大，以及户籍、产权制度改革滞后等情况，目前甘肃农村居民向城镇的转移存在不彻底、低效和无序的问题。首先，转移主体是单个劳动力而非家庭；其次，转移动机主要是务工增收，定居式迁移较少；再次，转移目的地以区域大中城市及东部发达城市为主，向本地中小城市转移较少。随着我国进入高质量发展阶段，强调城乡与区域协调发展，这种受经济利益驱动的人口转移模式虽符合市场配置要素原则，但长此以往必然会阻碍农民市民化的进程，偏离以人为本的新型城镇化目标，进一步拉大甘肃与发达地区的差距，亦不利于城乡一体化建设的推进和乡村振兴战略的实施。第七次全国人口普查数据显示，2010~2020 年，甘肃常住人口净减少 55 万人，是全国六个常住人口净减少的省份之一，其主要原因是农村人口外流。此外，2010~2020 年，全省辖区内人户分离的人口数年均增长达到 14.6%，表明居民居住的不稳定性在增加。

（五）城乡要素双向流动不畅

一是人口双向流动机制有待健全。一方面，虽然国家出台了一系列法

规、政策，以保障农民工的权益，鼓励农民工进城落户，但农民工进城落户仍面临不少"玻璃门""弹簧门"，农民工要成为真正的"市民"，还有很长一段路要走；另一方面，城里人"下乡进村"也存在诸多障碍。虽然环境污染、交通拥挤、生活成本大等"城市病"促使一些城市居民向往农村田园生活，同时也有一部分城市居民希望到农村投资置业，如发展规模种养、乡村旅游等产业，但农村基础设施不完善、公共服务不健全、土地产权改革不到位等因素使得城镇居民对于到农村工作和生活心存顾虑。二是农村金融发展滞后。现行金融制度难以提供有效的农村金融服务，农业生产经营主体贷款难与金融机构放贷难问题同时存在。近年来，尽管甘肃县域金融机构涉农贷款和当地存款量逐年增加，鼓励农村金融发展的政策也不断完善，但金融资产从农村净流出的局面仍未发生实质改变。三是土地要素合理利用机制不完善。城乡土地市场的二元分割特征仍十分明显，城乡土地市场仍存在不同权、不同价现象。处于"半工半农"状态的农户，由于农业已不构成其主要收入来源，因此不可能专心务农，更不可能在使用新技术新方法、改进农业生产效率方面做过多投入，造成土地资源的闲置浪费，甚至撂荒。虽然土地流转不失为解决此问题的一种途径，但从实际情况来看，土地流转一般是农民之间的个体行为，作为农村土地所有者的村集体却很少参与其中。村集体组织角色的缺失，一方面造成土地流转中产权转让的不稳定，不利于外界资本对农业的长期投资；另一方面，缺少了村集体在地块置换、合并、规划、整治中作用的发挥，承包地细碎化、分散化的问题就难以得到有效解决。2015年以来，甘肃省推进农村集体经营性建设用地入市试点、农地和农房"两权"抵押贷款试点工作，出台了相关指导意见，但实际推进效果并不明显，政策执行仍然不顺畅，体制机制还需进一步理顺。

（六）县域工业化程度低，促进城乡融合的作用有限

目前，甘肃县域经济发展存在产业基础薄弱、工业化进程滞后的问题。甘肃工业以石化、冶金、建材等能源产业为主，且集中在兰州、酒泉、白银、金昌等省内大中城市；中小企业实力偏弱，民营经济尤其是县域民营经

济发展方式粗放、生产效率不高，整体创新驱动力不足，产业结构升级缓慢。近年来，城镇化的快速推进使甘肃农村青壮年劳动力大量涌向大城市及东部地区，在县域经济结构调整、产业升级尚未完成之时，前期人口红利过早消失，而高素质的人才资源未能及时补上，造成县域经济发展动力严重不足，县域工业尤其是制造业"未富先老"的问题较为突出。制造业的薄弱导致县域产业结构的失衡。目前，甘肃县域第二产业比重低于全国平均水平，同时，第三产业仍以批发、零售、餐饮、娱乐、地产等为主，信息、金融、物流等生产性服务业发展滞后，产业结构呈现"二产空心化，三产低端化"的特征。县域工业的发展不足，导致其连城带乡、促进城乡融合的作用难以有效发挥。

三 甘肃省城乡融合发展的实现路径

（一）以新型工业化为核心，提高县域产业竞争力

一是加快推进县域产业集聚，扩大县域就业容量，为人口有效转移提供产业支撑。要将工业园区建设作为提振县域工业的重要抓手，进一步优化园区产业布局，提升园区内企业的产业关联度和聚集水平，鼓励引导全产业链招商引资，实现集约化发展，推动县域工业集群发展和块状发展。二是发展县域特色农业加工业。充分发挥甘肃特色农业资源优势和县域"联城带乡"的地域优势，大力发展以特色农产品为原料的农副轻工业产品生产，构建县域绿色、生态、可持续的新兴工业体系。依托县城及中心镇，创建农产品加工物流园区和农业产业化示范基地，积极引导农产品加工业向关键物流节点集中，推动农产品精深加工与产地初加工协同发展。

（二）优化城镇布局，形成大中小城市均衡发展、功能完善、良性互补的结构体系

在对各级城市的空间布局、产业选择和功能定位上要有全局思维，进行

统筹规划，使城乡生产要素在市场机制作用下实现自由流动和优化配置。要对市（州）和县域层面经济发展进行整体部署，重新审视和调整各市县支柱产业布局，统一整合资源，做大做强规模，切实打破产业发展上地区割据、各自为政的局面，避免同质化竞争消耗，提高经济效率。要在全省大中城市周边，依据比较优势原则，重点发展、壮大一批小城镇或卫星城镇，促进大中城市基础设施、公共服务和新兴产业向外围小城镇延伸，通过小城镇建设带动城乡一体化发展。要推进城乡之间交通、通讯、供水、污水处理及垃圾处理等设施建设一体化，着重改善县域生活环境和公共服务，借鉴江浙地区经验，积极打造县城、中心镇到乡村之间"一小时生活圈"。

（三）深化户籍制度改革，推进城乡公共服务均等化

一是建立城乡统一的户籍管理制度。逐步消除附着在户籍之上的住房、就业、医疗、教育、养老等方面的城乡福利差别，让户籍制度回归人口登记与管理的原本功能。除国家有明确规定以外，取消现有与户籍挂钩的各项差别化政策；确实需要与户籍挂钩加以落实的，实行城乡统一的新标准。二是适当放开城市落户限制。根据城市规模大小、经济实力和行政级别，制定符合各自实际的落户政策。如小城镇达到一定居住年限和社保缴费年限的即可纳入城镇居民；中等城市则应兼顾有利于经济发展和保障居民自由迁徙权利，依据专业特长、有无住房、职业及收入状况等，制定相应的积分落户条件；大城市则应从其资源环境承载力和公共服务供给水平出发，严格控制居民迁入。三是推进社会保障制度的配套改革，建立全省统一的社会保障体系。推进城乡教育一体化，促进教育资源向农村倾斜，充分保障进城农民随迁子女受教育的权利。

（四）推动村庄合并，建设农村新型服务型社区

目前，甘肃大部分山区农村仍然属于因人口自然聚集而形成的传统村落，"一道沟就是一个村"的情况较为普遍。这种传统村落空间布局分散，人口聚集度不高，增加了基础设施建设、公共服务提供及社会管理的成本，

不利于城乡资本的投入。要深入推进农村异地搬迁工程，按照统一规划、农民自愿、市场运作的原则，对一些偏远分散、生态脆弱、交通不便的村庄进行整体拆迁与合并，并在一定范围内选择若干自然条件及经济基础好的行政村，建设新型服务型社区，打造中心村，引导人口聚集，符合乡镇建制条件的中心村升级为镇。以新型农村社区为载体，推动城镇基础设施和公共服务向农村延伸，逐步形成人口向社区和中心村集中、土地向规模经营主体集中的乡村建设新格局。

（五）建立承包地、宅基地退出机制，积极稳妥引导转移人口离农离地

近年来，随着惠农政策实施力度的加大及城市生活成本的上升，新进城务工农民落户城市的意愿有所降低，而更倾向于选择一边打工挣钱、一边保持着农民的身份。然而，处于城乡"两栖状态"的农民，无法专心从事农业生产；对于国家给予的惠农补贴，农民受经营规模所限，大多也只是用来发展一些传统的种养项目，很少用于引进新技术新方法、促进生产效率提升方面。同时，大量宅基地的闲置造成土地资源的浪费，更加剧了城镇化进程中耕地保护的压力。从有利于农业集约化、农民市民化的目标出发，势必要构建完善的农地退出机制，在保障进城农民合法权益的基础上，引导和激励农民自愿、有偿退出承包地与宅基地。对于承包地的退出，可以借鉴成都温江区、重庆梁平区等地的经验，采取"农户退出、村集体集中管理"或"农户退出、规模主体进入"等方式，在自愿申请的基础上，对农民非农收入、城镇住房、就业能力、社会保障等情况加以严格审定，设置合理的农地退出条件。在此过程中，要发挥村集体的协调组织作用，通过村集体、退地农户、规模经营主体的三方协商，并考虑土地的生产条件、生产潜力等因素，制定相应的补偿办法和补偿标准。要做好土地整治、地块置换与集中等后续管理工作，为农地退出后开展规模经营创造条件。县、乡（镇）两级政府应出台对农地退出的支持政策，如建立土地收储制度、设立农地补偿专项基金等。对于宅基地的退出，要利用好城乡建设用地增减挂钩政策，结合

当地城镇发展及乡村建设用地需求，宜垦则垦、宜工则工、宜商则商，积极发展新产业、新业态，提升土地增值空间。要妥善处理好"地随房走"可能引起的地权退出与房权继承之间的矛盾纠纷，充分保障退地农户权益。在补偿金额设置方面，不仅依据土地现有价值，还应考虑土地未来增值潜力，适当提高补偿标准，提高农民退地的积极性。

（六）完善农民职业技能培训，增强转移人口稳定就业的能力

一是完善农民职业技术培训的相关立法。通过立法，明确政府、企业和职业技术院校在农民技能培训中的责任和义务，对培训内容、培训方式、师资力量、经费保障等做出相应规定。二是建立农民职业技能培训的等级认证制度。由政府职能部门和技术推广单位建立农民职业技能鉴定及等级证书管理体系，尽快将农民培训认证纳入法治化轨道。三是构建多元化的技能培训投入机制。采取政府、企业、培训者和社会力量共担经费的方式开展培训工作：各级政府从财政支出中安排专项经费扶持农民技能培训；用人单位安排一定的资金对本单位进城务工人员进行培训，允许企业将培训费用中的一定比例冲抵税收；广泛吸收社会力量捐助。四是充分发挥职业技术院校及科研机构在农民技术培训中的骨干作用。建立职业院校、科研机构与农村基层组织的长效合作机制，将组织开展农民职业技能培训纳入日常教学与科研任务，定期选派教师及科研人员到农村开展培训讲座。

参考文献

陈波、安文华、王建兵主编《甘肃县域和农村发展报告（2021）》，社会科学文献出版社，2021。

焦必方、孙彬彬：《日本现代农村建设研究》，复旦大学出版社，2009。

B.12
甘肃农村基本公共服务水平的
测度及区域差异分析[*]

胡 苗[**]

摘 要: 随着我国对基本公共服务均等化越来越重视,区域基本公共服务均等化水平都在快速调整和不断提升,本报告以市(州)、县(区)层面为研究单元,从差异性分析角度,构建了农村公共产品指标体系。结果表明,实现甘肃省农村基本公共服务均等化应从优化政府财政支出结构,加大对信息服务、科技服务等公共服务领域的投入,利用县域有特色的产业集群,培育"块状经济",推进以县域为支撑的新型城镇化,激发基本公共服务均等化的内源动力等方面着手。

关键词: 农村 公共服务 甘肃省

一 引言

2006 年我国第一次正式提出"基本公共服务均等化",此后出台了一系列促进城乡区域基本公共服务均等化的政策措施。随着基本公共服务水平的不断提升,人民美好生活在城乡和区域发展、公共服务等多个层面实现了高

---

* 基金项目:甘肃省科技厅软科学项目"甘肃省贫困地区农村居民美好生活发展趋势研究"(项目编号为 20CX9ZA014)。
** 胡苗,甘肃省社会科学院副研究员,主要研究方向为农村经济。

水平均衡发展①。保障制度也从无到有、从局部到整体，实现了全覆盖，这标志着我国政府从单纯关注经济建设为主，向经济建设与公共服务均等化相互促进阶段不断推进，并进入良好和快速的发展和完善阶段。另外，随着我国经济发展进入新常态，公共财政收入增长趋缓，以公众需求为导向的公共服务刚性支出持续增长，在此情况下，如何有效做到公众需求与公共服务资源高效投放的双向融合，实现公共服务的高质量有效供给，已成为我国公共服务体系健康发展亟须解决的核心问题。

长期以来基本公共服务均等化一直是西方思想家们关注的理论话题。19世纪后期，德国社会政治政策学派代表瓦格纳（Adolf H. G. Wagner）最早提出了基本公共服务的概念。20世纪中期，基本公共服务的内涵与模式随着新公共管理运动的兴起和发展发生了变化，逐步由政府主导、在技术层面重视效率和质量向服务主体多元协作、价值层面的公平和善治转变。② 国外对基本公共服务均等化问题的研究主要集中在三个方面：一是从理论层面强调基本公共服务的供给应关注接受服务的权利平等并且没有任何的歧视性配给③；二是从基本公共服务需求、权利和实现程度等方面分析区域基本公共服务均等化情况④；三是探析基本公共服务配置在不同类型人群中的分配过程以及存在的问题与矛盾等。⑤

当前，国内学术界相关研究主题更为丰富，主要围绕均等化水平测度、区域差异及路径探索等方面进行。（1）基本公共服务均等化水平测度。根据党的十九大报告提出的要求，结合西方美好生活需要理论，借鉴国民幸福指数、人类发展指数、社会进步指数、中国民生发展指数、中国发展指数，

---

① 尚小华：《"美好生活需要"的马克思生存论考量》，《五邑大学学报》（社会科学版）2019年第1期。

② 王全宇：《人的需要即人的本性——从马克思的需要理论说起》，《中国人民大学学报》2003年第5期。

③ 杨小勇、王文娟：《新时代社会主要矛盾的转化逻辑及化解路径》，《上海财经大学学报》2018年第1期。

④ 车文博：《西方心理学史》，浙江教育出版社，1998。

⑤ 王永江：《关于社会主义生产目的的讨论》，《中国社会科学》1981年第3期。

以及小康社会、社会质量、生活质量等指标构建人民美好生活需要指标体系，测算基本公共服务均等化水平。（2）基本公共服务均等化的区域差异。研究发现，中国公共服务总体化水平偏低[1]，存在明显的区域差异[2]，且呈现趋缓下降态势[3]，各省份的公共服务均等化水平由西向东逐渐提高。[4]（3）基本公共服务均等化的路径探索。应精准强化公共服务在不同地区和不同领域的提质增效，体现其在缩小城乡收入差距中的功能，以高品质城乡公共服务均等化夯实共同富裕基础，高质量推动人民美好生活需要。[5]

党的十九大报告中习近平总书记指出："新时代我国社会主要矛盾已经由'人民日益增长的物质文化需要同落后的社会生产之间的矛盾'，转化为'人民日益增长的美好生活需要和不平衡不充分的发展之间的矛盾'。"对社会基本矛盾认知的转变，意味着人民的生活需要随之发生了新的变化并展现了新的发展趋势。基于此，本报告选择西部欠发达省份进行研究，设计符合地域、群体区域公平、公正的公共服务衡量标准，实现公共服务供给与需求高效耦合发展[6]，为相关政策的制定提供参考。

二　农村公共产品供给差异性分析

（一）数据整理及统计描述

选取甘肃省贫困地区农村涉及的 13 个市（州）、75 个县（市、区）为

---

① 王雅林：《生活方式研究的现时代意义——生活方式研究在我国开展 30 年的经验与启示》，《社会学评论》2013 年第 1 期。

② 廖小琴、刘欣怡：《新时代人民美好生活需要的基本内涵与实现路径》，《湖北行政学院学报》2019 年第 2 期。

③ 陈帅飞、曾伟：《美好生活需要与民生政策供给的优化》，《中国地质大学学报》（社会科学版）2019 年第 3 期。

④ 高琳薇：《城乡老年人生活需求满足状况及其对生活满意度的影响——以贵阳市 1518 份问卷调查为例》，《南京人口管理干部学院学报》2012 年第 4 期。

⑤ 杨延圣：《人民美好生活需要衡量指标体系的构建——一个初步的分析框架》，《观察与思考》2018 年第 4 期。

⑥ 陈国平、韩振峰：《把握新时代人民群众美好生活需要的三个维度——基于新时代社会主要矛盾的分析》，《人民论坛·学术前沿》2018 年第 9 期。

研究对象，从《甘肃农村年鉴》中收集整理 2013～2020 年涉农的 225 个乡镇的对应指标数据，这些指标包括基本情况、基础设施、农业发展、教育文化卫生、社会保障情况（见表1）。

表1　农村公共产品指标体系构建

一级指标	二级指标
基本情况	工业企业总产值占比、每万人商品交易市场个数
基础设施	通公共交通的村占比、通宽带的村占比、通有线电视的村占比、通自来水的村占比、垃圾集中处理的村占比、污水集中处理的村占比
农业发展	耕地面积占比、耕地灌溉面积占比、农作物播种面积占比、耕地流转面积占比、种养大户占比
教育文化卫生	小学在校学生占比、小学专任教师占比、每万人图书馆数、每万人医疗卫生机构数、每万人医疗卫生机构床位数、每万人各种社会福利收养性单位床位数
社会保障	城乡居民基本养老保险参保人数占比、城乡居民基本医疗保险参保人数占比、城乡居民最低生活保障人数占比

资料来源：根据作者整理。

在表1指标涉及的原始数据中，由于部分数据缺乏，出于分析的需要，本报告对原始数据进行了以下三个方面的处理。值得注意的是，数据处理的第②、③过程是为了分析过程的便利性，主要考虑后文将 225 个乡镇划分为13 个市（州）层面（嘉峪关市涉及农村数据），75 个县（市区）层面进行具体分析的需要。

①为了消除不同县域单元在面积、人口、经济发展等方面的干扰，取得数据的准确性，各项指标均采用相对量处理。

②市级属性中兰州市、金昌市、白银市、天水市、武威市、张掖市、平凉市、酒泉市、庆阳市、定西市、陇南市、临夏州、甘南州分别取值1～13。

③为制图方便，县级取值如表2所示。

表2　县（市、区）级取值

县(市、区)	取值	县(市、区)	取值	县(市、区)	取值	县(市、区)	取值
七里河区	1	古浪县	20	华池县	39	徽　县	58
永登县	2	天祝县	21	合水县	40	两当县	59
皋兰县	3	甘州区	22	正宁县	41	临夏市	60
榆中县	4	肃南县	23	宁　县	42	临夏县	61
永昌县	5	民乐县	24	镇原县	43	康乐县	62
白银区	6	高台县	25	安定区	44	永靖县	63
平川区	7	山丹县	26	通渭县	45	广河县	64
靖远县	8	崆峒区	27	陇西县	46	和政县	65
会宁县	9	泾川县	28	渭源县	47	东乡县	66
景泰县	10	灵台县	29	临洮县	48	积石山县	67
秦州区	11	崇信县	30	漳　县	49	合作市	68
麦积区	12	华亭市	31	岷　县	50	临潭县	69
清水县	13	庄浪县	32	武都区	51	卓尼县	70
秦安县	14	静宁县	33	成　县	52	舟曲县	71
甘谷县	15	瓜州县	34	文　县	53	迭部县	72
武山县	16	玉门市	35	宕昌县	54	玛曲县	73
张家川县	17	西峰区	36	康　县	55	碌曲县	74
凉州区	18	庆城县	37	西和县	56	夏河县	75
民勤县	19	环　县	38	礼　县	57		

（二）农村公共产品供给的差异：基于市级层面的分析

为了较为准确地分析甘肃省农村公共产品供给的差异，本报告首先基于13个市级层面的视角，对甘肃省225个乡镇的数据进行汇总分析，主要的分析方法为变异系数分析、核密度分析和位序分析等。

1. 农村公共产品供给分析

图1显示了基于市级层面的农村公共产品供给指标的变化趋势。其中，横轴的1~22分别指上述的22个指标。纵轴的1~13分别指如前文排序的甘肃省13个市（州）。竖轴0~80表示变化系数的取值范围。

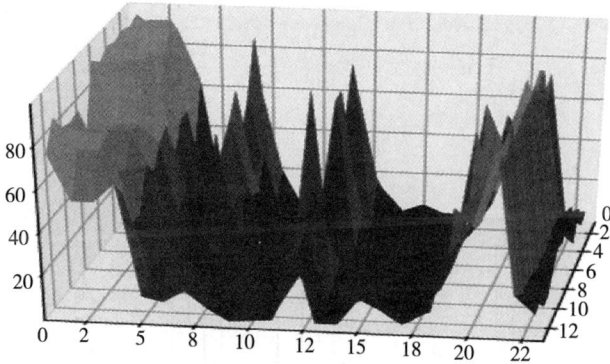

图1　市级层面农村公共产品供给指标变化趋势

资料来源：作者据 Python 软件编程而制。

从图 1 中可以看出，甘肃省农村公共产品的空间差异是存在的，且部分指标在不同地区的变异情况呈现明显的差异。为了更为便利地考察农村公共产品的空间差异，本报告还对 13 个市（州）关于 22 个指标的变异系数（特定指标的变异系数=特定指标的标准差/特定指标的均值）进行了详细的分析，其箱线图如图 2 所示。其中，横轴的 1~22 分别指通公共交通的村占比、通宽带的村占比、通有线电视的村占比、通自来水的村占比、垃圾集中处理的村占比、污水集中处理的村占比、耕地面积占比、耕地灌溉面积占比、农作物播种面积占比、耕地流转面积占比、种养大户占比、工业企业总产值占比、每万人商品交易市场个数、小学在校学生占比、小学专任教师占比、每万人图书馆数、每万人医疗卫生机构数、每万人医疗卫生机构床位数、每万人各种社会福利收养性单位床位数、城乡居民基本养老保险参保人数占比、城乡居民基本医疗保险参保人数占比、城乡居民最低生活保障人数占比。纵轴为变异系数的取值范围。

基于市级层面甘肃省农村公共产品供给指标变异系数的主要统计情况（见图 2），垃圾集中处理的村占比、耕地流转面积数占比、种养大户数占比和每万人医疗卫生机构床位数指标平均变异系数较高；种养大户占比、小学在校学生占比、小学专任教师占比变异系数的波动范围较大，表明在这些指

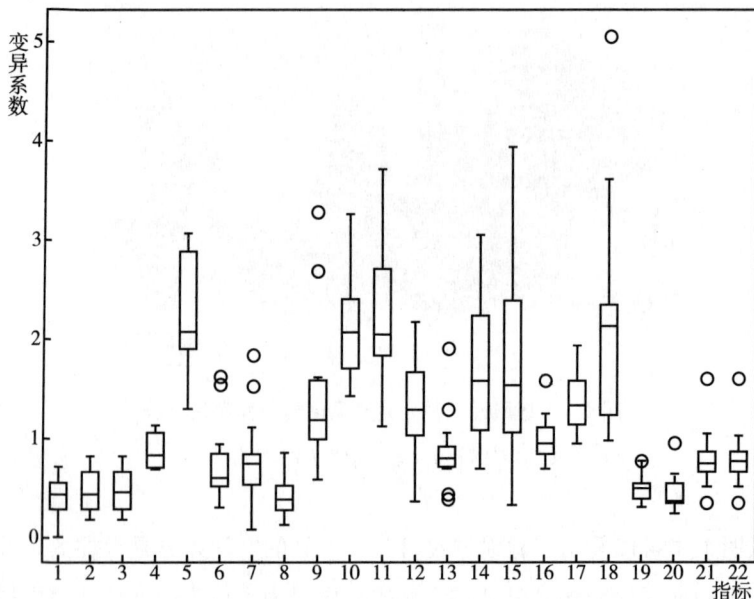

图 2　市级层面农村公共产品供给变异系数箱线

资料来源：作者据 Python 软件编程而制。

标上，甘肃省农村公共产品供给存在很大的空间差异。

2013～2020 年的 Kernel 密度图表明了甘肃省农村公共产品供给分布的演进状况（见图 3），首先，从位置上看，密度分布曲线呈现整体向右平移的趋势，非常直观地反映出农村公共产品供给水平出现了增长的局面。其次，从峰度上看，农村公共产品供给水平在 2013～2020 年出现了从峰尖形向宽峰形发展的变化趋势，且变化趋势十分明显，尤其到 2020 年峰度趋于平缓。表明大部分市（州）农村公共产品供给水平快速发展，农村公共产品供给间的差距也逐渐扩大。再次，从形状上看，甘肃省农村公共产品供给水平在 2017 年出现明显的双峰趋同，2017～2020 年实际供给水平已经出现了由单峰向双峰模式变化的趋势。双峰模式代表着部分市（州）在低水平上集中，另一部分在高水平上集中，双峰模式的转变意味着农村公共产品供给开始由收敛走向发散，面临不协调的状况。

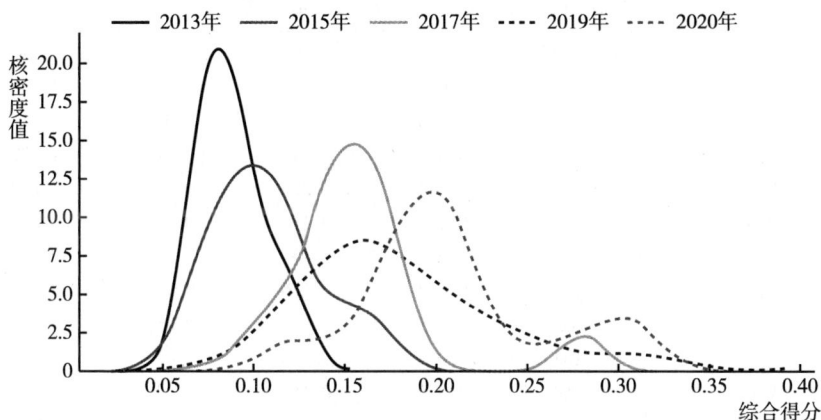

图3　市级层面农村公共产品供给指数的核密度分析

资料来源：作者据 Python 软件编程而制。

2. 农村公共产品供给位序分析

上文指出甘肃省农村公共产品供给存在很大的空间差异。为了更为透彻地阐释甘肃省13个市（州）农村公共产品供给的空间差异，本报告还基于22个农村公共供给指标的加总值，对甘肃省13个市（州）的排序情况进行了汇总。

2013～2020年甘肃省13个市（州）农村基本公共服务发展平均增速差异较大，增速最快的为临夏州（11.19%），最慢的为甘南州（2.80%）；2020年综合水平指数排名靠前的市（州）为金昌市、张掖市、甘南州、酒泉市、白银市，指数均在0.8以上。从基础设施供给水平看，排名靠前为张掖市、临夏州、陇南市、平凉市、天水市；从农业发展情况看，排名靠前为张掖市、武威市、金昌市、定西市、庆阳市；从教育文化卫生发展水平看，排名靠前为甘南州、张掖市、酒泉市、天水市、金昌市；从社会保障发展水平看，排名靠前为张掖市、武威市、酒泉市、平凉市、庆阳市（见表3）。

表3　市级层面农村公共产品供给指标排序

地区	基础设施	农业发展	教育文化卫生	社会保障	综合水平
金昌市	0.124	0.068	0.212	0.016	1.099
张掖市	0.236	0.088	0.298	0.072	1.012
甘南州	0.144	0.026	0.342	0.046	1.002
酒泉市	0.098	0.048	0.296	0.052	0.889
白银市	0.142	0.053	0.164	0.05	0.805
平凉市	0.164	0.049	0.182	0.052	0.763
定西市	0.122	0.067	0.156	0.032	0.704
庆阳市	0.132	0.061	0.176	0.050	0.637
兰州市	0.134	0.034	0.170	0.024	0.594
武威市	0.148	0.075	0.164	0.07	0.5714
天水市	0.150	0.039	0.242	0.024	0.533
临夏州	0.176	0.031	0.168	0.046	0.514
陇南市	0.166	0.048	0.122	0.022	0.4914

资料来源：依据255个乡镇的相关数据，结合Excel2020进行描述性统计分析。

从上述数据可以看出，基本公共产品供给水平靠前的市（州）大多数分布在河西地区，一是河西地区经济发展程度较高，政府提供基本公共服务的能力强，二是基本公共产品供给水平的测算是基于人口和区域相结合，河西地区由于人口密度小，基本公共服务的发展水平处于优势地位。需要特别指出的是，兰州市作为省会城市，公共服务供给水平并未显示出应有的首位度。对于教育文化卫生、基础设施、社会保障等时效性更强的指标，兰州市发展水平和发展能力与人口总量相比较，都处于相对不足的状态，可能有以下两个方面的客观因素：一是兰州市经济发展水平影响自身投入能力，导致兰州作为省会的首位度不足，对教育文化卫生、社会保障、基础设施建设供给方面的带动能力有限；二是兰州"两山夹一谷、沿黄河狭长分布"的自然地理环境限制了城市增容、建设以及城区之间的相互交融，导致教育、基础设施、生态环境等服务硬件不足。

（三）农村公共产品供给的差异：基于县级层面的分析

一般地说，中国省级行政区内行政层级除了省、地级市和乡镇级别之外，通常还存在县级，主要包括市辖区、县级市和县等。上述研究中基于市（州）的视角，对甘肃省农村公共产品供给进行了较为详细的阐释，接下来，将基于县级层面的视角，阐释甘肃省农村公共产品供给的空间差异。

1. 农村公共产品供给分析

图4显示了基于县级层面的甘肃省农村公共产品供给指标变化趋势。其中，横轴的1~22分别指上述的22个指标。纵轴的1~75分别指如前文排序的甘肃省75个县（市、区）。竖轴0~175表示变化系数的取值范围。

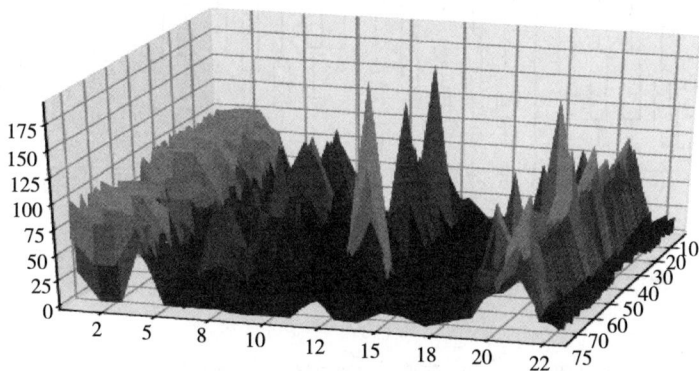

图4 县级层面农村公共产品供给指标变化趋势

资料来源：作者据Python软件编程而制。

从图4可以看出，县级层面农村公共产品供给存在较为明显的空间差异。本报告同样采用了变异系数指标和箱线图来深入考察甘肃省农村公共产品供给的空间分异属性。图5横轴的1~22指22个指标，纵轴为75个县（市、区），竖轴为变异系数的取值范围。

从图5可以看出基于县级层面农村公共产品供给指标变异系数的主要统计情况。其中，垃圾集中处理的村占比、耕地流转面积占比、种养大户占比、每万人医疗卫生机构床位数指标平均变异系数较高，这一结果与市级层面的分析一致；垃圾集中处理的村占比、农作物播种面积占比、每万人医疗卫生机构床位数等指标变异系数的波动范围较大，意味着在这些指标上，甘肃省农村公共产品供给存在很大的空间差异。

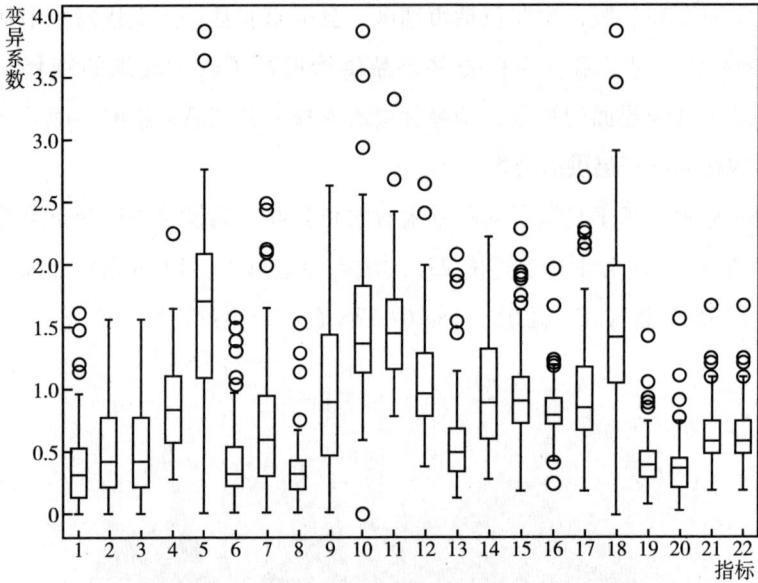

图5 县级层面农村公共产品供给指标变异系数的箱线

资料来源：作者据 Python 软件编程而制。

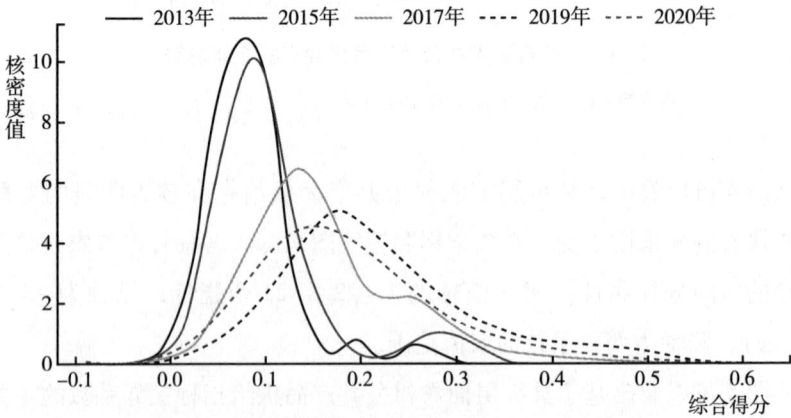

图6 县级层面农村公共产品供给指数的核密度分析

资料来源：作者据 Python 软件编程而制。

图6给出了2013~2020年农村公共产品供给的 Kernel 密度，从位置上看，2013~2020年，密度分布曲线呈现整体向右平移的趋势，非常直观地反

映出农村公共产品供给水平出现了增长的局面。从形状上看，2013～2017年，出现了双峰特征，但2017年后出现由双峰向单峰模式变化的趋势。单峰模式的转变意味着农村公共产品供给开始由发散走向收敛，县级层面出现了发展逐步协调的状况。

2. 农村公共产品供给位序分析

为了更为透彻地阐释甘肃省75个县（市、区）公共产品供给的空间差异，本报告还基于22个农村公共供给指标的加总值，对75个县（市、区）的排序情况进行了汇总。

农村公共产品供给水平靠前的县（市、区）有两当县、肃南县、迭部县、瓜州县、舟曲县、高台县、碌曲县、武都区、卓尼县、合作市等，这些县（市、区）的分布特征一是人口密度小，二是分布于少数民族、革命老区，三是分布于河西地区。党的十八大以来，国家实施西部大开发，受国家扶贫攻坚、生态保护等各项转移支付政策扶持，基本公共服务在短短二十余年快速发展，整体水平提升较快。相比较之下，其他县域由于政策支持方面较弱，加之自身发展和财政自给能力有限，农村基本公共服务供给水平发展相对滞后。

从上述分析可以看出，甘肃省农村公共产品供给水平虽受惠于国家政策和资金支持但仍处于低水平的均衡阶段，各市（州）和县域之间社会经济发展对农村公共产品供给都有一定的带动和促进作用，但并不成正比。即只有经济社会发展到一定阶段，社会财富达到一定水平积累，其对农村公共产品供给及区域间均衡发展才有较大的促进作用。但从目前发展情况看，由于我们的评价指标和数据不全面导致的评价与实际情况有所差异，但教育和社会保障这两项公共供给中最根本的保障发展较为平衡，无论是实现情况还是实现程度都相对较好。但基础设施、医疗卫生条件、文化这三项发展程度不高，区域间发展水平有一定差异。对于有异质变动趋势的区域、领域或指标，需要进行深入的研究，如何按农户需求，均衡公共产品供给水平是今后发展的重点方向。

三 研究结论与思考

（一）研究结论

（1）从基本公共服务各个领域看，甘肃省农村公共产品供给水平一般，在不同领域发展水平、发展质量和发展效率差异较大。其中，除了教育发展水平基本实现了目标，发展水平较好外，其余领域的发展和预定目标都有较大的差距。从均等化水平看，与卫生、社会保障相关的指标变异系数较小，均等化程度在现有水平下较好；而与基础设施、文化相关的指标变异系数较大，各区域不均等问题较为突出。因此，对于均等化发展相对较好的领域，要根据领域和区域不同特征，制定相应的有针对性的政策，进行差异化发展。

（2）从基于市级层面农村公共产品供给水平指标分析来看，2013~2020年，农村公共产品供给开始由收敛走向发散，市级层面出现了不协调的状况。从空间差异性看，金昌市、张掖市、甘南州、酒泉市、白银市等市（州）农村公共服务发展处于相对优势；而天水市、临夏州、陇南市等市（州）处于相对劣势。

（3）从基于县级层面农村公共产品供给水平指标分析来看，2013~2020年，农村公共产品供给开始由发散走向收敛，县级层面出现了发展逐步协调的状况。从空间差异看，两当县、肃南县、迭部县、瓜州县、舟曲县、高台县、碌曲县、武都区、卓尼县、合作市等县（市、区）农村公共产品供给水平处于相对优势；康乐县、会宁县、武山县、通渭县、秦安县、靖远县、宁县、清水县、岷县、东乡县等农村公共产品供给水平则处于相对劣势。

（4）从财政政策的角度来看，重点要针对不同区域的财政政策支持力度予以适当调整，从具体政策措施制定看，如何平衡效率和公平，在提升发展效率和质量的基础上，协调普惠性和特惠性，是需要研究的重要课题。

（二）公共服务均等化的思考

1. 优化财政支出结构

一是加快出台教育、医疗卫生、信息科技等分领域的改革方案。按照政府间事权划分原则，进一步优化政府间财政转移支付结构，高质量推动公共服务均等化。清晰界定省以下财政事权和支出责任，不断提升制度化、规范化、法治化水平，为基层建设提供财力保障。二是优化政府财政支出结构，发挥积极的财政政策效应，把各级政府减压的"三公"经费用于公共服务领域，不断提升民生支出占财政支出的比重。

2. 差异化推动公共服务投入

一是应在推动全面发展的基础上，根据各类资源的分布情况，提高基本公共服务发展投入的效率，将其投在最亟待改善的领域，解决投入失衡问题。比如，兰州市除信息服务和科技服务资源配置处于有利地位外，教育、文化、医疗卫生、基础设施、社会保障和生态环境等基本公共服务是今后投资发展的重点。

3. 大力发展县域经济

从其他地区发展经验看，基本公共服务均等化与经济发展关联性很强，县域经济既是区域经济发展的重要基础，更是高质量发展的根本支撑。因此，加快县域经济协调发展，增强区域内欠发达地区经济实力，是实现区域基本公共服务均等化的物质基础。一是要重视培育并深挖各县的比较优势。根据地区资源禀赋和产业基础，精选一批地理区位和资源方面有优势的县（市、区）进行示范，明确其主导产业和发展方面，重点扶持当地优势品牌产品、产业深化开发，制定"一县一策"，优化产业发展环境。二是要根据县域确定的主导产业，建成产业价值创新园区，逐步引导同类型、上下游和配套企业向园区聚集，形成一批地域化聚集、专业化分工、社会化协作的企业群和特色产业集聚区。

4. 推进以县城为支撑就地城镇化

县城承担了连接城乡的主要功能，是县域政治、经济、文化的中心，今后要调整优化新型城镇化空间布局，推进以县城为支撑的就地城镇化，引导人口合理流动，不断加大、均衡公共品的提供与分布，降低人口密度等因素对基本公共服务人均水平的稀释作用，防止在县域内出现两极化，弱化城关镇的作用，导致人口聚集到产业发展较好的城镇。既要发挥好县城的中心作用，也要处理好县城与工业强镇之间的关系。

B.13
甘肃数字乡村发展的问题与对策研究

李 晶 包米兰*

摘 要： 数字乡村建设是落实党的十九大提出的"数字中国"与"乡村振兴"战略的重要组成部分。当前，甘肃正处于结构调整、动力转换的关键节点，数字乡村发展成为推动全省农村经济高质量发展的重要引擎。本报告通过构建数字乡村发展评价指标体系，并以2011~2020年数字乡村相关数据对甘肃省数字乡村发展总水平进行测算。研究发现：甘肃省数字乡村发展水平不断提高，其中，农村数字信息基础与投资、农村农业现代化水平在数字乡村发展评价中起到关键作用，农村数字产业发展与农村数字服务水平发展相对缓慢。针对上述研究结果，报告提出应从夯实农村数字信息基础设施建设、加强农村地区信息化人才培养、统筹城乡村信息化建设和推进农村产业链优化和价值链提升四个方面促进甘肃数字乡村建设，有效推动农业经济发展的数字化转型与高质量发展。

关键词： 数字乡村 乡村振兴 高质量发展 甘肃省

引 言

党的十九大报告提出了建设"数字中国"和"智慧社会"，以及推进"乡村振兴"两项重大战略。"数字中国"和"智慧社会"战略主要聚焦于

---

* 李晶，博士，甘肃省社会科学院农村发展研究所副研究员，主要研究方向为农业生态水文；包米兰，兰州大学管理学院在读硕士，主要研究方向为公共文化服务、文化治理。

通过物联网、大数据、AI 等新一代信息技术的创新来实现经济与社会的高质量发展。"乡村振兴"战略则主要是为了解决新时代的中国农业、农村、农民向何处去、走什么路、实现什么样的发展等诸多根本问题。从中央的要求和工作部署来看，"数字中国"建设需要弥合城乡发展中的"数字"鸿沟，以信息化带动乡村产业发展，提升乡村治理效能。实施"乡村振兴"战略也需要加强与信息技术有关的基础设施建设，让信息技术更好"赋能"农业，更好"赋权"和"赋智"农民。因此，数字乡村建设成为了两大战略的交汇点。数字乡村建设的实质在于以信息化推动农村、农业与农民现代化。数字乡村建设既事关党和国家关于农村工作的战略部署，又是各地各部门目前都在大力推进的一项重要工作。当前，甘肃正处于结构调整、动力转换的关键节点，数字乡村发展成为推动全省农村经济高质量发展的重要引擎。了解经济发展相对缓慢的甘肃省数字乡村建设情况，对有效推进甘肃数字乡村建设，促进甘肃省农业农村经济高质量发展具有重要意义。

一　我国数字乡村建设的发展历程

数字乡村的概念最早是在 2019 年《数字乡村发展战略纲要》被正式提出，但数字乡村发展的基础，农业农村信息化在改革开放初期就开始探索。依据农业农村信息化与数字乡村不同时期特征和相关政策文件，我国数字乡村发展大致经历了三个阶段。

第一阶段为初步探索阶段（2001 年之前）。该阶段农业信息化刚刚起步，计算机逐渐被应用于农业科学计算，政府部门开始陆续建立农业信息网络。1978 年，中华人民共和国农业部成立信息中心，标志着计算机技术正式应用于我国农业生产。1992 年，农业部出台《农村经济信息体系建设方案》，首次提出关于我国信息体系建设与信息服务工作的统筹规划。1996年，中国农业信息网投入使用，并成为国家农业核心网站；同年 3 月，《中华人民共和国国民经济和社会发展"九五"计划和 2010 年远景目标纲要》

提出，要进行现代化信息基础建设，推动国民经济信息化发展。1997 年中国农业科技信息网正式上线运行。

第二阶段为起步阶段（2001～2010 年）。在这一阶段，政府出台了一系列有关乡村数字化的政策规划，并启动实施"村村通电话"工程，信息服务质量和水平得到进一步提升。2001 年农业部启动《"十五"农村市场信息服务行动计划》，计划用 3～5 年时间，促进农业信息网、新闻媒体、农村信息和农业社会化组织的密切合作，形成纵向贯通、横向相连的农村信息服务网络。2006 年，原农业部颁布《关于进一步加强农业信息化建设的意见》，强调把加强农业信息化建设作为转变政府职能、强化面向"三农"公共服务的重要举措。同年十二月，《"十一五"时期全国农业信息体系建设规划》发布，对"十一五"时期我国农业农村信息化发展做出整体部署。2007 年底，《全国农业和农村信息化建设总体框架（2007—2015）》提出运行机制是农业和农村信息化建设的根本保障。2005 年，农业部开始建设"三电合一"试点。

第三阶段为快速发展阶段（2011 年至今）。随着各项政策规划的逐步落实，在这一阶段，我国数字乡村基础设施建设取得巨大发展，农村电商快速崛起，各农村信息化相关工程成效显著。2016 年 7 月，中共中央办公厅、国务院办公厅印发《国家信息化发展战略纲要》，确立以信息化驱动现代化的基本方针。随着 2019 年 5 月《数字乡村发展战略纲要》的发布，数字乡村的概念被正式提出，并且进一步明确数字乡村既是乡村振兴的战略方向，也是建设数字中国的重要内容。① 同年 12 月，《数字农业农村发展规划（2019—2025 年）》发布，为 2019～2025 年数字农业农村的发展绘制基本蓝图：（1）经过夯实基础设施，搭建数字平台，推进信息技术在乡村产业发展和社会治理中的运用，2020 年底要取得数字乡村建设的初步成效。（2）2025 年要实现数字乡村建设的重要进展，如 4G 的深化普及与 5G 的深化应

---

① 《中共中央办公厅　国务院办公厅印发〈数字乡村发展战略纲要〉》，中国政府网，http：//www.gov.cn/zhengce/2019-05/16/content_5392269.htm。

用，形成农民技术创新创业中心和有影响力的农村电商品牌，构建相对完善的乡村数字治理体系和较繁荣的乡村网络文化。（3）2035 年要实现数字乡村建设的长远发展，如农民数字素养大幅提升，乡村治理体系与治理能力实现信息化、现代化，建设美丽乡村等；到 21 世纪中叶要全面建成数字乡村，并最终实现"农业强、农村美、农民富"的农业农村现代化目标。

二　数字乡村发展评价指标体系的构建

1. 指标的确定及遴选依据

本报告数字乡村发展评价指标体系的构建主要遵循法律政策依据、理论依据和显示依据三个遴选依据。首先，运用 NVivo11 软件对"数字乡村"的相关政策文本进行了政策文本词频与词云分析，对每份政策文件的核心内容与关键词进行统计与分析，最终绘制出"数字乡村"政策文本词云图（见图1）。

图1　"数字乡村"政策文本词云

由图 1 可见，"农村""农业""数字""建设""乡村""信息""网络"等高频词汇的出现，表明信息化和网络化是数字乡村建设的重点，"数据""网络""资源"是数字乡村发展的重要资源要素，"服务""发展"是数字技术发展的方向和目标。

其次，通过中国知网（CNKI）数据库，对 2002~2020 年相关文献进行检索，以"数字乡村"为主题词检索出相关文献 1700 篇。从时效性上说，2002~2020 年，关于"数字乡村"的相关文献共计 1700 篇，国内学者对数字乡村展开大量研究，绝大多数都集中在 2018 年后（见图 2）。这在客观上与国家大力推进数字乡村建设的实践相吻合，也从侧面说明了对数字乡村建设情况的了解与研究，大多集中于政策性、应用性。从研究主题的分布情况来看，最为集中的首推"数字乡村"与"乡村振兴"，这说明"数字乡村"建设是落实"乡村振兴"战略的重要组成，其具体还体现为数字农业、农业信息化、乡村治理、电商扶贫、智慧农业等主题。

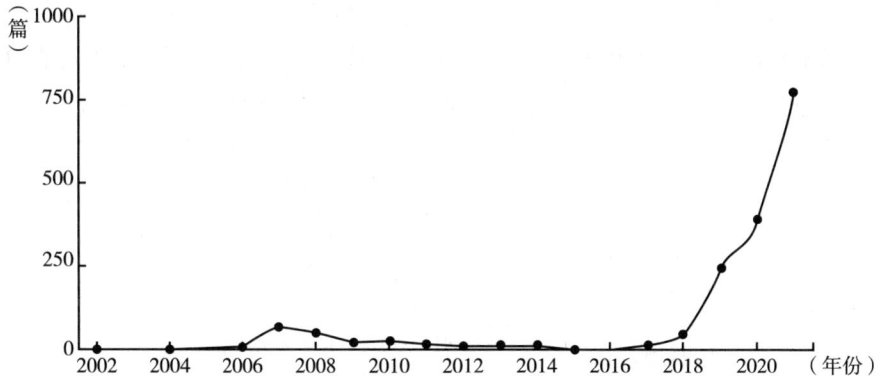

图 2　2002~2020 年 CNKI 数据库"数字乡村"文献发表趋势

在关于数字乡村评价体系的研究中，崔凯和冯献①从数字环境、数字服务、数字投入和数字效益四个维度构建了乡村数字经济指标体系。常情

---

① 崔凯、冯献：《数字乡村建设视角下乡村数字经济指标体系设计研究》，《农业现代化研究》2020 年第 6 期。

和李瑾①从智慧乡村的主要内涵出发，构建了能力类和成效类两类指标，这两类指标共同构成了智慧乡村评价指标体系的总体框架。其中，能力类指标包括应用基础、信息资源、智能设施、保障体系4个一级指标；成效指标包括产业经营、惠民服务、社会反响、精准治理和特色指标在内的5个一级指标。沈建波和王应宽②从农业信息化的角度从农业信息化资源与信息技术应用、农业信息化政策与环境、农业信息化产业、农业信息化基础设施、农业信息化人力资源五个方面构建了农业信息化水平评价指标体系。

以上有关数字乡村发展的政策文件、理论探讨对本报告构建数字乡村发展评价指标体系提供了有益参考。目前，有关数字乡村建设不管是在政策规划还是学术研究中，农业信息化、资源投入、产业经营、基础设施和人力资源都是数字乡村建设的重要组成部分。基于数据可获得性与代理变量代表性，对上述数据指标进行分类整理，最终遴选出农村数字信息基础与投资、农村农业现代化水平、农村数字产业发展、农村数字服务水平4个一级指标，移动电话拥有率、电视机拥有率、计算机拥有率、互联网普及率、信息基础设施投资、农业机械化水平、农村用电量、化肥施用量、数字交易水平、数字普惠金融水平、信息技术应用服务范围、数字人才服务队伍12个二级指标（见表1）。

表1　数字乡村发展评价指标体系

一级指标	二级指标	二级指标解释	资料来源
农村数字信息基础与投资	移动电话拥有率	农村居民平均每百户年末移动电话拥有量(部)	《中国统计年鉴》
	电视机拥有率	农村居民平均每百户年末彩色电视机拥有量(台)	
	计算机拥有率	农村居民平均每百户年末计算机拥有量(台)	
	互联网普及率	农村宽带接入用户(万户)	国家统计局网站
	信息基础设施投资	农村农林牧渔业固定资产投资额(亿元)	《中国农村统计年鉴》

---

① 常倩、李瑾：《乡村振兴背景下智慧乡村的实践与评价》，《华南农业大学学报》（社会科学版）2019年第3期。

② 沈剑波、王应宽：《中国农业信息化水平评价指标体系研究》，《农业工程学报》2019年第24期。

续表

一级指标	二级指标	二级指标解释	资料来源
农村农业现代化水平	农业机械化水平	机耕面积(万亩)	《甘肃统计年鉴》
		机播面积(万亩)	
		机收面积(万亩)	
	农村用电量	农村用电量(亿千瓦时)	
	化肥施用量	化肥施用量(万吨)	
农村数字产业发展	数字交易水平	电子商务销售额(亿元)	国家统计局网站
		电子商务采购额(亿元)	
	数字普惠金融水平	数字普惠金融指数	《北京大学数字普惠金融指数(2011~2020)》
农村数字服务水平	信息技术应用服务范围	农村投递线路(公里)	《甘肃发展年鉴》
		邮电局营业网点(处)	
	数字人才服务队伍	农村信息运输、计算机服务和软件业从业人员数(万人)	《甘肃农村年鉴》

2. 测度方法

关于一个指标体系中相关指标权重的确定，主要包括主观赋权法和客观赋权法两种方法。主观赋权法是研究者根据其主观价值判断来制定权数的一种方法[①]，该方法的优势在于研究者可以根据自身研究需要与研究重点对指标进行赋权，具有一定的灵活性，但该方法的主观随意性较大，易受到主观偏好、知识水平等因素的影响，因而构建的权数缺乏稳定性。客观赋权法是指根据客观环境的原始信息，通过统计方法处理后获得权数的一种方法，相较主观赋权法更少受到研究者的主观因素的影响，更具有客观性。为减少指标测度的偏差，研究选择使用客观赋权法中的熵值法进行赋权，各指标权重如表 2 所示。

---

① 杨宇：《多指标综合评价中赋权方法评析》，《统计与决策》2006 年第 13 期。

表2　数字乡村发展评价指标体系及权重

一级指标	权重	二级指标	权重
农村数字信息基础与投资	0.3622	移动电话拥有率	0.0499
		电视机拥有率	0.0544
		计算机拥有率	0.0519
		互联网普及率	0.1214
		信息基础设施投资	0.0846
农村农业现代化水平	0.2536	农业机械化水平	0.1616
		农村用电量	0.0509
		化肥施用量	0.0411
农村数字产业发展	0.1612	数字交易水平	0.1202
		数字普惠金融水平	0.0410
农村数字服务水平	0.2230	信息技术应用服务范围	0.1749
		数字人才服务队伍	0.0481

熵值法是指根据各项观测值的差异程度，确定各指标权重的方法。其基本原理为：当研究对象的某项指标的值相差较大时，其对应的熵值较小，说明该指标提供的有效信息量较大，其权重也应较大；反之，则权重较小。

采用熵值法对甘肃省数字乡村发展水平进行测评，主要有以下4个步骤。

第一步：将原始数据矩阵归一化。正向指标的归一化公式为：

$$A_{ij} = \frac{a_{ij} - \min\{a_j\}}{\max\{a_j\} - \min\{a_j\}}$$

其中，A_{ij}为归一化后的指标值，a_{ij}表示第i年第j个指标的原始值，$\min\{a_j\}$为所有年份中j指标的最小值，$\max\{a_j\}$为所有年份中j指标的最大值。

第二步：计算评价指标的熵值，即$h_i = -k\sum_{i=1}^{m}(f_{ij}\ln f_{ij})$，式中$k = \frac{1}{\ln m}$，$f_{ij} = \frac{A_{ij}}{\sum_{i=1}^{m} A_{ij}}$，$h_j \in [0, 1]$，$m$为参与评价的年数。

第三步：将熵值转换为权数，即$w_j = \frac{e_i}{\sum_{j=1}^{n} e_i}$，式中$e_i = (1 - h_j)$。

第四步：计算综合评价指数，即得到第 j 个指标的权重后，则可计算第 j 个指标第 i 年甘肃数字乡村发展水平的综合评分 T_{ij}，$T_{ij} = w_j A_{ij}$。T_{ij} 越大，表明数字乡村发展水平越高，反之则越低。

三 实证分析

1. 资料来源

本报告用到的相关数据主要来源于《甘肃发展年鉴》、《甘肃农村年鉴》、《中国农村统计年鉴》、国家统计局及相关研究报告，为确保数据的可比性和连续性，对于个别指标部分年份的缺失数据，采用插值法予以补充。

2. 实证结果

在确定各指标与指标权重基础上，计算甘肃数字乡村发展情况，结果如表 3 所示。

表 3　甘肃数字乡村发展水平得分情况

年份	农村数字信息基础与投资	农村农业现代化水平	农村数字产业发展	农村数字服务水平	数字乡村发展总水平
2011	0.0132	0.0292	0.0031	0.0043	0.0498
2012	0.0597	0.0626	0.0158	0.0414	0.1795
2013	0.0733	0.0894	0.0396	0.0494	0.2517
2014	0.1220	0.1220	0.0798	0.0701	0.3939
2015	0.1519	0.1515	0.0992	0.0852	0.4878
2016	0.2600	0.1703	0.0834	0.0919	0.6056
2017	0.3009	0.2114	0.1154	0.0497	0.6774
2018	0.3638	0.1964	0.1482	0.0709	0.7793
2019	0.3678	0.1838	0.1562	0.0848	0.7926
2020	0.4349	0.1712	0.1602	0.0936	0.8599

整体来看，甘肃数字乡村发展迅速，发展水平稳步提升。2011～2020年，十年间，农村数字信息基础与投资、农村农业现代化水平、农村数字产业发展与农村数字服务水平均有所提高，但不同指标有着不同的发展趋势（见图 3）。

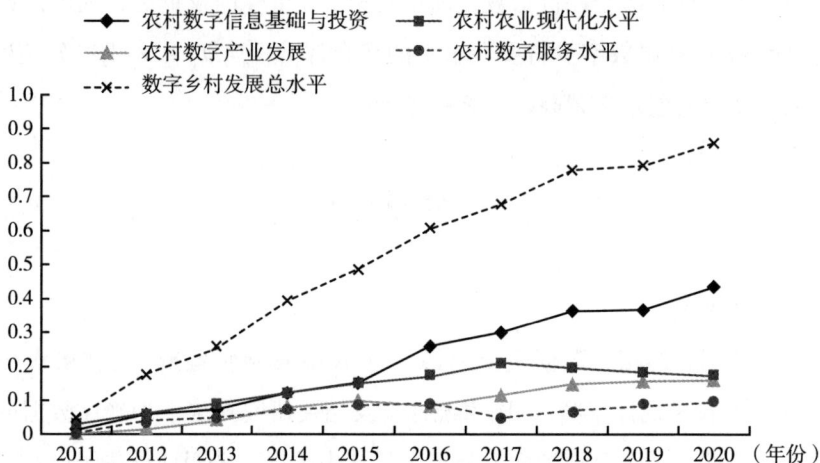

图3　甘肃数字乡村发展水平发展趋势

（1）甘肃农村数字信息基础与投资在十年间发展迅速，从2011年的0.0132增至2020年的0.4349，成为甘肃数字乡村发展水平最主要的贡献部分。但随着农村数字信息基础与投资基数的增大，增速逐渐放缓。在2012年、2014年、2016年三个时期的快速增长，这与甘肃农村数字信息建设密切相关。十年间，甘肃省开展了一批农业信息化建设重点工程，如"农村信息公共服务网络工程"等，建立了农业监测预警体系，为农业经济运行和农产品流通提供了信息技术支撑。全省80%以上的行政村建立了基层信息服务站，信息服务点达1万个，乡村信息员达到3.4万人，农业综合信息覆盖率超过80%。①

（2）农村农业现代化水平先稳步上升，在2017年达到峰值后开始下降。甘肃省作为西部农业大省，在持续推进农业现代化建设进程中，坚持运用先进科学技术，农业机械化水平不断提升。2020年，甘肃播种粮食面积达3957万亩，总产量突破1200万吨，2021年全省综合机械化率为63.5%，其中小麦机械化率达到90%，基本实现全程机械化。另外，全省逐步开展

---

① 尚清芳：《甘肃省农业信息化建设的现状与路径选择》，《现代化农业》2018年第8期。

"一乡一农机合作社"建设试点与农机合作社装备提升行动,共扶持农机合作社2137个,乡镇农机合作社覆盖率达到74.5%。而在农业机械化水平不断提高的同时,部分年份甘肃省农作物总播种面积呈下降趋势,这也导致了农村农业现代化水平在2017年之后呈现下降趋势。

(3)农村数字产业发展在2012年之后稳步提高。2012年,国家商务部公布首批34个国家电子商务示范基地,全国各地也纷纷推出电子商务发展规划,通过重点工程、重点行业、重点企业加强区域内电子商务资源的集聚。十年间,甘肃省通过搭建农村电商服务平台,打破了地域空间限制,不断拓展农产品销售市场,推动农业绿色发展。目前,甘肃省已有电子商务网站3万余家,其中90%以上从事农特产品的销售。2020年甘肃省电子商务企业已达到8960家,电子商务销售额突破600亿元。①

(4)农村数字服务水平呈现波动式发展。在2011年,该项同样也处在非常低的水平,并在2012年之后实现较快发展,但不同于农村数字产业发展趋势的是,甘肃农村数字服务水平在平稳增长6年后开始出现下降,在2017年达到低谷,之后缓慢恢复。农村数字服务水平一方面受到物联网等信息技术应用服务范围的影响,另一方面还受到数字人才服务队伍规模的影响。

基于上述分析发现,2011~2020年,甘肃省数字乡村发展水平显著提高,农村数字信息基础与投资和农村农业现代化水平在甘肃数字乡村发展中占有重要地位。农村数字信息基础设施建设与投资作为农业信息化发展的基础性工程,在2011年已经拥有一定基础,在之后的发展中也更快。而数字产业发展与数字服务水平则建立在农村数字信息基础之上,更注重数字化信息化技术在农村经济发展中的应用,这需要更多的资源、设备、人才积累,其效果的显现也需要更长的时间。

---

① 朱微、徐鹏伟:《数智化时代农村电子商务高质量发展及创新模式研究——以甘肃省为例》,《山东农业工程学院学报》2022年第7期。

四 结论与政策建议

1. 夯实农村数字信息基础设施建设，推进农村基础设施的数字化转型

甘肃农村数字信息基础与投资在过去十年间发展迅速，但受经济发展、地理环境等因素的影响，农村地区人口分布分散，基础设施建设基础薄弱，仍存在很大的发展空间。据测算，2020 年全国县域农业农村信息化建设的财政投入仅占国家财政农林水事务支出的 1.4%。[①] 数字乡村建设依赖强大的数据信息网络基础，如果网络的问题没有解决，乡村的数字农业、数字物流和数字政务就无法实现。因此，完善的农村数字信息基础设施是推动数字乡村建设发展的前提条件，政府一方面应继续加大基础设施建设的资金投入，推进村村通、宽带接入、数字电视等工程建设，提高高速网络的农村覆盖率，构建农村产业数字化传递通道，强化数字技术在农业生产应用。另一方面，还应引导村民转变传统耕作模式，推行现代机器耕作模式以提高农业生产效率。建立数字农业科技园，利用智能设备进行科学育种，实现乡村产业数字化。利用网络通信技术拓宽农产品销售渠道，加强线上与线下的联系与互动，以建构一种精准的、可视化的订单式农业发展形态。

2. 应加强农村地区信息化人才培养，增强农村人力资本与数字技术的耦合度

人才是推进乡村产业与治理、实现数字化转型的第一资源。一方面，乡村的发展需要源源不断的人力与智力支持，只有"人兴才能业旺"。另一方面，信息化或者说数字化时代对村民的信息技术素养提出了更高要求，村民也唯有掌握一定的信息技术知识，确保使用智能手机"能联网、会上网、懂操作、用得上"，才具有参与和推进数字乡村建设的知识与能力基础。

政府应加快培养数字经济驱动下的新型农民，提升农村劳动力利用数字资源的能力，不断强化农村人力资本积累，以此推动农村产业与数字技术的

[①] 农业农村部市场与信息化司、农业农村部信息中心：《2021 全国县域农业农村信息化发展水平评价报告》，http：//www.agri.cn/V20/ztzl_ 1/sznync/ltbg/202112/P020211220311961420836.pdf。

深入融合与发展。政府应重点引进和培养两类人才，第一类是从事基础性工作的人员，比如懂得使用信息技术手段来完成诸如信息惠民服务平台的数据采集等工作。事实上，掌握信息技术知识的工作者对数字技术在农村普及与利用起着重要作用。这些工作者一方面可以帮助村里和乡亲去做一些力所能及的公共事务，另一方面可以通过向村民教授数字化相关的基础知识，提升农民数字技术的使用效率。第二类是专业技术人才，这类工作者主要从事搜集与处理数据工作，通过数据进行分析与决策。应让这些人才作为专业合作社的合作伙伴或村党支部的骨干成员，从而帮助乡村搭建或选择适合自身实情的数字应用场景，提高农村数据资源利用效率，推动农村产业、治理、生态的数字化转型。

3. 应统筹城乡村信息化建设，探索城乡信息化融合发展机制

政府要统筹城乡信息化建设，加快补齐农村基础设施的各项短板，加强网络互联，促进各类信息服务资源在城乡之间的自由流通。协同推进数字乡村与智慧城市建设，促进城市地区优质资源，如教育资源、医疗资源、文化资源向农村的流动。逐步构建城乡一体化社会网格单元，打破城乡行政与社会治理的二元结构。依托甘肃"一核三带"区域发展格局建设，不断提升城市群发展能级和辐射功能，打破行政区划限制，促进省域、城乡之间的政策、市场、产业互通，缩小城乡发展差距，实现城乡信息化建设协同发展。

4. 应以农村电商升级为手段，推进农村产业链优化和价值链提升

一是依据全省不同乡镇人口分布、交通区位、产业基础等因素分类推进农村电商服务站，不断完善农村电商示范点建设和运营的基本标准。二是促进物联网、区块链技术在产品质量安全追溯方面的深度应用，通过农村电商与农产品的对接，以市场需求倒逼农产品的标准化生产。三是引导和鼓励龙头企业、专业大户、专业合作社与大型电商平台合作。积极参与产品研发与包装设计，积极培育特色农产品品牌。四是充分利用国家对农村电子商务的政策支持，加大资金投入，实施农产品仓储保鲜物流设施工程、农产品网络销售达人计划，降低农产品运输成本，提高村民积极性。在农村增设快递投递点，形成县乡村三级物流体系，改善村民收发快递不便利的现状。

　　总之，充分发挥信息技术"赋能"乡村产业发展，"赋权"乡村治理格局，"赋智"村民思想观念的积极作用，是推进数字乡村建设的应有之义。数字乡村建设才刚刚开始，除了靠国家政策和投资驱动，不断完善乡村的信息技术设施建设，搭建各类数字服务公共平台，夯实智慧乡村建设的"硬件"，下一步还要调动村民参与数字乡村建设的积极性与主动性，让村民成为会使用一定信息技术来找致富产业，满足日常生产与生活需求的"新农民"。唯有如此，才能真正做到以信息化助力农村、农业和农民的现代化。

B.14
甘肃农业经济与生态系统的
耦合协调性分析

摘　要： 农业农村发展是实现乡村振兴的重要动力，加快推进农业农村
现代化是实施乡村振兴战略的重要途径。乡村要振兴，就要做
到农业经济与生态系统耦合协调发展。本报告对甘肃省2009~
2021年农业经济与生态系统数据进行了分析，运用熵值法与耦
合模型构建了甘肃省农业经济与生态系统耦合评价指标体系。
结果表明：甘肃农业经济与生态系统实现了"严重失调→勉强
协调→初级协调→良好协调→优质协调"的发展转变，说明农
业经济与生态系统正从磨合阶段向高水平有序发展阶段演变，
耦合协调性整体趋势向好。同时，耦合协调发展中依然存在乡
村人口流失、生态承载和环境风险波动大、农业生产力发展缓
慢等问题。为推进农业经济与生态系统耦合协调发展，需优化
农业产业结构，提高农业经济发展水平；优化水资源调配，提
高水资源利用效率；保护生态系统，坚持绿色生态发展模式；
保护环境，走节能减排高质量发展道路。

关键词： 农业经济　生态系统　熵值法　甘肃省

---

* 蔺伟虎，农学博士，甘肃省社会科学院农村发展研究所助理研究员，主要研究方向为农业生
态学。

一 农业经济发展与生态系统耦合的研究现状

农业经济与生态系统耦合是指农业经济与生态系统之间相互作用、影响形成的相互关联体系，耦合度大小能反映两个系统之间的信息、物质依赖度[①]。农业经济与生态系统耦合协调发展对农业资源的合理利用、社会和经济的进步及农业的良性发展有着重要作用。Hanley 等认为生态环境保护与经济发展存在相对性和均衡性。[②] Allan 等利用生态经济学的观点阐释了生态系统与农业经济发展中存在的问题。[③] 当前，有关农业经济与生态系统耦合的研究大体上可分为耦合系统的可持续发展研究、耦合系统协调性发展研究，以及耦合系统发展路径研究。

可持续发展研究：姜力玮等[④]通过熵权法等构建了甘肃农业生态系统可持续评价的指标体系，从生态、资源、经济、社会四个方面阐释了甘肃农业可持续发展中存在的系列问题，认为要实现可持续发展目标，就得加强生态补偿、激发农村发展潜能、巩固和发展循环农业、制定一些有利于生态环保和农业经济协调发展的政策。孙晓莉[⑤]对吉林省伊通满族自治县的生态农业产业发展进行了研究，得出提升农业生产能力、升级农业污染治理水平等可有效促进自治县农业的可持续发展及生态环境保护。农业可持续发展中的资

---

① 方永丽、曾小龙：《中国省际农业生态效率评价及其改进路径分析》，《农业资源与环境学报》2021 年第 1 期。

② Hanley N., Mcgregor P. G., Swales J. K., et al., "Do Increases in Energy Efficiency Improve Environmental Quality and Sustainability?", *Ecological Economics*, 2009, 68（3）：692-709.

③ Allan G., Hanley N., Mcgregor P., et al., "The Impact of Increased Efficiency in the Industrial Use of Energy：A Computable General Equilibrium Analysis for the United Kingdom", *Energy Economics*, 2007, 29（4）：779-798.

④ 姜力玮、李绍辉、陈强强：《甘肃省农业生态系统可持续性评价》，《新疆农垦经济》2020 年第 8 期。

⑤ 孙晓莉：《吉林伊通满族自治县生态农业经济的可持续发展路径》，《农业工程技术》2019 年第 23 期。

源、环境、人、科技等相互影响并发挥作用，缪建群等①通过建立指标评价体系，对南方丘陵地区的农业发展进行了客观评价，认为南方地区具有独特的地理条件，由于南方地区森林覆盖率高，因此在指标评价体系中应当考虑这些特定因素。一个地区的生态环境、经济发展、自然资源、农业发展情况从社会科学的角度和自然科学的角度来分析可能截然不同，是两个不同的领域，因此要客观准确地评价体系的发展状况，就要从两个方面去探讨。王向辉②通过社会科学与自然科学交叉研究的综合研究方法，评价了西北地区现代农业生态环境发展现状及发展中存在的问题、阐述了农业灾害和农业资源之间的内在联系，并针对农业发展与生态保护中存在的问题给出了建议，认为采取集雨工程用于干旱区域农业发展，加强科技减灾及减灾系统建设都有利于西北干旱农业发展。

协调发展路径研究：在研究农业经济与生态系统关系中，研究最多的就是双系统协调发展的路径。韩超跃等③对湖南省的农业生态系统与农业经济系统进行耦合协调分析时，发现近十五年来，湖南省的农业经济与生态系统发展逐渐向好，从以前的失调到现在的初步协调过渡。樊祖洪等④以喀斯特生态脆弱区的贵州省为研究对象，对农业生态环境与农业经济发展数据进行分析，构建了农业生态系统与农业经济系统的评价指标标准体系，运用熵权法等经济学模型分析了农业生态系统-经济系统的综合评价指数、客观分析了两个系统发展之间耦合协调度与耦合情况的演变趋势；认为近20年来，贵州省大力发展经济，由以前的农业生态系统发展指数领先型正在转变为经济系统领先型，应在经济快速发展的同时，加强生态保护，使得两个系统协

①　缪建群、赵梅、黄国勤：《南方丘陵山区农业可持续发展综合评价及实证分析》，《中国农业资源与区划》2021年第8期。
②　王向辉：《西北地区环境变迁与农业可持续发展研究》，西北农林科技大学博士学位论文，2012。
③　韩超跃、赵先超、胡艺觉：《湖南省农业生态-经济系统耦合协调发展研究》，《湖南工业大学学报》2021年第4期。
④　樊祖洪、熊康宁、李亮、郭琼琼：《喀斯特生态脆弱区农业生态经济系统耦合协调发展研究——以贵州省为例》，《长江流域资源与环境》2022年第2期。

调稳定发展。2009~2018 年，陕西省生态系统与农业经济发展的耦合协调性较高，接近高度协调，说明陕西省在农业经济发展的同时对生态保护力度大，这种良好的发展模式，有利于陕西省的农业经济高质量发展，同时，陕西省应该继续加强生态建设，巩固和稳定农业经济与生态系统耦合协调发展模式，有效推进农业农村现代化发展[1]。高静等[2]运用熵值法确定各指标权重，基于 2004~2017 年全国统计数据，借助耦合协调度模型，评估了全国农业生态系统与经济系统发展的耦合协调关系。

2022 年，中央颁布了《关于做好 2022 年全面推进乡村振兴重点工作的实施意见》，为进一步做好"三农"工作提供了指导。乡村要振兴，必然要经济和生态保护协同发展，形成一个良性体系。当前，甘肃正处于乡村振兴的关键时期，如何在保护生态环境的情况下高质量发展农业，面临着诸多问题。因此，通过甘肃农业经济和生态系统耦合协调性分析，为甘肃农业经济与生态系统协调可持续发展提供理论支撑，为下一步政策制定提供参考，这对科学评价该地区生态治理效益与实现农业生态经济协调发展具有重要意义。

二 甘肃省人口、生态及碳达峰碳中和发展现状

（一）人口总量减少，乡村人口占比大幅降低

2009~2021 年，甘肃省人口总量波动减少，由 2009 年的 2554.91 万人降低到 2021 年的 2490 万人，降低了 2.6%。城镇人口比重由 2009 年的32.65%提高到 2021 年的 53.33%，乡村人口比重由 2009 年的 67.35%降低到 2020 年的 46.67%，减少 20 多个百分点（见表 1）。

---

① 李小娟：《陕西省农业经济与农业生态系统的耦合协调发展关系》，《贵州农业科学》2020年第 5 期。
② 高静、于建平、武彤、刘玮：《我国农业生态经济系统耦合协调发展研究》，《中国农业资源与区划》2020 年第 1 期。

表 1   甘肃省人口总量及构成

单位：万人，%

年份	年末总人口	城镇	比重	乡村	比重
2021	2490.00	1328.00	53.33	1162.00	46.67
2020	2501.02	1306.28	52.23	1194.74	47.77
2019	2509.02	1272.07	50.70	1236.95	49.30
2018	2515.08	1249.74	49.69	1265.34	50.31
2017	2522.07	1213.62	48.12	1308.45	51.88
2016	2520.10	1161.01	46.07	1359.09	53.93
2015	2523.18	1116.26	44.24	1406.93	55.76
2014	2531.08	1070.14	42.28	1460.94	57.72
2013	2537.13	1027.54	40.50	1509.59	59.50
2012	2550.15	2550.15	38.78	1561.20	61.22
2011	2551.73	950.52	37.25	1601.21	62.75
2010	2559.98	924.66	36.12	1635.32	63.88
2009	2554.91	834.18	32.65	1720.73	67.35

资料来源：根据 2009~2021 年《甘肃发展年鉴》和国家统计局网站整理所得。

第七次全国人口普查数据显示，甘肃省大专及上受教育程度人口数增幅最为明显，由第六次全国人口普查的 7520 万人增加到 14506 万人，增加了将近 1 倍。高中和中专受教育程度人口数也由 2010 年的 12686 万人增加到 12937 万人。与此同时，初中和小学受教育程度人口数分别由 2010 年的 31213 万人、32504 万人降低到 2020 年的 27423 万人、29808 万人。此外，甘肃省文盲人口和人口文盲率均出现了降低，其中人口文盲率降低了 1.97 个百分点。可见，自国家持续推行九年义务教育、大力发展中高等教育之后，甘肃省人口受教育程度明显提高，文盲率显著下降，人口素质和质量得到进一步提升（见表 2）。

表 2   甘肃省人口受教育程度

单位：万人，%

年份	大专及以上	高中和中专	初中	小学	文盲人口	文盲率
2020	14506.00	12937.00	27423.00	29808.00	168.03	6.72
2010	7520.00	12686.00	31213.00	32504.00	222.22	8.69

资料来源：根据《甘肃发展年鉴》（2011 年和 2021 年）整理所得。

（二）生态保护力度加强，生态环境逐渐向好

2018~2020年，甘肃省造林面积每年达到340千公顷以上；截至2020年，人工种草保留面积166.31万公顷，当年种植面积52.89万公顷，牧草总干草产量达到1487.7万吨；综合治理沙漠化土地超2000万亩。总体来看，甘肃省生态环境逐年向好，生态环境得到改善，绿色和生态发展理念逐渐深入人心，建设生态文明的新甘肃势头良好。生态用水总量逐年增加，与2016年相比，2020年生态用水量增加了近61.7%。生态建设投资逐年增加，与2014年生态建设与保护本年完成投资396063万元相比，2018年生态建设与保护本年完成投资达716295万元，增加了80.85%。

甘肃构建了黄河流域生态保护和高质量发展"1+N+X"规划体系；实施了陇中陇东黄土高原区水土流失治理等系列重要举措；大力推进了一大批国家公园保护建设项目实施；与兄弟省份就黄河流域的开发、利用和保护展开讨论，并签订了河流联防联控联治、生态补偿等协议推动黄河流域高质量发展。加强生态保护红线、环境质量底线、资源利用上线和生态环境准入清单制度的实施力度，确保其发挥作用。祁连山生态保护成效良好，并建立了祁连山生态保护常态化机制，国家公园体制试点建设基本完成。2018~2020年，甘肃省生态环境大排查、整治力度加大，发现存在问题超4000个。PM2.5的平均浓度下降了11.5%，70多个国家考核断面水质优良率达到95.9%，土壤环境较为安全。

（三）绿色发展逐步加强，"双碳"工作稳步向前

2022年7月，甘肃省委、省政府发布《关于完整准确全面贯彻新发展理念做好碳达峰碳中和工作的实施意见》，旨在力争与全国同步实现"双碳"目标。自2021年以来，甘肃省首先建立了"双碳"工作体系，开展对碳排放的数据核算，对碳排放较为严重的行业进行核查。将一些电力能源企业纳入全国的碳交易市场，在一些以能源为主要产业的市县（区）率先取得成效。从目前的发展势头来看，甘肃省能源消耗强度较为合理。甘肃省具

有丰富的风能和太阳能,这些新型清洁能源的比例逐年增加,利用清洁能源发电量增加,电能增加有望带动一批以清洁能源为主的产业入驻和发展。2021年底,甘肃省新能源装机的总量达到3095万千瓦,占甘肃总装机容量的48.7%,显著高于全国平均水平;电网新能源并网发电量达到446亿千瓦时,占甘肃总发电量的23%,高于全国12.3%的平均水平;非化石能源占一次能源消费比重达到26.2%,远高于全国15.6%的平均水平。"双碳"目标的实现必须拥有一批高层次创新型人才,目前,甘肃正全力建设和打造绿色发展的智库,助推实现绿色发展。

三 甘肃省农业经济基本情况

(一)产业结构逐渐趋于合理

甘肃省经济发展快速,产业结构趋于合理。由表3可以看出,2009年和2021年甘肃省生产总值分别为3268.30亿元、10243.30亿元,2021年较2009年提高了213%,经济呈快速增长趋势。第一、第二、第三产业增加值的比重由2009年的12.80:45.08:42.12调整为2021年的13.32:33.84:52.83。2009~2021年,第一产业增加值比重逐年降低后又逐渐增加,由2009年的12.80%下降到2014年的10.67%,继而升高到2021年的13.32%,升高了2.65个百分点;第二产业增加值比重呈现先增后降趋势,由2009年的45.08%上升到2011年的47.51%,继而逐年下降到2021年的33.84%,下降了13.67个百分点;第三产业增加值比重呈波动趋势,总体趋势逐渐增大,由2009年的42.12%增加至2021年的52.83%,上升了10.71个百分点,整体产业结构趋于合理。

从表3可以看出,甘肃省在发展经济的过程中对产业结构进行了调整,第一产业发展势头良好,对第二产业的依赖性有所降低,与此同时,第三产业得到大力发展。但与2021年全国三次产业增加值比重(7.3:39.4:53.3)相比,甘肃省第一产业增加值比重高出6.02个百分点,比重过高,第二产业增加值比重较低,第三产业增加值比重与全国基本持平。

表3　甘肃省生产总值及内部产业增加值结构

单位：亿元，%

年份	甘肃省生产总值	第一产业增加值	比重	第二产业增加值	比重	第三产业增加值	比重
2021	10243.30	1364.70	13.32	3466.60	33.84	5412.00	52.83
2020	8979.70	1188.10	13.23	2824.80	31.46	4966.70	55.31
2019	8718.30	1059.30	12.15	2862.40	32.83	4796.60	55.02
2018	8104.10	926.10	11.43	2761.60	34.08	4416.40	54.50
2017	7336.70	859.80	11.72	2515.80	34.29	3961.20	53.99
2016	6907.90	800.80	11.59	2483.50	35.95	3623.70	52.46
2015	6556.60	733.40	11.19	2505.40	38.21	3317.80	50.60
2014	6518.40	695.80	10.67	2823.30	43.31	2999.40	46.01
2013	6014.50	658.10	10.94	2674.00	44.46	2682.40	44.60
2012	5393.10	590.90	10.96	2493.00	46.23	2308.90	42.81
2011	4816.90	525.60	10.91	2288.60	47.51	2002.70	41.58
2010	3943.70	472.60	11.98	1910.40	48.44	1560.80	39.58
2009	3268.30	418.40	12.80	1473.20	45.08	1376.60	42.12

资料来源：根据2009~2021年《甘肃发展年鉴》和国家统计局官网整理所得。

（二）农林牧渔业内部经济结构优化

2009~2021年，甘肃省农林牧渔业总产值和各产业总产值不断上升，农林牧渔业总产值由2009年的809.72亿元上升到2021年的2439.54亿元，增加了201%，在农业经济发展过程中内部结构得以不断优化调整。

从表4中结果得知，甘肃省农林牧渔总产值比重由2009年的67.99：2.79：15.37：0.11调整为2021年的66.53：1.34：25.41：0.08，逐步实现了农林牧渔各产业的协调发展。其中牧业总产值比重呈现显著上升趋势，从2009年的15.37%上升到2021年的25.41%，上升了近10个百分点。林业总产值总体呈在波动中上升的趋势，2021年总产值较2009年上升了45.22%，但林业总产值的比重有所下降，由2009年的2.79%下降到2021年的1.34%，说明林业产业发展还有很大空间。甘肃省在稳定发展农业的同时，因地制宜发挥自身优势，大力发展畜牧业和特色林果业，在提高农民收入，获得经济效益的同时，获得了一定的生态效益，实现了经济增长与环境保护协同发展的良好局面。牧业总产值和比重逐年快速上升，牧业总产值由 2009 年的 124.42 亿元上升到 2021 年的 619.85 亿元；渔业总产值呈现先增加后降低波动趋势，相较于其他产业占比较小，比重变化不大，渔业的发展离不开良好的水源和气候环境，甘肃省贯彻落实国家黄河流域生态保护和高质量发展的重要战略指示，逐步实现生态绿色且富有地理特色的渔业。

2021 年，甘肃省农林牧渔产业结构比值，与国家农林牧渔产业结构比值 53.29：4.43：27.15：9.87 相比，甘肃省农业总产值比重为 66.53% 高于国家水平，林业总产值比重 1.34% 低于国家水平，牧业总产值比重 25.41% 相近国家水平，渔业总产值比重 0.08% 远低于国家水平。

表 4 甘肃省农林牧渔总产值及内部产业结构

单位：亿元，%

年份	农林牧渔业总产值	农业总产值	比重	林业总产值	比重	牧业总产值	比重	渔业总产值	比重
2021	2439.54	1623.21	66.53	32.82	1.34	619.85	25.41	1.96	0.08
2020	2103.61	1423.85	67.69	31.73	1.51	495.29	23.54	1.97	0.09
2019	1887.58	1306.41	69.21	38.09	2.02	395.57	20.96	2.03	0.11
2018	1659.36	1166.10	70.27	33.07	1.99	318.88	19.22	1.97	0.12
2017	1559.64	1068.61	68.52	31.57	2.02	308.97	19.81	2.09	0.13
2016	1443.12	985.73	68.31	30.83	2.14	285.91	19.81	2.22	0.15
2015	1386.18	951.15	68.62	33.88	2.44	217.51	15.69	1.44	0.10
2014	1307.31	897.79	68.67	30.21	2.31	208.95	15.98	1.42	0.11
2013	1233.78	853.79	69.20	26.65	2.16	197.25	15.99	1.33	0.11
2012	1116.00	772.98	69.26	23.87	2.14	180.38	16.16	1.19	0.11
2011	999.69	688.56	68.88	20.50	2.05	163.94	16.40	1.05	0.11
2010	905.22	628.88	69.47	22.06	2.44	141.52	15.63	0.78	0.09
2009	809.72	550.56	67.99	22.60	2.79	124.42	15.37	0.92	0.11

资料来源：根据 2009～2021 年《甘肃发展年鉴》和国家统计局官网整理所得。

（三）农民生活水平显著提高

近年来，甘肃省坚持推进农业产业结构调整，充分利用国家政策扶持、加大资金投入，发挥自然资源优势，尤其是在蔬菜产业、马铃薯产业、食用菌产业、以牛羊为主的畜牧业、中药材产业、以苹果为主的果业等方面取得了好成绩，建立了一大批支柱产业和"三标一品"品牌。2018年以来，甘肃省通过壮大牛、羊、菜、果、薯、药"六大特色农业产业"，积极发展现代制种、食用百合、花椒、油橄榄、食用菌等特色产业，将自然优势转化为经济优势，产业发展势头良好，成效显著，农民收入水平提高显著，为全省农业经济的快速发展奠定了基础。

从表5可以看出，2015~2021年，甘肃省农村居民人均可支配收入增长迅速，由2015年的6936元增长到2021年的11433元，提高了64.8%，农民的生活水平得到明显提高。收入结构发生变化，家庭经营收入和工资性收入的比重有所增加，在2020年分别达到45%和29%，依然是农民收入的主要来源，而财产性收入和转移性收入的比重略有降低。收入的提高促使农村居民生活质量发生了明显改善，2021年，农村居民人均消费支出11206元，比2009年3188元增长了2.52倍。

表5　甘肃省农村居民人均可支配收入

单位：元，%

年份	农村居民人均可支配收入	工资性收入	比重	经营性收入	比重	财产性收入	比重	转移性收入	比重
2021	11433.00	—	—	—	—	—	—	—	—
2020	10344.00	2986.00	29	4650.00	45	135.00	1	2573.00	25
2019	9629.00	2769.20	29	4322.00	45	129.50	1	2408.30	25
2018	8804.00	2534.70	29	3823.70	43	211.50	2	2234.10	25
2017	8076.00	2275.40	28	3556.16	44	142.31	2	2102.18	26
2016	7457.00	2125.00	28	3261.00	44	128.00	2	1942.00	26
2015	6936.00	1974.86	28	3025.23	44	127.99	2	1808.13	26

资料来源：根据2016~2021年《甘肃发展年鉴》和国家统计局网站整理所得。

四　甘肃省农业经济与生态系统的耦合协调性

（一）耦合协调模型构建

1. 资料来源：农业经济与生态系统资料来源于中国国家统计局官网和 2009~2021 年《甘肃发展年鉴》。

2. 数据分析：

（1）利用极差标准化法对原始数据进行处理。

正向指标：$K_{mn} = \dfrac{A_{mn} - C_{mn}}{D_{mn} - C_{mn}}$

负向指标：$K_{mn} = \dfrac{D_{mn} - A_{mn}}{D_{mn} - C_{mn}}$

式中：K_{mn} 为指标标准化后的数值，A_{mn} 为各个指标的原始值，D_{mn} 为原始数据中各指标的最大值，C_{mn} 为原始数据中各指标的最小值；m 为不同年份，n 为各个指标的编号。正向指标的值越大说明对系统的发展越好，负向指标的值越小说明对系统发展越好。

（2）熵值法确定每项指标的权重

各指标的比重：$B_{mn} = \dfrac{A_{mn}}{\sum_{mn-1}^{e} \times A_{mn}}$

第 n 项指标的熵值：$F_{mn} = - \sum_{m,\,n=1}^{e} B_{mn} \ln(B_{mn})$

信息熵冗余度：$E_{mn} = 1 - F_{mn}$

各指标权重：$W_{mn} = \dfrac{E_{mn}}{\sum_{m,\,n=1}^{e} \times E_{mn}}$

（3）农业经济与生态系统各综合评价指数 U 的计算

各综合评价指数：$U_{农业经济} = U_m W_m \sum_{m=1}^{8}$

$$U_{生态系统} = U_m W_m \sum_{m=1}^{15}$$

耦合协调度模型中，C 值表示耦合度，T 值表示协调指数，D 值表示耦合协调度。本报告参考舒小林等[1]、慕智玉[2]等的方法，对 D 值和协调等级的划分标准（见表6），最终得出各项的耦合协调程度。

表6　耦合协调度等级划分标准

耦合协调度 D 值区间	协调等级	耦合协调程度
(0.0,0.1)	1	极度失调
[0.1,0.2)	2	严重失调
[0.2,0.3)	3	中度失调
[0.3,0.4)	4	轻度失调
[0.4,0.5)	5	濒临失调
[0.5,0.6)	6	勉强协调
[0.6,0.7)	7	初级协调
[0.7,0.8)	8	中级协调
[0.8,0.9)	9	良好协调
[0.9,1.0)	10	优质协调

（二）农业经济与生态系统耦合协调性指标及权重

甘肃省农业经济与生态系统耦合评价指标体系共有生态系统和农业经济两个系统指标，5个一级指标，23个二级指标；其中，生态系统中的自然条件、生态承载、环境风险权重系数分别为 0.1675、0.2070、0.2689，农业经济中的农业生产力、经济水平权重系数分别是 0.1389、0.2176，说明环境风险对生态系统起着首要的作用，其次是经济水平，而农业生产力对生态系统的影响较低；各个二级指标的熵值法权重系数 w，水资源总量为 0.0423、人均水资源量为 0.0412、年平均气温为 0.0420、年降水量为 0.0420、人工造林总面积为 0.0757、累计种草保留面积为 0.0336、建成区

① 舒小林、高应蓓、张元霞、杨春宇：《旅游产业与生态文明城市耦合关系及协调发展研究》，《中国人口·资源与环境》2015年第3期。
② 慕智玉：《四川省城镇化与耕地集约利用耦合协调关系研究》，四川师范大学硕士学位论文，2016。

绿化覆盖率为 0.0424、城市绿地面积为 0.0402、农作物总播种面积为 0.0151、化学需氧量排放量为 0.0239、二氧化硫排放量为 0.0645、农用化肥施用折纯量为 0.0394、森林病虫鼠害发生面积为 0.0678、火场总面积为 0.0272、农用塑料薄膜使用量为 0.0461、农林牧渔业总产值为 0.0369、农业机械总动力为 0.0359、人均粮食产量为 0.0217、肉类产量为 0.0444、农村居民消费为 0.0279、农村居民人均可支配收入为 0.0375、有效灌溉面积为 0.0282、城镇基本医疗保险年末参保人数为 0.1240。

表7 甘肃省农业经济与生态系统耦合评价指标体系

系统指标	一级指标	熵值法权重系数 w	二级指标	指标代码	指标属性	熵值法权重系数 w
生态系统	自然条件	0.1675	水资源总量(亿立方米)	X1	正	0.0423
			人均水资源量(m³/人)	X2	正	0.0412
			年平均气温(℃)	X3	正	0.0420
			年降水量(毫米)	X4	正	0.0420
	生态承载	0.2070	人工造林总面积(千公顷)	X5	正	0.0757
			累计种草保留面积(千公顷)	X6	正	0.0336
			建成区绿化覆盖率(%)	X7	正	0.0424
			城市绿地面积(万公顷)	X8	正	0.0402
			农作物总播种面积(千公顷)	X9	负	0.0151
	环境风险	0.2689	化学需氧量排放量(万吨)	X10	负	0.0239
			二氧化硫排放量(万吨)	X11	负	0.0645
			农用化肥施用折纯量(万吨)	X12	负	0.0394
			森林病虫鼠害发生面积(万公顷)	X13	负	0.0678
			火场总面积(公顷)	X14	负	0.0272
			农用塑料薄膜使用量(吨)	X15	负	0.0461
农业经济	农业生产力	0.1389	农林牧渔业总产值(亿元)	X16	正	0.0369
			农业机械总动力(万千瓦)	X17	正	0.0359
			人均粮食产量(公斤)	X18	正	0.0217
			肉类产量(万吨)	X19	正	0.0444
	经济水平	0.2176	农村居民消费(亿元)	X20	正	0.0279
			农村居民人均可支配收入(元)	X21	正	0.0375
			有效灌溉面积(千公顷)	X22	正	0.0282
			城镇基本医疗保险年末参保人数(万人)	X23	正	0.1240

（三）农业经济与生态系统耦合协调性总体评价

2009~2020 年，甘肃省的生态系统与农业经济发展状态经历波折，大体趋势为"严重失调→勉强协调→初级协调→良好协调→优质协调"，说明农业经济与生态系统耦合过程正从磨合阶段向高水平有序发展阶段演变，甘肃省的农业经济与生态系统的耦合协调度整体趋势向好。

2009~2020 年，甘肃省农业经济与生态系统的耦合协调度共经历了 4 个拐点，第一个拐点在 2010 年，相较于 2009 年耦合协调度显著增加，但随后又降低，到 2011 年达到最低，出现严重失调；2009~2020 年，耦合协调度呈先增加后降低再升高的趋势，整体趋势为显著增加，这说明自 2011 年以来，甘肃省生态系统与农业经济发展模式发生了巨大变化，由原来牺牲资源和生态的粗放型发展农业经济模式，转变为集约型、节水型、绿色生态型发展模式（见表 8 和图 1）。

表 8　甘肃农业经济与生态系统耦合协调性分析

年份	耦合度C 值	协调指数T 值	耦合协调度D 值	协调等级	耦合协调程度
2020	0.998	0.966	0.983	10	优质协调
2019	0.998	0.932	0.965	10	优质协调
2018	0.996	0.898	0.945	10	优质协调
2017	0.979	0.805	0.897	9	良好协调
2016	0.997	0.42	0.647	7	初级协调
2015	0.959	0.345	0.575	6	勉强协调
2014	0.98	0.32	0.56	6	勉强协调
2013	0.984	0.364	0.598	6	勉强协调
2012	0.995	0.244	0.493	5	濒临失调
2011	0.478	0.082	0.198	2	严重失调
2010	0.935	0.149	0.374	4	轻度失调
2009	0.323	0.186	0.245	3	中度失调

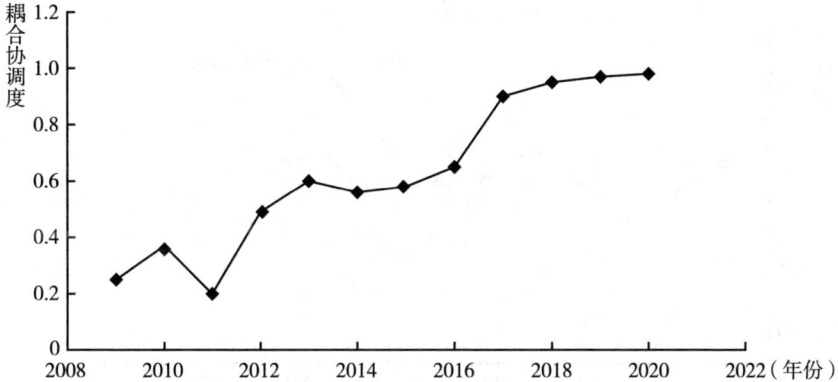

图 1　甘肃农业经济与生态系统耦合协调度变化

（四）农业经济和生态系统发展综合指数

由图 2 可知，2009~2011 年，生态系统综合指数不断下降，农业经济综合指数不断上升，说明农业经济发展对生态环境产生了负向影响；2011~2013 年，生态系统综合指数有所回升，农业经济综合指数持续增长，说明这段时期农业经济发展与生态系统之间的矛盾得到一定程度的缓解；2013~2015 年，生态系统综合指数又有所下降，但农业经济综合指数持续增长；2015~2020 年，生态系统综合指数快速上升后达到稳定，农业经济总体呈快速增长趋势。

由图 3a 得知，生态系统中的自然条件指数从 2009~2011 年急剧下降，说明这段时期对自然生态资源的使用较多，2012 年后呈现降低趋势，直到 2015 年达到转折点后快速上升，2017 年达到这一阶段的最大值，随后呈下降趋势；在 2011 年以前，环境风险指数与自然条件指数相反，呈逐步下降趋势，但在 2011~2020 年，环境风险指数与自然条件指数变化趋势相同，且环境风险指数始终大于自然条件指数；生态承载指数在 2009~2013 年时显著低于环境风险指数，2014~2020 年，除 2017 年外，生态承载指数均高于自然条件和环境风险指数；综合以上，自然条件、生态承载和环境风险 3 个指数整体呈现波动上升趋势，之间的差距减小，这说明，生态系统在朝着可持续的方向稳定发展。

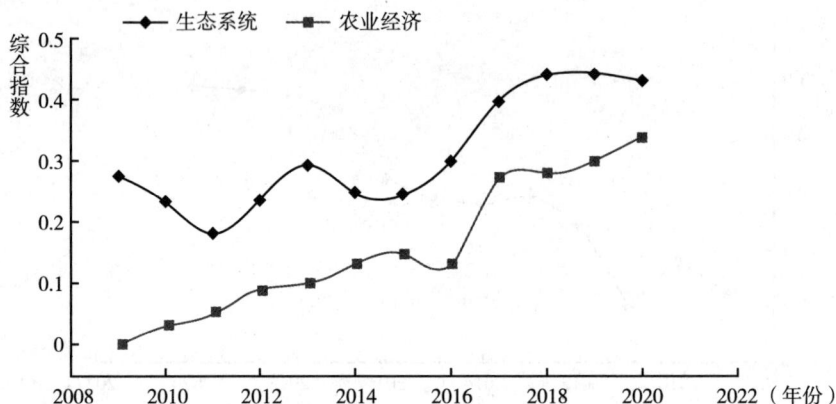

图2　甘肃农业经济与生态系统综合指数变化

由图3b可知，2009~2014年，农业经济指标指数中的农业生产力指数与经济水平指数均呈上升趋势，农业生产力指数始终大于经济水平指数，但在2015~2020年，经济水平指数实现快速反超，说明生产方式、产业结构和经济发展模式发生了改变，由原来的粗放型发展向高效高质量发展转变；总体上，经济水平指数和农业生产力均呈现上升趋势，这说明甘肃农业经济和农业生产力在不断波动中逐步向好的方向发展。

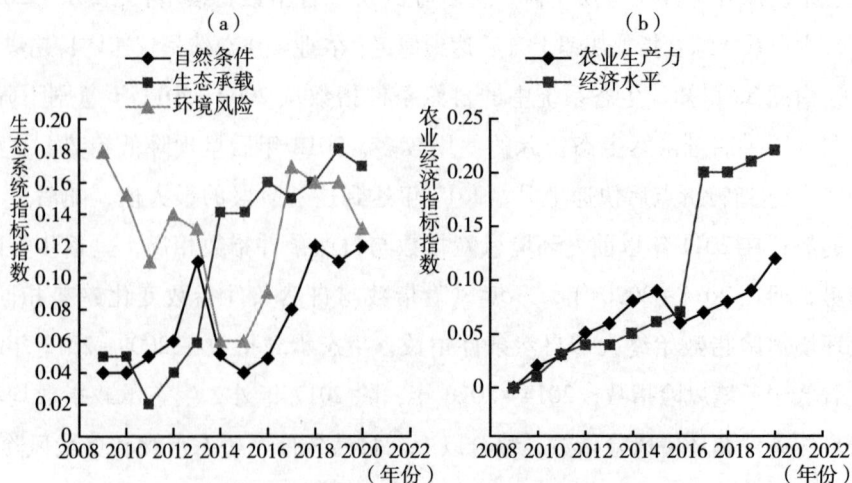

图3　农业经济与生态系统一级指标的变化趋势

五　甘肃农业经济与生态系统耦合
协调发展中存在的问题

（一）人口流失，乡村人口减少导致乡村生产劳动力不足

从甘肃省的基本情况来看，自 2009 年以来，甘肃省人口总量波动减少，人口发展进入缓慢下降阶段。从人口再生产模式来看，2009 年甘肃省人口出生率为 13.32‰，人口死亡率为 6.71‰，人口自然增长率为 6.61‰。之后人口出生率和人口自然增长率逐年下降，人口死亡率波动增加，2020 年，人口出生率稳定在 10.55‰，人口自然增长率跌至 2.64‰。由于人口出生率的降低和人口死亡率的升高，人口自然增长率也进入断崖式下降阶段。随着人口自然增长率的下降，15~64 岁人口占比从 2010 年的 73.61% 降低至 2020 年的 68.05%，65 岁及以上人口增加了 4.35%，劳动力人口大幅减少，人口老龄化加剧，无法满足经济增长所需要的大量劳动力，成为制约第一、第二、第三产业发展的瓶颈。甘肃省是农业大省，乡村是农业经济发展的主要基地。2010 年甘肃省乡村人口数为 2087.61 万人，其中，从事农林牧渔业人口数为 724.82 万人，2020 年，甘肃省乡村人口数减少至 2062.88 万人，农林牧渔业从业人数较 2010 年减少 85.92 万人，大量的劳动力转向从事工业、建筑业及住宿餐饮业，为农业发展带来巨大挑战。

（二）环境风险和生态承载波动大，生态意识有待提高

环境恶化已成为人类生存、生产面临的最大问题，备受全世界关注。甘肃省生态环境十分脆弱，干旱少雨，气候变化复杂，植被稀疏，土地荒漠化、沙化严重，是全国水土流失最严重的地区之一。近年来，国家对甘肃生态建设不断重视并给予了各方面的支持，甘肃省在省委省政府的领导下，大力实施各项生态保护工程，其中包括退耕还林、退耕还草、草原修复、植树造林、沙漠化治理等一系列措施，均取得了良好成效。但是，由于生态恢复

是一个周期较长的工程，生态建设需要打持久战，长期投入资金和技术，要充分利用资源，避免浪费和污染，目前，生态治理依然面临着各种挑战，一些雪山雪线上升，一些地区地下水位下降等都是亟待解决的问题。因此，总体来看自然生态环境近年来虽然得到一定改善，但依然面临可持续发展的挑战。

（三）农业生产力水平滞后

从农业经济指标来看，2009～2015年农业生产力指数大于经济水平指数，但2016～2020年农业生产力指数小于经济水平指数，且二者差距越来越大，这反映出，甘肃农业生产力在发展过程中有待提高。一方面，科技创新能力不足，许多企业和产业园区使用的生产技术陈旧；缺乏创新型人才，在农业生产过程中，企业和生产基地在种、采、收、加工、销售等环节得不到及时有效的技术指导。另一方面，虽然许多企业、研发基地与高校、科研院所建立了一定的合作关系，但实际发挥的作用有待提高。近年来，甘肃农业机械总动力增长缓慢，劲头不足，在一定意义上限制了农业生产力的发展，同时，主要受自然环境和机械化创新水平限制，部分山地不能有效应用规模集约机械化作业模式。

六 对策建议

（一）优化农业产业结构，提高农业经济发展水平

当前，在我国经济发展逐步由高速增长转变为中速的高质量发展形势下，如何能够保持甘肃农业经济发展的速度与水平至关重要。一是充分利用当地的资源优势，因地制宜发展农业，科学合理调整产业结构，引导向第二、第三产业转移，降低第一产业比重，减少对生态系统的压力。二是合理规划粮食作物与经济作物，种植业与林业、牧业、渔业结构，提高资源利用率，加快农业生产要素流动，促进农业协调可持续发展。三是对落后的农业

生产方式进行创新改造，提高农业生产要素的使用效率。四是继续培育发展特色优势产业，加大政策、资金扶持力度，深入推进初级农产品深加工，延长产业链、补全产业链、增强产业链，利用大数据等互联网技术促进产业链升级，提高农业经济效益。以资源节约型社会和环境友好型社会为目标，优化农业内部产业结构，大力研发推广节水及经济型作物品种，降低对水资源的依赖程度。五是大力引进先进人才、先进技术、先进机械，提升农业生产力，对传统农业生产技术进行优化升级改造，通过技术创新、品牌创新，实现产业结构优化。六是合理布局和建设现代农业产业园区，发挥农业产业园区中农业合作社的带动效应，建立健全农业合作社、农业产业园区中的企业与农民间的利益联结机制。

（二）优化水资源调配，提高水资源利用效率

一是根据甘肃省内各地区水资源实际情况，合理规划区域经济、产业结构和农业发展规模，科学确定灌溉面积，以适水种植、量水生产为目标，继续大力发展节水农业、旱作农业，调整农作物种植结构，缩减高耗水作物种植规模，对高耗水农作物严格限种，鼓励种植耗水少，农业附加值高的农作物，推进黄土高原草牧业生态示范区建设。二是强化用水管理，加大取水许可管理实施力度，全面推广取水许可电子证照，按计划对重点地区、领域、行业、产品进行用水管控，强化动态监管，不定期进行专项监督检查。三是继续出台具有可操作性的保护水资源的政策，甘肃多地处于黄河上游，应对黄河流域的山、林、田、草、沙、冰等生态资源实施保护政策，将有利于水源涵养和水土保持。四是加大宣传力度，培养农村居民在农业用水过程中的节水意识。

（三）保护生态系统，坚持绿色生态发展模式

农业生态系统是农业经济发展的根本与基础，良好的农业生态环境能为农业经济发展提供适宜的环境条件。一要加强生态发展的理论宣传教育，让农民在农业生产、加工和销售等过程中遵循绿色生态发展理念，科学使用化

肥、农药、塑料薄膜等生产资料，加强使用绿色环保的生态型农业技术，降低土壤、水资源等污染，进而实现农业经济效益与生态效益的协调可持续发展。二要加强农业创新技术的应用及创新型人才投入，通过"互联网+"与智慧农业等技术的应用，提高资源使用率及质量，不断完善"科技含量高、经济效益好、环境污染少"的高质量农业经济体系，形成农业经济与生态系统协同发展的良好模式。三要逐步优化甘肃生态农业建设，在提高甘肃农业生态保护能力的同时实现更高水平的农业经济发展，进而推动生态系统与经济复合系统的全面协调发展。

（四）保护环境，走节能减排高质量发展道路

一是减少能源消耗和污染排放量，在工业发展中推行低消耗、低排放的新型工业化，在产业发展过程中大力支持高新技术产业，不断提升自主创新能力，强化优势产业的引领主导地位，全力推动产业集聚式、全链式发展，优化升级产业结构，达到节能减排的目标。二是促进低能耗、低排放、低污染的绿色经济的发展，通过资金投入、鼓励和奖励绿色环保企业，大力支持发展绿色环保产业，最大限度减少二氧化硫、二氧化碳等污染物的排放量。三是继续加强林草火灾安全防护，升级火灾检测系统，大力宣传推广防火防灾安全知识，以减少火灾的发生频率。

参考文献

陈晓瑜、赵慧芳、潘祖鉴、孙晓航、林玉蕊：《福建省农业经济系统与生态系统的耦合协调性分析》，《武夷学院学报》2021年第9期。

仇方道、汤茜：《基于熵值法的徐州市农业可持续发展评价研究》，《徐州师范大学学报》（自然科学版）2005年第2期。

张珺、张妍：《基于灰色系统理论的生态农业与生态旅游业耦合协调度测算分析——以湖南省为例》，《生态经济》2020年第2期。

B.15
甘肃农村养老情况调查与研究

王卫华　张福昌　翁 丽*

摘　要： 本报告分析了甘肃省农村人口老龄化趋势、农村老年人的生活状
况和养老需求、农村养老服务发展情况，并从大力推进乡村振兴
战略实施，完善农村养老保障与服务体系，提高无子女老人养老
补贴，加快构建多元农村养老服务体系，立足家庭养老、关注农
村老年人的身心健康等方面，提出进一步完善农村养老保障的政
策建议。

关键词： 农村养老　老龄化　乡村振兴

随着人口老龄化问题的到来，农村养老供需矛盾突出，主要体现在经济
保障难、健康护理难、精神关爱难等三个方面。解决农村养老问题，既有难
点，也有机遇和希望。随着国家实施乡村振兴战略，开展美丽乡村建设，农
村地区基础设施建设和公共服务供给水平逐渐提高，解决农村养老问题的有
利条件逐渐增多。为了更好地为政府研究制定农村养老服务政策提供可靠的
参考依据，课题组选取甘肃省 14 个市州 36 个县区的农村老年人和农村养老
机构工作人员作为调查对象开展调查研究，调查样本共计 1247 个，其中农
村老年人样本 988 个，农村养老机构工作人员样本 259 个。

---

* 王卫华，甘肃省统计局农村处处长，主要研究方向为产业经济学；张福昌，统计师，甘肃省
统计局农村处副处长，主要研究方向为农业经济学；翁丽，甘肃省统计局农村处一级主任科
员，主要研究方向为区域经济学。

一　甘肃农村人口老龄化趋势

（一）甘肃农村人口老龄化总体趋势

随着城市化进程的加快，很多农村青壮年离开家乡外出务工，农村出现大量"留守老人""空巢老人"。第七次全国人口普查数据显示，2020年甘肃城镇人口1306.73万人，占总人口的52.2%；乡村人口1195.25万人，占总人口的47.8%，与2010年第六次全国人口普查数据相比，乡村人口比重下降16.3个百分点。2020年甘肃乡村人口中，65岁及以上人口183.65万人，占乡村人口的15.37%，比重较2010年上升6.7个百分点，已达到深度老龄化社会占比标准（14%）。

（二）乡村人口结构逐渐老化

根据人口年龄结构特点，可以将人口结构分为三个阶段，分别为少儿人口（0~14岁）、劳动年龄人口（15~64岁）和老年人口（65岁及以上）。第七次全国人口普查数据显示，2020年甘肃省乡村人口中，0~14岁人口233.29万人、15~64岁人口778.31万人、65岁及以上人口183.65万人，分别较2010年减少28.6%、减少33.4%、增加28.8%，少儿人口和劳动年龄人口不断减少，老年人口不断增加，乡村人口结构呈现逐渐老龄化的趋势（见图1）。

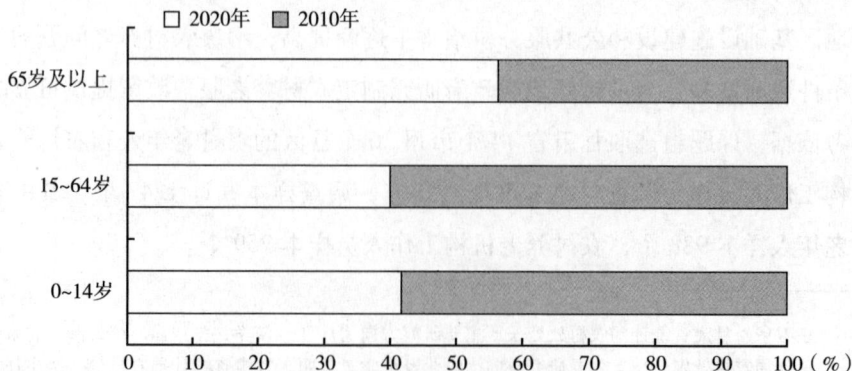

图1　甘肃省乡村人口结构变化趋势

（三）乡村老年人口抚养比不断上升

第七次全国人口普查数据显示，2010 年甘肃省乡村老年人口抚养比为 12.2%，2020 年抚养比达到 23.6%，10 年间抚养比增长了近 1 倍。乡村老年人口抚养比的持续上升，表明了养老保障负担越来越重，养老金的支出也越来越多，养老保障体系建设面临的挑战将越来越大。目前，甘肃省农村特困供养对象 9.37 万人，其中老年人 6.27 万人，占比为 66.9%。农村经济困难老年人 6.12 万人，农村留守老人 4.63 万人，农村失能、半失能老年人约为 46.25 万人。

二 调研情况

（一）甘肃农村老年人的生活状况

1. 家庭养老仍是主要养老方式

农村老年人的生活离不开儿女和老伴的陪伴，他们既是老年人生活中不可缺少的帮手，更是重要的情感支柱。在被调查老年人中，至少有一个子女在本地工作的占 77.2%，所有子女均在外地工作的占 12.2%，没有子女的占 10.5%。分析发现，在子女在本地工作的老年群体中，42.5% 的子女可以每天或隔天探望一次老人，26.6% 的子女至少每周能探望一次老人。但是所有子女均在外地工作的老年群体，43.0% 的子女每半年探望老人一次，22.3% 的子女每一年看望一次老人甚至更少。调查发现，41.5% 的农村老年人独自居住或与老伴居住，47.9% 的老年人与子女共同居住，仅有 8.9% 的老年人在农村养老院等养老机构居住，1.7% 的老人居住状况为其他情况。在被问到"您是否接受过或考虑过农村养老服务"时，大多数有子女的老年人表示目前不需要、不考虑养老服务，家庭养老仍是农村老年人养老的主要方式。

2. 农村老年群体收入来源单一且普遍偏低

随着年龄的增长和体能的下降，农村老年人务工已力不从心，大多数农村老年人的主要收入来源为子女赡养，占样本量的 65.8%，其次为政策保障收入和农业生产收入，占比分别为 64.5% 和 37.8%，务工或其他收入仅占16.2%，收入来源比较单一。具体分析，有子女的老年人主要依靠子女赡养，占比为73.5%，其次为农业生产收入和政策保障收入，占比分别为41.5%和61.4%；没有子女的老年人主要依靠政策保障收入，占比高达90.4%。农村老年人的收入来源不仅单一，收入水平也普遍偏低，调查显示，44.6%的老年人收入在500~1000元，33.9%的老年人收入在500元以下，仅有21.5%的老年人收入超过1000元。受老年人收入较低影响，在被问到"您可以负担的养老服务价格"时，59.6%的老年人选择500元/月以下，34.5%的老年人选择500~1000元/月，仅有5.9%的老年人选择1000元/月以上。

3. 农村老年人健康水平总体有所提升

近年来，随着农村社会事业的发展，农村卫生状况得到极大改善，医疗卫生机构逐渐增多，医护人员素质逐年提高，医疗配备、医院床位也基本能满足农村人口就医需要。同时，政府大力推进农村人居环境整治，生活环境变得干净、舒适、健康、便捷，老年人的身体状况越来越好。调查显示，77.1%的农村老年人身体健康，能照顾自己；19.8%的老年人身体较差，需要他人照顾；仅有3.0%的老年人身体很差，完全需要他人照料。通过分析孤寡老年人的健康状况发现，在身体较差或身体很差的老年人中，孤寡老人占比高达57.7%，孤寡老人的健康状况需要引起高度关注。

4. 农村老年群体对当前养老现状满意度较高

近年来，随着脱贫攻坚、乡村振兴、农业农村现代化等一系列战略举措的实施，农村发生了翻天覆地的变化，农民富裕了，生活便捷了，环境美化了，农村老年人的幸福指数也越来越高。调查发现，农村老年群体对当前养老状况满意度较高，83.7%的老年人表示非常满意或比较满意。在被问到"对农村机构养老服务比较满意的地方"时，68.0%的老年人认为安全感、归属感、幸福感得到满足，47.2%的老年人表示日常起居餐饮及家政服务得到满足，40.6%的老年人表示医疗健康得到保障，30.5%的老年人表示空闲生活得到丰富。

（二）农村老年人的养老偏好及因素分析

1.总体养老偏好及因素分析

受养儿防老等传统观念影响，甘肃农村老年人依然偏好家庭养老。在问卷调查中，在被问及"倾向于哪种养老模式"时，67.8%的老年人选择由子女照料，10.1%的老年人选择由养老服务点提供服务的家庭养老，11.6%的老年人选择在敬老院、养老院等养老机构养老，6.3%的老年人选择邻里之间互相照顾的农村互助养老，4.2%的老年人选择其他养老方式。

为研究主要有哪些因素影响了农村老年人养老方式的选择，本报告将老年人倾向的养老方式作为因变量（Y），将性别、年龄、居住状况、子女工作情况、每月收入水平、身体状况等6个因素作为自变量（X），进行交叉（卡方）和多分类 Logistic 分析。交叉（卡方）分析结果显示，性别、居住状况、子女工作情况和身体状况显著影响农村老年人养老方式的选择，而年龄、每月收入水平不是影响农村老年人养老方式选择的主要因素。剔除年龄和每月收入水平因素后，运用多分类 Logistic 模型对显著性因素进行回归分析，结果见表1。

表1 多分类 Logistic 回归分析结果汇总——简化格式

项目	由养老服务点提供服务的家庭养老	在敬老院、养老院等养老机构养老	邻里之间互相照顾的农村互助养老	其他
性别	0.576**	-0.032	0.206	-0.316
	-2.622	(-0.116)	-0.73	(-0.861)
居住状况	-0.288	0.520**	-1.002**	-0.714**
	(-1.648)	-3.153	(-3.832)	(-2.620)
子女工作情况	0.817**	1.754**	0.893**	1.045**
	-4.474	-10.474	-3.938	-4.297
身体状况	0.141	0.876**	-0.675	0.541
	-0.605	-4.014	(-1.576)	-1.712
截距	-3.430**	-6.697**	-1.516*	-3.298**
	(-6.365)	(-10.963)	(-2.008)	(-4.262)
似然比检验	$\chi^2(16) = 330.390, p = 0.000$			

注：因变量：倾向的养老方式；McFaddenR^2：0.159；Cox & SnellR^2：0.284；NagelkerkeR^2：0.324；* $p<0.05$，** $p<0.01$，括号里面为 z 值。

Logistic 分析结果表明：一是与家人居住的农村老年人在物质、精神、护理等方面都能获得较好的保障，因此会更倾向于家庭养老；而独居、在养老服务机构居住的农村老年人则会因为缺少家人陪伴，担心未来养老问题，在养老方式选择上会偏向选择邻里互助或机构养老。二是身体健康、具有正常生活自理能力的老年人会优先选择家庭养老，而身体较差，甚至患病、自理能力丧失的老年人，对康复护理的服务需求意愿强，更愿意到环境条件好、护理专业的养老机构。

2. 农村老年人养老偏好趋势预测

随着城镇化的进一步发展、农村人口老龄化速度进一步加快，未来农村老年人的养老思想观念是否会转变，是否会逐渐接受机构养老或邻里互助，是一个值得探究的问题。调查发现，在没有子女的老年人中，66.3%选择在养老机构养老，机构养老是他们的无奈之举。所以需剔除"没有子女"的老年人样本，对农村老年人的养老偏好趋势进行预测。剔除"没有子女"的老年人样本后，样本量为 884 个。选取每月收入水平、对目前生活状况满意程度及选择养老方式的影响因素作为对照指标，与老年人倾向的养老方式做交叉对照表（见表2）。

表2 有子女农村老年人养老偏好交叉

单位：%

项目		由子女照料的家庭养老	由养老服务点提供服务的居家养老	在敬老院、养老院等养老机构养老	邻里之间互相照顾的农村互助养老	其他
每月收入水平	500 元以下	35.2	25.6	37.0	15.8	42.9
	500~1000 元	42.3	48.8	34.8	59.6	42.9
	1001~2000 元	13.5	18.6	15.2	19.3	8.6
	2000 元以上	9.1	7.0	13.0	5.3	5.7
对目前生活状况满意程度	非常满意	51.1	29.1	34.8	42.1	17.1
	比较满意	35.8	47.7	37.0	42.1	37.1
	一般	12.1	22.1	26.1	14.0	40.0
	不太满意	0.8	1.2	2.2	0.0	5.7
	非常不满意	0.3	0.0	0.0	1.8	0.0

项目		由子女照料的家庭养老	由养老服务点提供服务的居家养老	在敬老院、养老院等养老机构养老	邻里之间互相照顾的农村互助养老	其他
选择养老方式的影响因素	养儿防老等传统观念影响	46.1	23.2	13.6	25.2	29.0
	服务收费价格	16.1	28.6	26.1	20.6	9.7
	生活便利程度	22.2	28.6	34.1	29.0	16.1
	服务专业程度	6.0	15.5	20.5	11.2	9.7
	其他	9.6	4.2	5.7	14.0	35.5

调查结果显示，未来倾向选择"由子女照料的家庭养老"的老年人，主要为每月收入水平在500~1000元、对目前生活状况非常满意、有养儿防老等传统观念的老年人。

未来倾向选择"由养老服务点提供服务的居家养老"的老年人，主要为每月收入水平在500~1000元、对目前生活状况比较满意、对养老机构服务收费价格和生活便利程度有要求的老年人。

未来倾向选择"在敬老院、养老院等养老机构养老"的老年人，主要为每月收入水平在500元以下、对目前生活状况比较满意、对养老机构生活便利程度有要求的老年人。

未来倾向选择"邻里之间互相照顾的农村互助养老"的老年人，主要为每月收入水平在500~1000元、对目前生活状况非常满意和比较满意、对养老机构生活便利程度有要求的老年人。值得关注的是，倾向于选择"邻里之间互相照顾的农村互助养老"的57位老年人中，至少一个子女在本地工作的有42位，子女均在外地的只有15位。这说明虽然子女在本地工作，但是部分农村老年人更愿意依靠邻里互助养老，养儿防老的观念正在逐渐发生变化。

（三）养老需求日趋多元化

随着城乡融合步伐的加快，农村老年人的生活水平逐年提高，老年人对健康养老的需求日趋多元化和多层次化。调查发现，甘肃农村老年人的养老需求主要包括生活照料需求、医疗保健需求和文化娱乐需求。

首先，甘肃农村老年人最迫切需要得到的是生活照料，调查显示，77.4%的受访老年人最想得到起居饮食及家政服务，占比高于医疗护理服务、文化娱乐休闲服务和其他服务。目前，在需要生活照料的老年人中，25.7%面临着收入低、生活困难、养老没有保障的困难，19.5%面临着子女外出、家庭照料的困难。

其次，甘肃农村老年人还对医疗保健有着强烈需求。调查显示，75.7%的老年人需要得到医疗护理服务。通过对照分析农村老年人的身体状况与养老需求发现（见表3），不论老年人身体状况如何，都对医疗护理服务有所需求，身体很差的老年人更注重医疗保健。

表3 身体状况与养老需求交叉

单位：%

身体状况	起居饮食及家政服务	医疗护理服务	文化娱乐休闲服务	其他服务
身体健康，能照顾自己	25.1	25.3	15.5	4.2
身体较差，需要他人的照顾	40.8	38.8	24.0	10.7
身体很差，完全需要他人照料	53.3	40.0	23.3	0.0

现如今，农村老年人的生活越来越好，对养老的需求也不仅仅满足于日常生活起居和医疗保健，他们开始逐渐注重文化娱乐等精神方面的需求。随着农村宽带、无线网络、智能手机的普及，老年人不走出家门，就能了解丰富多彩的大千世界，老年人的眼界宽了，精神方面的需求也多了。在被问及"最想得到的农村养老服务"时，除了起居饮食及家政服务、医疗护理服务等基础项目外，46.4%的老年人表示最想得到文化娱乐休闲服务。

（四）甘肃农村养老服务发展情况

1. 甘肃农村养老服务总体发展情况

面对日益严峻的农村人口老龄化形势，近年来，甘肃省深入学习贯彻习近平总书记关于养老服务工作的一系列重要指示及讲话精神，着力建机制、强基础、补短板、促服务，初步形成了集家庭养老、村邻互助、乡镇敬老院集中供养、县级特困供养机构兜底养老及医养康养、智慧养老为一体的农村新型养老服务模式。据甘肃省民政厅数据，目前，全省共有县、乡特困供养机构239家，床位1.7万张，集中供养特困对象1.1万人。共有互助老人幸福院、老年人活动中心等养老设施7271个，覆盖46%的行政村。调查显示，31.8%的老年人所在村有居家养老服务站点；14.8%的老年人所在村有福利院、敬老院；11.7%的老年人所在村有养老院；3.4%的老年人所在村有老年公寓（社会机构）。

2. 养老机构服务设施丰富多样

近年来，甘肃下大力气完善农村养老服务设施，力争为老年人打造充实丰富、舒适健康、轻松愉悦的生活环境，丰富老年人的晚年生活，满足老年人的精神需求。在养老机构工作人员调查样本中，超过78%的工作人员表示自己所在的养老机构提供起居照料、餐饮服务、医疗保健、文体健身活动等多种方式的服务，30.1%的工作人员表示自己所在的养老机构提供上门照料服务。超过76.1%的工作人员表示自己所在的养老机构提供的活动设备多种多样，包括书籍报刊、影音电视、网络、文体活动室、健身设备。超过66%的工作人员表示自己所在的养老机构有规范制度，可以代管老人药品，能定期组织健康检查、讲授健康知识。50.2%的工作人员表示自己所在的养老机构有专业医护人员，能够提供基本诊疗服务。

3. 养老机构规模偏小，社会养老机构较少

目前，甘肃农村养老机构存在养老机构规模偏小、社会养老机构较少的问题。一是农村养老机构规模普遍偏小。在调查样本中，54.4%的养老机构仅能容纳50人以下，32.4%的养老机构能容纳50~100人，仅有13.1%的养

老机构能容纳 100 人以上。61.8%养老机构服务人员在 10 人以下，仅有
14.7%的养老机构服务人员在 20 人以上。在调查养老机构运营存在的问题
时，58.7的机构工作人员表示人手短缺，专业人才不足，52.1%的机构工
作人员表示资金压力大，运营成本高。二是农村社会养老机构较少。目前，
甘肃农村养老机构多为政府资助的福利院或敬老院，调查显示，在 259 个养
老机构样本中，老年公寓（社会机构）仅有 4 个。各类养老机构的收入来
源主要为政府补贴，特别是福利院、敬老院 96.2%的收入来自政府补贴。

4. 养老机构服务功能有待进一步完善

随着农村社会经济的迅速发展，农村老年人在对物质条件需求日益提高
的同时，也追求精神文化的满足，但目前大部分农村养老机构的服务功能还
不能够完全满足农村老年人日益增长的物质和精神需求。在老年人调查样本
中，54.9的老人表示养老机构医疗条件不足，42.1%的老人表示养老服务
项目不全，38.7%的老人表示养老服务设施短缺落后。在养老机构工作人员
调查样本中，41.3%的工作人员表示自己所在的养老机构存在养老设施不健
全的问题，49.0%的工作人员表示自己所在养老机构娱乐文化生活少，老年
群体精神生活匮乏。

三　问题及建议

通过对调研情况进行分析，发现甘肃农村养老有以下四方面不足，有待
进一步改进。一是农村老年群体收入来源单一，且普遍偏低；二是无子女孤
寡老人需得到更多关注；三是养老机构规模偏小，社会养老机构较少，养老
机构服务功能有待进一步完善；四是养老需求日趋多元化，养老服务需更多
地关注身心健康。针对这些不足，有以下四点建议。

（一）大力推进乡村振兴战略实施

滞后的经济发展水平，是制约农村老年人经济收入和生活状况的瓶颈性
因素。要大力推进乡村振兴战略实施，千方百计发展农业经济，提高农民收

人，改善农村人居环境，提升农民幸福指数。只有农村经济社会发展了，农民的钱袋子鼓了，生活富裕了，生活环境好了，居住方便了，农村青壮年才能留得住，农村老年人才能过上老有所养、老有所依、老有所为、老有所乐的美好生活。

（二）完善农村养老保障与服务体系，提高无子女老人养老补贴

完善农村养老保障与服务体系，是解决农村养老问题的关键。这是一个系统工程，要多管齐下。要从宣传教育抓起，弘扬中华民族尊老、敬老、养老的传统美德；从健全法制入手，保障老年人合法权益；从政策配套着手，完善社会福利和社会救助，通过多种渠道统筹养老资金，将所有符合条件的农村特困老年人、无子女孤寡老人纳入政府补贴提高范围；同时，着重关注孤寡老人的生活起居和健康状况，给予他们生活照顾、医疗服务和物质帮助。

（三）加快构建多元农村养老服务体系

尽管当前甘肃农村老年人对机构养老服务的选择意愿较低，但随着城镇化的进一步发展、家庭人口规模逐渐缩小，农村老年人养老思想观念将进一步转变，农村老年人对机构养老、邻里互助服务的需求会逐步上升。因此，要将农村养老服务体系建设作为乡村振兴战略的重要内容，以扩规模、提质量、上层次为目标，在乡镇或老年人聚集区推进以综合养老机构为中心、农村互助养老服务设施为网点的农村养老服务网络。同时，要进一步扩大社会参与范围，加快建设"企业主体、社会参与、市场运作"的多元养老服务体系。

（四）立足家庭养老，关注农村老年人的身心健康

目前，家庭养老仍是农村地区大多数老年人偏好的养老方式，要把农村家庭养老放在重要的地位看待，并引起足够的重视。完善农村老年人家庭养老服务，需要在饮食、医疗、日常照料及文化娱乐等多方面入手，让老年人

在家就能享受到无微不至的照护和服务。首先，要解决老人的一日三餐，建议政府补一点、社会捐一点，在村里建公共食堂，为老人提供优惠、方便、营养的饭菜。其次，要推广互助养老，发动本村力量，发挥低龄健康老人和当地妇女的作用，让养老服务变得触手可及。再次，就近看病就医是老人的迫切需要。可以将乡镇作为基点推进医养融合，整合村镇医疗服务资源，为农村老年人提供健康守护服务。最后，为了满足农村老年人日益增长的文化娱乐需求，要多方筹集资源，为老年人提供锻炼身体、文化娱乐的场所和平台，让老年人在家门口就能参与文娱活动，增强体质，愉悦身心。

参考文献

黄瑶：《长三角农村养老服务研讨会在浙江湖州举行》，《中国社会报》2020年10月25日。

冯乐安、刘徽翰：《西部地区人口老龄化发展趋势及其对养老保障事业的挑战——基于甘肃的分析》，《开发研究》2019年第5期。

洪薇：《昆明发展养老地产的可行性分析》，昆明理工大学硕士学位论文，2015。

甄新武、王博儇：《对农村养老影响因素的分析》，《农村经济与科技》2021年第23期。

刘佃祥、刘慧燕：《农村养老问题的调查与对策——以山东省临沂市沂南县的调查为例》，《农村经济与科技》2021年第3期。

马丽萍：《农村养老难在哪里路在何方——专家学者把脉中国农村养老服务问题》，《中国社会工作》2020年第32期。

B.16
甘肃平安乡村建设的模式与路径

宋晓琴 李秀娟*

摘　要： 乡村安，基层则安，进而国家安。自党的十八大以来国家一直重视和强调平安乡村建设，甘肃同全国一道在平安乡村建设中创先争优，总结了一些典型经验和成功模式，并取得了一定成效。但甘肃属于欠发达地区，尤其在乡村地区还存在平安建设基础薄弱、矛盾和隐患多样频发、安全意识淡薄、乡村执法力量不足等现实问题，自治、法治与德治等方面还有待提高，平安乡村建设还需持续加力。本报告首先梳理了甘肃平安乡村建设的现状，同时，对全国各地平安乡村建设的一些模式进行了归纳与分析，进而提出了突出重点与整体推进相结合的甘肃平安乡村建设路径，以期对甘肃平安乡村建设的理论深化与实践探索提供参考借鉴。

关键词： 平安乡村　基层治理　甘肃省

随着全面建成小康社会第一个百年奋斗目标的如期实现，推动乡村全面振兴，是我们党"三农"工作重心的历史性转移。平安乡村建设是推进乡村振兴战略的重要基础工作，是推进乡村治理体系和治理能力现代化的有效手段，也是打通服务群众"最后一公里"的有效举措。乡村安，基层则安，进而国家安。自党的十八大以来，国家一直重视和强调平安乡村建设，甘肃

---

* 宋晓琴，甘肃省社会科学院决策咨询研究所副研究员，主要研究方向为情报学、信息科学；李秀娟，白银矿冶职业技术学院高级讲师，主要研究方向为数字化、信息科学。

同全国一道在平安乡村建设中创先争优,总结了一些典型经验和成功模式,并取得了一定成效。但甘肃处于欠发达地区,尤其在乡村地区还存在平安建设基础薄弱、矛盾和隐患多样频发、安全意识淡薄、乡村执法力量不足等现实问题,甘肃平安乡村建设还需持续加力。

一 平安乡村建设的缘起和推进

(一)"平安乡村建设"的缘起

主题鲜明突出的"平安乡村建设"可以追溯到1990年在江苏扬州开展的"创建平安村"活动。基于扬州取得的"创建平安村"的经验,"平安乡镇""平安社区""平安街道"等一系列平安创建活动相继在江苏全省开展起来。2003年,江苏省委率先在全国提出了"平安省"的概念,提出"把平安建设作为一项长期的任务,扎扎实实地抓十年,努力打造一个不含水分、经得住时间检验和人民群众评判的平安江苏",要通过建设平安县、平安市,进一步实现"平安省"的奋斗目标。2003年,江苏省有18个县(市、区)获得江苏省委省政府"社会治安安全县(市、区)"称号。2005年,在中央综治委综治工作绩效考核榜上,江苏位居榜首。2005年12月,《中央政法委员会、中央社会治安综合治理委员会关于深入开展平安建设的意见》被中共中央办公厅、国务院办公厅转发,平安建设得到党中央、国务院的高度重视。2005年底,平安建设在全国各个层面开展起来。同时,平安建设也被纳入各级政府工作绩效的考核指标当中,具有一票否决的效力。2006年,《关于深入开展农村平安建设的若干意见》经中共中央社会治安综合治理委员会发布,"平安乡村建设"作为国家战略中的顶层设计正式起航。

(二)"平安乡村建设"的推进

2005年10月,党的十六届五中全会提出了美丽乡村建设,即建设"生产发展、生产宽裕、乡风文明、村容整洁、管理民主"等具体要求的社会主义新农村建设目标。2006 年，中央一号文件《关于推进社会主义新农村建设的若干意见》明确指出："加强农村法制建设，深入开展农村普法教育，增强农民的法制观念，提高农民依法行使权利和履行义务的自觉性。妥善处理农村各种社会矛盾，加强农村社会治安综合治理，打击'黄赌毒'等社会丑恶现象，建设平安乡村，创造农民安居乐业的社会环境。"为建设社会主义新农村的重大历史任务迈出了更加有力的一步。2007 年 10 月，党的十七大进一步提出"要统筹城乡发展，推进社会主义新农村建设"。可见，平安和富裕是社会主义新农村建设的主要目标，"平安乡村建设"是实施这一目标的重要保障。2017 年，党的十九大提出了乡村振兴战略，随后在中共中央　国务院印发的《乡村振兴战略规划（2018-2022 年）》第二十六章第四节中专门表述了"建设平安乡村"的内容，彰显了平安乡村建设在乡村振兴战略中的意义。2018 年中央一号文件《中共中央　国务院关于实施乡村振兴战略的意见》在"加强农村基层基础工作，构建乡村治理新体系"中对平安乡村建设作了部署，内容涉及建设农村社会治安防控体系、开展扫黑除恶专项斗争，完善县乡村三级综治中心功能、建全农村公共安全体系、持续开展农村安全隐患治理、探索网格化管理、推进农村"雪亮工程"建设等方面工作。此后，2019～2022 年中央一号文件均有平安乡村建设的内容（见图 1）。平安乡村建设已成为现阶段我们党和政府在"三农"工作中的一项重要任务，也是实现"平安中国"的重要举措，具有重大的理论和实践意义。

二　甘肃平安乡村建设的现状

（一）"大平安"工作格局基本形成

在平安建设工作中，甘肃牢固树立"大平安"理念，健全机制、多方协调、统筹推进。建立省、市、县、乡四级党政领导挂帅的平安建设领导协

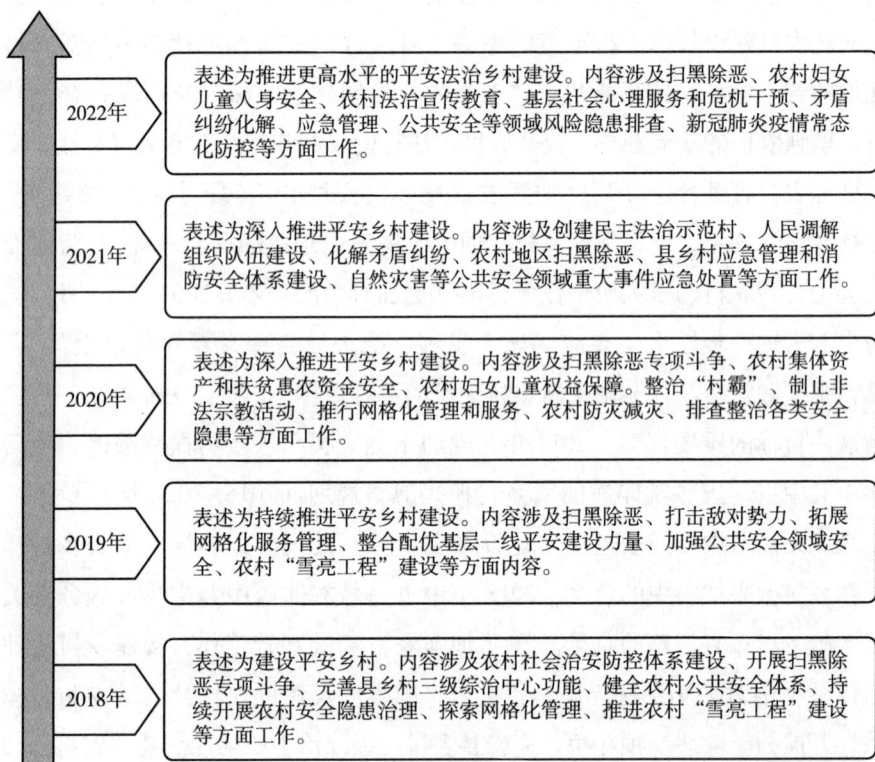

2022年	表述为推进更高水平的平安法治乡村建设。内容涉及扫黑除恶、农村妇女儿童人身安全、农村法治宣传教育、基层社会心理服务和危机干预、矛盾纠纷化解、应急管理、公共安全等领域风险隐患排查、新冠肺炎疫情常态化防控等方面工作。
2021年	表述为深入推进平安乡村建设。内容涉及创建民主法治示范村、人民调解组织队伍建设、化解矛盾纠纷、农村地区扫黑除恶、县乡村应急管理和消防安全体系建设、自然灾害等公共安全领域重大事件应急处置等方面工作。
2020年	表述为深入推进平安乡村建设。内容涉及扫黑除恶专项斗争、农村集体资产和扶贫惠农资金安全、农村妇女儿童权益保障。整治"村霸"、制止非法宗教活动、推行网格化管理和服务、农村防灾减灾、排查整治各类安全隐患等方面工作。
2019年	表述为持续推进平安乡村建设。内容涉及扫黑除恶、打击敌对势力、拓展网格化服务管理、整合配优基层一线平安建设力量、加强公共安全领域安全、农村"雪亮工程"建设等方面内容。
2018年	表述为建设平安乡村。内容涉及农村社会治安防控体系建设、开展扫黑除恶专项斗争、完善县乡村三级综治中心功能、健全农村公共安全体系、持续开展农村安全隐患治理、探索网格化管理、推进农村"雪亮工程"建设等方面工作。

图1　2018~2022年中央一号文件关于"平安乡村建设"的内容

调机制,把平安建设作为"重中之重""一把手"工程总体推进;实现平安建设目标责任全覆盖,建立激励导向机制;把平安建设纳入全省"十四五"经济社会发展规划总体部署中,健全平安建设体系,完善各方协调机制,建立"有主导、有主管、有主责、有主抓"的平安建设工作新局面,"大平安"工作格局基本形成;积极创新工作机制,推动平安建设制度建构完善目标管理责任制。陆续出台了《"十四五"平安甘肃建设规划》、《甘肃省平安建设条例》和《甘肃省奖励和保护见义勇为人员条例》等一系列平安建设领域法规、政策,并得到落地实施,切实为平安建设夯实了制度依据。同时,平安甘肃建设打出了"组合拳",充分利用表彰奖励和通报约谈、挂牌督办等奖惩并举的督导机制，发挥社会力量的作用，引导增强各级领导干部保一方平安的责任意识，激发平安建设主体创先争优的活力，确保平安建设落地生效。

（二）平安建设支撑体系初步完善

在落实平安乡村建设的实施方案中，甘肃通过综治中心实体化全覆盖、选优配强乡镇（街道）政法委员、做精做细网格化服务管理、发挥信息化平台全作用等务实举措，进一步夯实了基层平安工作的力量，完善了平安建设的支撑体系。甘肃整合社会治理资源，深入推进省、市、县、乡四级社会治安综合治理中心建设。2020 年 9 月甘肃省社会治安综合治理中心挂牌成立，随后全省 14 个市（州）均成立了市一级综治中心，目前，县（区）、乡（镇）的实体化综治中心已实现 100% 全覆盖，平安建设综治工作体系基本形成。数据显示，2021 年以来，全省各级综治中心排除各类安全隐患21.8 万件、调处化解各类矛盾纠纷 20.6 万件，排除率和调解率分别为 94%和 96%①；全省各地多措并举选优配强政法委员，目前，全省 1362 个乡镇（街道）的政法委员已配齐配强。乡镇（街道）政法委员的配备为平安乡村建设提供精细化、科学化、合理化、民主化的方案，助推基层社会治理提质增效。在做精做细网格化服务管理方面，对全省 9 万个网格进行统一编码，11 万多名网格员实行实名选聘管理。同时，推行群防群治理念，目前，在全省约有 6 万余名治安户长、4 万余名群防群治队员和 11 万名网格员一起实现"小事一格解决，大事全网联动"的工作机制，构筑起维护基层平安的"第一关口"。由甘肃省政法委牵头运行管理的平安甘肃信息化支撑管理平台已覆盖到省市县乡村，该平台由 20 多个业务系统组成，整合了 204 个部门数据信息，从 9 个维度把各级社会治理的数据对接起来，初步实现了对数据信息的"感知、研判、预警"等联动处置，增强了平安建设体系的科

---

① 《"综治中心"寓服务于治理之中——平安甘肃建设系列报道之三》，2022 年 5 月 10 日，https://www.jygzfw.gov.cn/content-10-5446-1.html。

技支撑。2021年，全省治安案件、刑事案件、信访案件同比都有下降（见图2），人民群众的安全感进一步得到提升。①

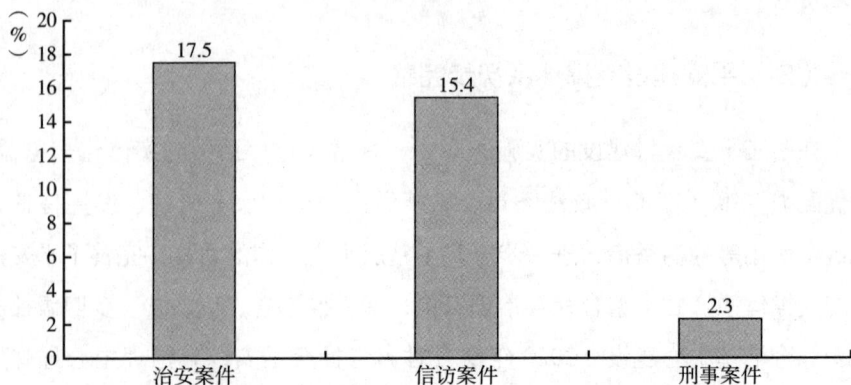

图2　甘肃省治安案件、刑事案件、信访案件同比下降率

（三）乡村治安防控网络初具规模

为守护乡村百姓平安和安居乐业，推进平安乡村建设，甘肃多措并举织牢常态化治安巡逻、精准化风险预警、多元化社会治理、智能化技术防控等治安防控网络，乡村治安防控网络初具规模。在常态化治安巡逻网方面，充分整合网格员、治安户长、联户长、群防群治队员等力量紧盯交通路口、背街小巷、学校周边等重点场所，以"巡查+劝导+宣传"的形式实现对安全风险及时发现和处理，不断增强人民群众的安全感；在精准化风险预警网方面，利用大数据技术，形成"人防物防技防"等风险预警模式，对安全隐患精准预测、及时防范化解；在社会多元化共治网方面，充分发挥政府"掌舵人"的作用，发挥社会组织能力，积极引导工会、志愿者、共青团、群众组织和社会组织参与到平安建设中，形成人人有责、人人尽责、人人担责、人人享有的社会治理共同体；在网络智能技术防控网方面，全方位建设

---

① 《建设平安甘肃　守护万家安宁——平安甘肃建设综述》，2020年12月28日，https：//www.gsfzb.com/content-10-71653-1.html。

"雪亮工程",充分运用物联网、采用大数据等信息化手段,构建"智慧安防"小区,统筹整合各种防控资源,重点公共区域实现100%视频监控覆盖率,有604个标准化智慧安防社区已建成。同时,采用科技手段防范电信网络诈骗,"金钟罩"防电信诈骗App得到大面积推广,成功并预警多起电信网络诈骗,守牢群众"钱袋子",使群众财产得到安全保护。采用"一对一"护航警官方式,对辖区重点企业、重大建设项目实行重点护航,做到防电信诈骗内容入耳、入脑、入心,人人参与电信防诈骗,随时发布治安防范预警提示,最大限度做好视频监控资源智能化应用和智慧安防。

(四)乡村的法治建设成效显著

甘肃积极谋划,聚焦新时代人民群众法治需求,通过织密乡村公共法律服务网、建强基层公共法律服务平台、推进法治乡村创建等方面,为平安乡村建设提供了法治保障。上下联动,构建乡村公共法律服务网。全省加快推进覆盖城乡的公共法律服务体系,运用热线、新媒体、网络平台等织密公共法律服务网,运用"线上+线下"模式,广泛开展《中华人民共和国宪法》《中华人民共和国婚姻法》《中华人民共和国民法典》《中华人民共和国乡村振兴促进法》等宣传活动。组织法律服务志愿者深入基层,开展普法宣传和法律服务,开展"乡村振兴法治护航"实现社会治理。2021年全省司法行政系统组织召开《乡村振兴促进法》宣传活动750余场,现场解答法律咨询2900余条;加强建设基层公共法律服务平台,全省已建成乡(镇)公共法律服务工作站1380个,村公共法律服务工作室13754个。支持各类法律服务机构人力、资源、信息向乡村延伸,选配优秀法律顾问为镇村公共法律服务平台提供全方位、多层次的法律服务。目前,甘肃省涉农法律援助案件21万件已办理,2.5万人受援,9100余万元经济损失被挽回。甘肃省切实提高乡村基层党组织的法治意识和能力,积极开展"以法治推进基层治理",实施"法治带头人"培养工程,引导村两委班子带头尊崇法治、懂法、守法、用法,不断推进乡村法治化进程。在全国"七五"普法期间,累计有16.7万人次村"两委"干部、107.9万人次"法律明白人"参加全省法律培训。甘肃省深入推进民主法治示范村（社区）创建工作，在全省印发了《甘肃省加强法治乡村建设的实施意见》。2021 年推动建成全国、省级民主法治示范村（社区）分别为 27 个和 171 个。目前，全省已建成全国、省级、市县级民主法治示范村（社区）分别为 100 个、1389 个、4534个（见图 3），法治建设示范带动作用不断凸显。

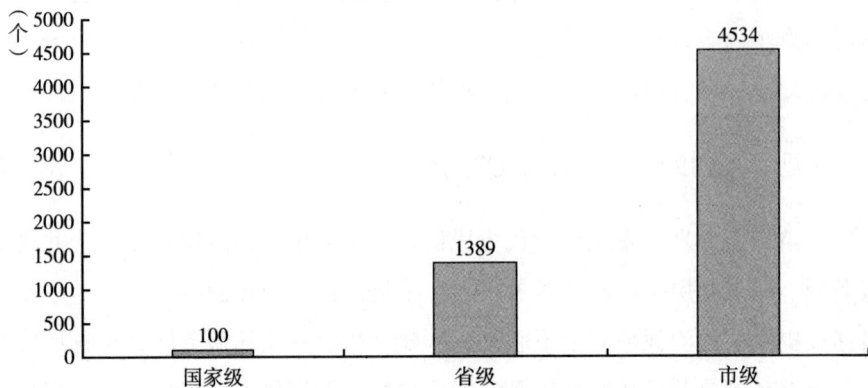

图 3　甘肃建成各级民主法治示范村（社区）情况

三　平安乡村建设模式研究

（一）突出重点的平安乡村建设模式

一些地方在平安乡村建设过程中，通过总结经验，积累创新做法，提炼并实践了突出重点的平安乡村建设模式。

1. "治安户长制"模式

近年来，甘肃省正宁县坚持把法治正宁、平安正宁建设作为最大的民生工程，抓实社区警务建设，推行"治安户长制"，强化保障基层治安防控的第一道防线。"治安户长制"使正宁县基层社会治理实现了"三转变"——变"被动警务"为"主动警务"，变矛盾纠纷排查由被动"灭火"为主动

"救火"，变社会治理由公安单打独斗为多元参与齐抓共治，实现了"纠纷不激化、矛盾不上交、平安不出事、服务不缺位"的新目标，促使社区警务催生基层治理新理念，为正宁县持续推动"三新一高"发展创造了稳定的社会环境。自"治安户长制"推行以来，截至2021年10月底，正宁县94个行政村治安户长覆盖率均达到100%，辖区社会治安总体呈现"五降两升"（八类案件及信访案件、治安案件、民转刑案件矛盾纠纷总量同比下降明显，矛盾纠纷化解率、群众安全感满意度全面提升）的良好态势，为建设幸福平安的新正宁提供了强有力的安全保障。

2. "群防群治"模式

甘肃省民乐县充分发挥社区民警、治安中心户长、治安户长、群防群治队员、村社干部等力量，着力构建群防群治的巡逻防控体系，深入开展安全隐患排查、社会风险评估、矛盾纠纷化解等治安防控工作，最大限度地把矛盾、隐患、风险消除在萌芽状态。除了全面加强社会面治安巡逻防控和风险防范工作机制外，民乐县公安、教育、民政、住建、市场监管等部门大力推进巷道、公路、住宅小区的视频监控系统建设，运用人防与技防于一体的群防群治模式，共筑平安稳定新防线。截至2021年底，民乐县共选聘治安中心户长和治安户长175人和126人，覆盖率分别达到100%和95.45%；排查各类矛盾纠纷1206起，成功化解1201起，化解率为99.59%，有效提升了全县平安建设水平。

3. "综治中心一体化"模式

河北省永年县牢牢把握基层安全的"第一关口"，在全县每个行政村都设立综治安全中心，并与县镇综治中心实现信息互联互通，把平安建设的理念、意识、措施、人力、物力延伸到村户，把平安建设真正落实到每个群众的身边。各村的"中心"都设立了法治宣教室、警务室、调解室、联防值班室和机房监控室等"五室"，结合人防、物防、技防，融合"宣教、预防、化解、处置"于一体，把"中心"打造成老百姓的平安中心、和谐中心和服务中心。"中心"深入整合乡村民警、治保、民调、治安小区长等基础治安力量，充分利用治安积极分子、平安志愿者、法律顾问、公证联络员等力量，注重发挥老族长、老党员、老军人、老干部、老教师的农村"五老"的力量，把这些力量统筹为基层综合治理资源协调联动，通过建立"中心"例会日、法律宣传日、乡村交心日等一系列工作制度，平安建设各项工作取得了可喜成绩。

（二）整体推进的平安乡村建设模式

还有一些地方在平安乡村建设过程中，整合平安乡村建设的各种要素，从整体推进的视角出发构建平安乡村建设模式。

1. "五智"融合模式

甘肃省清水县坚持富民与安民并重，建立健全政治、法治、德治、自治、智治"五智"融合的社会治理体系，打造基层治理的新格局，推进新一轮平安乡村建设工作。成立以县委、县政府主要领导任双组长的现代化社会治理县域试点工作领导小组和平安清水建设领导小组，制定具体的实施方案和考评细则，部署开展社会治理"十大示范工程"和"十大平安创建"活动，致力构建有部署、有负责、有协同、有协商、有保障的社会治理新格局。在清水县的各个村庄，都组建了一支由驻村辅警、综治信息员、法律宣传员、治安户长、群防群治队员组成的治安巡逻队，他们活跃在基层一线，从群众身边的小事抓起，深入开展"串千家门、知千家情、听千家言、连千家心、管千家事、结千家亲"的"六千活动"，以及访弱势群体、访上访居民、访致富能人、访失业人员、问事情原委、问就业意向、问衣食冷暖、问致富经验的"四访四问"活动，从化解一起"小纠纷"、解决一个"小困难"、消除一个"小隐患"中见真情、赢民心、守平安，实现积小胜为大胜，积小安为大安。

2. "六个一"建设模式

四川省剑阁县紧紧围绕执政兴县战略，以群防群治为基础，提升基层治理水平，积极探索实践平安建设有效方式，形成了"六个一"平安乡村建设模式，走出了一条平安建设新路径，为推进乡村振兴奠定了坚实保障。"六个一"建设模式主要包括：一村一名法治副主任，实现司法便民"零距离";一村一支红袖标队伍,当好平安村居"稳定器";一村一张信息防控网,开启公共安全"智慧眼";一周一次社情民意研判会,把好问题处置"源头脉";一周一次法治警情广播,传播平安和谐"及时音";一村一处平安法治场所,开设群众学法用法"新课堂"。

3. "三轮驱动"模式

福建省永泰县坚持党建引领、三治融合、改革创新"三轮驱动"。以党建引领为核心,建强基层组织,深化平安创建,强化平安责任。坚持以自治为基、法治为纲、德治为领,做优做强平安旅游、平安庄寨、平安治理,因地制宜、因情施策积极探索平安建设新路径、新模式,努力打造乡村治理的永泰品牌。以"三治融合"为支撑,增强平安乡村建设内生力。坚持自治为基,强化群防群治队伍建设。坚持法治为纲,全面建立县、乡、村三级公共法律服务体系。坚持德治为领,深入开展"最美家庭""道德模范"等评选活动。以改革创新为路径,激发平安乡村建设新活力。为促进惠民资金阳光运行,解决虚报冒领、群众知晓度不高、发放过程透明度低等问题,永泰县在福州市率先建设惠民资金网,将55类4.73亿元的惠民资金"晒"在网上,从源头上铲除惠民资金滋生腐败的土壤,形成源于永泰、惠及全市的经验。

4. "二三四"治理模式

近年来,福建省柘荣县基于实践探索出"两化"体系、"三色"预警、"四式"服务为一体的"二三四"治理模式,扎实做好矛盾化解、危情预警、群众信访、风险评估、法律援助等平安联创工作,为平安乡村建设提供了新方案。完善"两化"体系,搭建网格化管理体系,将矛盾化解、治安巡逻等各类乡村安全事项全部纳入网格管理,实现安全综合治理"一张网";细化信息化管理平台,将"天网工程""雪亮工程"等信息资源整合进入综治信息一体化平台,为群众提供高效安全的平安信息服务。实行"三色"预警,运用网格化、信息化平台排查的情况对平安事件进行"分色"预警,分级处理,"红色"为问题突出、情况紧急的一级预警性管理事件,由乡党委政府组织处理;"黄色"为可控的、小规模的二级群体性管理事件，由乡综治中心调解处理；"蓝色"为一般性、范围小的三级矛盾纠纷管理事件，由村级进行协调处理。推行一站式、预约式、点单式、会商式等"四式"服务，为群众提供法律援助、风险评估、心理咨询等贴心的多样化个性服务，切实为群众筑起平安之基。

综上所述，自开展平安乡村建设以来，全国各地已经构建了诸多平安乡村的建设模式。这些模式虽然在名称上各异，但在实质做法上却主要表现为两大类。一类主要突出平安乡村建设的重点做法，形成了以重点工作为中心的平安乡村建设模式，如正宁县的"治安户长制"、永年县的"综治中心一体化"等模式；另一类更倾向于整体推进，注重多要素的齐头并进，形成了以全面建设为中心的平安乡村建设模式，如剑阁县的"六个一"、永泰县的"三轮驱动"等模式。已有模式在推进平安乡村建设方面发挥了巨大作用，但在解决现实问题当中仍然存在一些不足。一方面，以重点工作为中心的平安乡村建设模式更多强调"特别做法"，容易导致非重点的工作得不到充分落实和贯彻；另一方面，以全面建设为中心的平安乡村建设模式更倾向于整体推进，往往导致做事缺乏重点，无法妥善应对突出问题。因此，梳理与研究现有相对成熟的平安乡村建设模式，有利于总结出更科学、更精准的平安乡村建设模式与路径。

四 突出重点与整体推进相结合的甘肃平安乡村建设路径

综合突出重点与整体推进两方面的优势，取长补短，构建突出重点与整体推进相结合的甘肃平安乡村建设路径极为必要。首先，结合区域实际，梳理和确认本地平安乡村建设的薄弱环节和重点领域，确定平安乡村建设的重点工作清单，做到工作有重点、有先后；其次，厘清本地区人力、物力、财力、技术等方面资源和储备，针对重点工作和常规工作进行统筹调配，发挥已有资源的最大效用；再次，基于已有资源对重点工作做出创造性设计和安排，保证平安乡村建设重点工作做细、做实、做好；最后，统筹重点工作和常规工作，保证常规工作按量、按质、按时完成。以上四个阶段的路径设计并不表现为线性的运行结构，而是可以根据信息反馈进行修正，相互联系、彼此影响的循环迭代过程，前面的阶段为后面的阶段提供了基础，后面阶段的效果反馈为前面阶段的修正优化提供了依据，四个阶段有机构成了甘肃平安乡村建设的创新路径（见图4）。

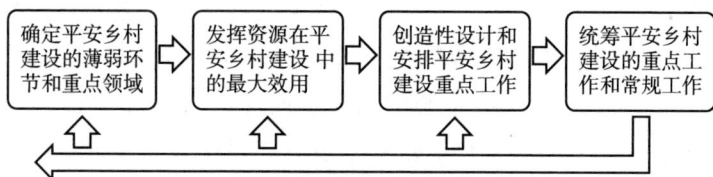

图4 甘肃平安乡村建设创新路径

（一）确认平安乡村建设的薄弱环节和重点领域

甘肃平安乡村建设的薄弱环节和重点领域主要涉及以下四个方面。一是平安乡村建设基础薄弱。甘肃地广人稀，大部分村落布局较为分散、开放，山高路险，气候复杂，治安信息化资金投入大，基层管理难度高，安全生产生活基础薄弱；有些地区"雪亮工程"因后期运营维护成本高，设备损坏不能及时维修更换，关键时候不能发挥作用；信息技术在安全领域的应用还存在短板，大数据、物联网、云计算等"新基建"在平安建设中还需要不断拓展；平安乡村建设基础性工作有待加强，一些基础设施没有完全发挥作用。二是平安乡村建设的矛盾和隐患多样多发。甘肃作为劳务输出大省，大批青壮年常年外出，致使大量乡村家庭关系涣散，赡养老人、未成年子女教育、夫妻感情维系等方面面临较大挑战；农户在公益性岗位分配、农村低保名额确定、优秀评选等特惠政策享受方面极易产生矛盾和引发纠纷；随着乡村振兴推动，一些专项帮扶资金一改脱贫攻坚期间"扶弱"功能，转而投向扶"能"和扶"强"，而这些能人和强人大多是本地致富带头人，若政策解释不到位，会让其他农户产生心理不平衡，从而埋下安全隐患。三是村民公共安全应急意识不强。乡村的留守老人和儿童，因认知和文化水平有限，安全意识、忧患意识、应急意识淡薄，对身边的一些安全隐患习以为常、视而不见，容易发生用电、用火、用气等生活安全问题；农村的集贸市场和小商店还在销售一些没有经过卫生认证的"三无"食品，这些食品引发的食物中毒成为乡村公共安全隐患的高发点；通村公路沿线居住的村民在公路上打晒粮食、放任孩童在马路玩耍、农用车载人等缺乏交通安全意识的行为时有发生，这些行为极易引发交通安全事故。四是边远乡村执法力量严重不足。甘肃大部分乡村地区经济落后、公务员待遇低，在基层政法干警的招录、使用方面面临"招不进、留不住"的问题；按照新形势新任务特别是提升平安建设的新要求，平安乡村建设还存在执法人员综合素质偏低的问题。

（二）发挥资源在平安乡村建设中的最大效用

平安乡村建设需要最大程度发挥本地区人力、物力、财力、技术等方面的资源和优势，针对重点工作和常规工作进行统筹调配，发挥已有资源的最大效用。一是广泛动员村民积极参与平安乡村建设。改变"干部干、群众看"的局面，通过村干部入组召开户长会，党员和村民代表挨家挨户做工作，鼓励全体村民参与平安乡村建设；避免部分群众各种"等靠要"的行为，激活乡村建设的内生动力，形成"大事一起干、好坏大家说、事事有人管、我的村庄我来治"的村庄共同体。二是物尽其用，发挥每一件物品的安全功能。乡村安全从威慑开始，村口路口设置安全岗亭，监控设备醒目，给乡村安全巡逻人员配备安保装备，让安全破坏分子望而生畏。三是把资金用在最需要的地方。通过财务预算、公开、公示等方式，让群众了解农村建设资金来源及其用途，使群众参与到监督工作中来，一方面便于民主理财，另一方面可以防止预算与实际工作脱离，让钱花在刀刃上；对乡村财务人员开展财务信息化培训，提升乡村资金管理水平和利用效果。四是引入智能技术，赋能平安乡村建设。加强物联网、云计算、5G 等技术，建设高空瞭望监控、出入口监控、防溺水监控、防火灾监控、乡村政务大屏等感知设备，实现"全时可用、全网共享、全程可控"，提升乡村的"平安指数"。

（三）创造性设计和安排平安乡村建设重点工作

平安乡村建设的重点工作是不是务实，是不是能体现新思维，直接关系平安乡村建设的成效和实效，平安乡村建设必须注重创新。一是创建和推进思路创新。平安建设的重点工作设定应该是一个开放的工作体系，应当由行政指令式向平等互动式转变，最终目的主要是治理社会不良环境，应形成坚实有力的保障措施推进重点工作实施。二是注重可操作性。围绕平安乡村建设当中整治"扫黑除恶""制止非法宗教活动""提升网格化管理水平""农村防灾减灾"等重点工作，制定可操作性强的工作清单和流程，打造守护群众平安的"桥头堡""前卫哨"，以"勇吃苦、重坚守、讲奉献、创平安"的实际行动护航乡村振兴。三是创新平安考核激励机制。加大财政手段的倾斜力度，充分发挥资金激励作用，通过科学设置评估体系、创新评估方式方法及强化考核过程的监督，增强基层政府平安乡村建设重点工作的考核激励。四是充分依托制度优势，用好结对帮扶资源。推动组织平移，继承脱贫攻坚时期建立的结对帮扶关系网络，在平安乡村建设过程中，充分利用结对帮扶资源，在帮扶单位的引领和指导下攻坚克难，做好平安乡村建设的重点工作。

（四）统筹平安乡村建设的重点工作和常规工作

统筹平安乡村建设的重点工作和常规工作，在做好重点工作的基础上，保证常规工作按质、按量、按时完成。一是强化党建引领作用。在党建引领下，完善村事务公开制度，健全村民主议事制度，畅通拓展民意反馈渠道，加强法治宣传教育，完善乡村的风险点评估、预警、预测，完成平安乡村建设重点工作，同时抓紧抓实抓细各项常规工作。二是强化责任担当，出实招求实效推进平安乡村建设重点工作攻坚。认真谋划推动平安乡村建设重点工作攻坚，责任落实到人，资源分配到位，对工作进程和成效时时跟进，确保每项工作落实落地。三是强化管理干部作风建设，下沉基层一线助力平安乡村建设。选派干部进村社，通过政策解读、法律宣传、结对帮教等措施推进平安乡村建设的各项工作；以乡村振兴驻村工作队、乡镇包片干部和村干部为骨干，成立平安乡村建设服务队，带领广大党员和群众轮流到乡村主干道、交叉路口、安全隐患点开展日常乡村安全志愿服务活动，共同筑牢平安乡村的坚固防线。

参考文献

董凡超：《全国司法行政系统"乡村振兴 法治同行"活动暨公共法律服务体系建设视频推进会发言摘登》，《法治日报》2022年6月23日。

陈旸：《基于乡村振兴战略的平安乡村建设简论》，《法制与社会》2018年第30期。

邵祖峰、刘菲：《总体国家安全观下的平安乡村建设理论基础、路径与体系》，《湖北警官学院学报》2019年第5期。

刘良军：《高质量推进平安乡村建设》，《新西藏》（汉文版）2021年第11期。

徐婧：《"三治融合"乡村治理体系的"法治"进路》，《华中农业大学学报》（社会科学版）2022年第1期。

B.17
甘肃农村集体经济股份合作社
与农民专业合作社发展对比研究

燕星宇*

摘　要： 新时代，甘肃省农村集体经济股份合作社与农民专业合作社并存发展，分析界定清楚二者从产生背景、发展历程到组织性质、管理方式等方面的不同，有利于更加科学精准地管理这两种形态的合作社，最大限度地发挥其功能价值，为甘肃省全面推进乡村振兴提供坚强的组织保障。

关键词： 集体经济　农业合作社　产权改革　甘肃省

迈向新发展阶段，我国三农工作的重点调整为全面推进乡村振兴，建设产业兴旺、生态宜居、乡风文明的乡村成为现阶段的发展目标。围绕这一工作重心、发展目标的调整转变，2022 年中央一号文件提出"探索新型农村集体经济发展路径"，这对加快我国农村集体经济转型发展具有积极影响，如何按照农业生产的特点和农民的发展需求把农民有效的组织起来，在整合乡村资源的同时最大限度地确保农民权益的实现，是我国农村集体经济需要破解的发展难题。现阶段，甘肃省农村集体经济存在两种发展形态，即农村集体经济股份合作社与农民专业合作社，这两种合作社从产生的背景、发展的历程到组织的性质、管理的方式等方面都有本质的区别，由此决定了其适

---

* 燕星宇，甘肃省社会科学院资源环境与城乡规划研究所助理研究员，主要研究方向为区域经济。

用场景、发挥作用的不同。因此，厘清这二者之间的不同之处，有利于更加科学精准地管理这两种形态的合作社，最大限度地发挥其功能价值，为甘肃省全面推进乡村振兴提供坚强的组织保障。

一 甘肃省农村集体经济股份合作社发展述评

甘肃省农村集体经济股份合作社是党的十八大以来，不断推进农村集体经济产权制度改革的产物。因此，梳理农村集体经济发展演变的逻辑路径是进一步明确农村集体经济股份合作社性质、功能的重要前提。

（一）甘肃省农村集体经济的发展演变

甘肃省农村集体经济从诞生伊始，在中央出台一系列文件精神的指引下，经历了四个阶段的发展演变，且在不同阶段呈现不同的特点和改革侧重点。总体来看，其发展演变可以概括总结为四个时期，即构建期、调整期、转型期、激活期。

1. 构建期：新中国成立到农村改革前

甘肃农村集体经济在这一阶段形成、巩固和调整。其中，以1953年中央通过的《关于发展农业生产合作社的决议》为标志，确立了农民生产合作社的长期互助方式，这一互助方式一直持续到1957年，以农业高级合作社的确立为标志，预示着农村集体经济的正式形成。1958年中央做出《关于在农村建立人民公社问题的决议》，甘肃省对原有的高级农业合作社进行了合并调整，实行供给制与工资制相结合的分配制度，发展为具有政治、经济、社会属性的农村基层管理体制①，且形成了集体经济制度框架。② 这期

---

① 仝志辉、陈淑龙：《改革开放40年来农村集体经济的变迁和未来发展》，《中国农业大学学报》（社会科学版）2018年第6期。

② 1959年中央下发《关于人民公社的十八个问题》，规定人民公社实行生产资料归生产队、生产大队、人民公社三级所有的制度；1961年中央下发《农村人民公社工作条例（修正草案）》，将生产大队作为基本核算单位；1962年中央下发《关于改变农村人民公社基本核算单位问题的指示》，将基本核算单位变为生产队，独立核算、自负盈亏。

间，甘肃农村集体经济进行了三个方面的调整，在承担农业生产性服务职能方面得到了充分发展，像当时的基层供销合作社、信用合作社，是这一阶段农村集体经济发展的重要成果。

2.调整期：农村改革启动到20世纪90年代末

农村改革启动后，甘肃省农村集体经济的内外部环境发生了深刻变化，农村集体经济沿着市场化的方向进行了以下重要的实践探索：一是发展农户家庭经济。1999年我国将家庭承包经营正式写入《中华人民共和国宪法》中，其农村集体经济的属性得到根本确立。二是强化集中统一经营。国家多次出台相关政策措施推动农村集体经济改革，进一步加强农村集体经济的集中统一经营，但发展的效果都不好。三是积极发展乡镇企业。社大队兴办的集体企业是乡镇企业的雏形，在改革政策的支持引导下，发展迅猛，乡镇企业在推动农村经济发展上发挥了重要作用。四是探索新型组织形式。其中最具有代表性的是股份制企业，它是乡镇企业产权改革中引入股份制的产物，也是历史上最接近农村集体经济股份合作社的组织形式。然而，这一阶段甘肃省农村集体经济的发展仍然滞后，在农村经济主体中仍处在边缘化的状态。

3.转型期：21世纪初到2012年

进入21世纪，甘肃省的农村集体经济呈现以下特点：一是生产性领域逐步缩小，农村集体经济进一步被市场经济所排斥，乡镇企业的发展也逐渐式微，很多农村集体经济面临债务风险。二是寻找新的发展方向和实现形式。这期间国家出台了一系列惠农政策，加大农村建设力度并不断推进城镇化发展，甘肃省在农村基础设施和公共服务领域为农村集体经济的发展开辟了广阔空间。一些农村集体经济通过流转土地获得了一定收入，农民以土地经营权入股的方式或集中开发农业项目，或提供生产性服务。一些农村集体经济成为农村基础设施和公共服务建设的组织者、参与者、运营者。也有一些农村集体经济通过探索盘活集体经营性建设用地，如土地租赁、发展园区、企业等方式，带动了村镇的发展。三是城郊村、城中村集体经济发展迅速，通过征地、拆迁补偿发展园区经济、商业经济，进一步探索了集体资产保值增值的发展模式。

4.激活期：2012年至今

甘肃省农村集体经济迈向发展新阶段，主要表现在以下两方面：一是农村集体经济实现形式更加多元化，二是农村集体产权改革取得实效。中央密集下发文件，持续推动农村集体经济产权制度改革，2010年中央"一号文件"明确鼓励有条件的地方开展农村集体产权制度改革试点，之后又对集体资产股份权占有、收益、退出等方面作了具体界定，自此，农村集体经济产权制度改革成为历年中央"一号文件"的重要内容。自2014年起，国家进一步明确了农村集体经济的性质、地位和改革方向，标志着甘肃省农村集体经济进入了新的发展阶段。2017年甘肃入选农村集体经济产权制度改革试点典型单位名单的有高台县、泾川县，2018年新增了定西、张掖、嘉峪关3市和民勤、庄浪、秦州、康县、永靖、金川、榆中7县（区），有力地激活了农村集体经济发展。

（二）甘肃省农村集体经济产权改革案例分析：以定西市为案例

甘肃省发展环境的改变迫切要求农村集体经济通过产权改革适应新的发展需要，探索寻求新的实现形式。本报告以甘肃省定西市为研究案例，具体总结了其农村集体经济产权改革方面的进展、成效、经验、模式。

1.产权改革进展

定西市作为第三批全国农村集体产权制度改革的试点典型地区，经过4年多的改革发展，基本完成了改革阶段性任务，并在以下三个方面成绩突出：一是进一步明晰了产权。全市119个乡镇、1886个行政村通过清产核资，确认集体资金4.32亿元、资产62.14亿元（其中经营性资产22.85亿元，非经营性资产39.29亿元）、资源2586.85万亩，建立起数据库和监督管理平台。对行政村层面的组织成员已全部完成身份确认，确认集体经营性资产28.77亿元、资源性资产1.2万亩；设置成员（人口、个人）252.99万股，总股值28.77亿元；累计为股东发放股金分红592.55万元。二是进一步健全了集体组织。全市共成立村（组）级股份经济合作社1891个，实现了所有行政村全覆盖，并为所有股东颁发了股权证，进一步保障了成员权益。三是进一步完善了产权交易体系。通过在全市范围内建立产权交易市场，建立了更加规范的交易规则和更加严谨的交易程序，实现农户土地经营权流转490宗2215.11万元、"四荒地"使用权9宗8.39万元，各类农村产权交易进展顺利。

2. 创新经验做法

定西市总结探索出六项创新经验做法。一是建立常态化管理台账。定西市在清查摸底的基础上，重点对未承包到户的资产做了系统摸排，建立起全市集体经营性资产总台账，为后续农村集体经济产权改革工作的推进打下基础。二是完善身份确认登记制度。定西市通过创新组织成员身份确认方式，最大程度确保了成员身份的确认登记，对不能确认成员身份的村民采取名册管理，体现了身份确认的科学性、合理性。三是制定土地折股政策依据。定西市探索出按当地土地每亩平均流转价格×总面积（亩）×土地剩余承包期限的估价方法来确定土地资产价值的办法，实现了土地折股工作的平稳有序开展。四是创新产权价值确认制度。定西市结合村实际情况，创新开展产权价值确认工作，由村集体牵头，吸纳村两委成员、群众代表，以及县乡相关部门人员成立资产评估小组，进行科学评估，体现了实际工作中的灵活性、高效性，也获得了群众的一致好评。五是体现以人为本的股权管理。定西市提倡实行"生不增、死不减、人不增、出不减"的静态管理，对少数试点村实行"生增、死减、入增、出减"的动态管理，探索赋予"有偿退出权、继承权、抵押权、担保权"四项权能，探索设置农龄股等多种股权类型，通过股权管理的不断人性化，最大限度地确保了资产的保值增值。六是最大限度地保留原有分配方式。定西市在股权设置和收益分配时，最大限度地保留了原有的分配方案，确保了改革顺利推进。

3. 县域改革经验：以陇西县、临洮县为代表

定西市农村集体经济产权改革在县域层面，以陇西县、临洮县为代表，其改革成效最为显著。就陇西县而言，改革亮点主要表现在以下方面。一是形成了联结集体和农户的利益联结机制。改革畅通了组织与农民间的利益联结，最大限度保障了农民权益，有效激发了农业生产的积极性。二是激发了各方改革的动力。在推进改革试点中，通过"集、傍、置、择、帮"（"集"指聚集各种生产要素发展股份合作，"傍"指借助周边大公司大产业做配套和订单农业，"置"指有资金购置商铺等物业，"择"指选择培养本村有前景的股份合作组织等待外援性支持实现集体股，"帮"指同乡镇强村带弱村联合发展村集体经济）等多种途径发展壮大集体经济，成立富民产业合作社，村、农民、企业都有收获感，支持、配合、参与改革的积极性、主动性显著增强，2020年全县土地流转面积累计达到22.95万亩，规模流转面积累计达到6.35万亩，建立"六个十"产业基地58个。三是推进了农业产业化规模化经营。集体经济股份合作社是新型的集体经济组织，具有权责明确、分配合理、民主管理的优势，是实现农业规模化的主要形式之一，已成为引领农业农村发展的新型经营主体。四是提高了农村民主化管理水平。利用股东大会和监事会，农民可以更多地参与对集体资产的监管和管理人员的监督，有效预防村干部职务犯罪，显著提高农村民主化管理水平。五是有效拓展了集体经济与农民的收入。2015~2019年，文峰镇东铺社区股份经济合作社连续五年实现分红773001.79元，人均、户均分别实现收入182.7元、740元。

临洮县在"坚持试点先行，培育多种模式"上成效显著。窑店镇滩汪村利用中国核工业集团兰州铀浓缩有限公司帮扶资金，创建了"帮扶单位+村集体+合作社+基地+贫困户+金融保险"发展模式；康家集乡邢家山村南峪沟思源虫子鸡养殖专业合作社，创建了"合作社+农场+农户+基地+市场"种养殖相结合的发展模式；龙门镇大寨子村以甘肃陇瑞农业科技发展有限公司为平台，创建了"文化旅游+特色产业+扶贫"休闲旅游模式；洮阳镇老庄村依托东西部协作创建了"分类参股+党支部+公司+合作社+农户"的模式；洮阳镇车刘家村以兴望牡丹产业有限责任公司为载体，创建了"乡村旅游+村集体+农户"休闲旅游模式；八里铺镇沿川子村通过搭建上海博德尔环卫集团有限公司与临洮县新源环保科技有限公司合作平台，创建了"党建+公司+农户"的清洁能源发展模式；新添镇梁家村依托临洮平长现代农牧科技有限公司，创建了"现代农业+公司+扶贫资金+贫困村"强村带弱村的发展模式；衙下集镇中川村青山绿水合作社，充分利用当地的土

地资源和人力资源，创建了"合作社＋农户＋羊肚菌产业"的模式。农村
"三变"改革注重模式创新，多路径"三变"因地制宜，有效推动了临洮县
"三变"改革走深、走实。

（三）发展成效

2012 年以来，甘肃省农村集体经济产权制度改革成效凸显。从甘肃省
农业农村厅统计数据可以看出，2014~2018 年，全省集体经济有经营性收入
的村庄占比不断上升，占比上升了 19.5%。其中经营性收入稳定在 5 万元以
上的集体经济也在不断增多，改革的红利不断释放。截至 2020 年，全省拥
有村集体经济组织 1.13 万个，占村总数的 50.3%；组集体经济组织发展相
对缓慢，占村民小组总数的 15%；村集体经济资产达 0.04 万亿元，其中经
营性资产占比达到 8%。随着甘肃省农村集体经济组织实力的不断增强、模
式的不断多元，农村集体经济组织的市场竞争力和对农村区域经济的带动力
也在进一步增强。

二 甘肃农民专业合作社发展述评

农民专业合作社是农村集体经济的重要分支，承担着农业农村生产性服
务职能，在中央系列文件精神的指导下，甘肃省农民专业合作社也在不断发
展壮大。进入新发展阶段，在全省深入推进乡村振兴战略的背景下，甘肃省
农民专业合作社的重要性更加突出，其为农业农村发展提供生产性服务的功
能越来越重要，因此，进一步明确农民专业合作社的性质、宗旨，是更好管
理和运用的前提。

（一）甘肃农民专业合作社的发展演变

甘肃省农民专业合作社的出现，是中央推动农村集体经济发展、进一步
突出其生产性服务功能的结果。国家将农机、农技、资金、供销等资源集合
起来，直接由国家管理、统一调配，如新中国成立初期的"国营农业机械

拖拉机站"等。同时，将部分资源下放到一些发展较好的农村集体经济组织，如当时的"农村基层供销合作社"等。后来人民公社将农民专业合作社吸纳进来，专门承担农业农村生产性服务职能，之后随着甘肃省农村集体经济的不断发展演变，农民专业合作社一直是甘肃省农村集体经济的重要分支，其生产性服务功能也在不断深化。其发展演变最显著的特点是，在农村集体经济发展演变的不同阶段，农民专业合作社承担着不用的任务，发挥着不同的组织功能，但都对农村经济社会的发展带来了积极影响。

本报告集中梳理了中央推动农民专业合作社发展的相关文件（见表1），随着中央精神的贯彻落实，甘肃省农民专业合作社发展演变的轨迹也逐渐清晰起来，它在农村集体经济发展的不同阶段发挥的具体作用也进一步明确，对于新时代进一步厘清农民专业合作社在农村集体经济中的功能定位，更好服务乡村振兴、产业发展、乡村治理，具有重要意义。

表1　中央关于推动农民专业合作社发展的相关文件梳理

年份	文件名称	相关内容	农民专业合作社的具体职能
1983	《当前农村经济政策的若干问题》	社队要办好社员要求统一办的事，如机耕、水利、植保、防疫、制种、配种等	在机耕、水利、植保、防疫、制种等方面提供技术指导和服务
1984	《中共中央关于一九八四年农村工作的通知》	设置以土地公有为基础的地区性合作经济组织，把工作重点转移到组织农户服务上来	组织农户，服务生产
1987	《把农村改革引向深入》	乡、村合作组织均应承担生产服务职能、管理协调职能和资产积累职能；乡办、村办、户办和联办一起发展乡镇企业	生产服务、组织管理、资产管理；为乡镇企业提供生产性服务
1990	《中共中央、国务院关于一九九一年农业和农村工作的通知》	帮助合作经济组织扩展服务内容，发挥内联农户、外联各种服务组织的纽带作用；健全乡、村合作经济组织的管理制度	组织服务、管理协作
1993	《中共中央、国务院关于当前农业和农村经济发展的若干政策措施》	乡村集体经济组织要积极做好为农户提供生产、经营、技术等方面的统一服务	提供生产性服务

年份	文件名称	相关内容	农民专业合作社的具体职能
1997	《中共中央、国务院关于一九九七年农业和农村工作的意见》	鼓励和引导农村集体经济组织带动农民联合兴办农产品加工和销售实体	提供农产品加工和销售实体的生产性服务功能
2005	《中共中央、国务院关于进一步加强农村工作提高农业综合生产能力若干政策的意见》	集体经济组织要同其他专业合作组织一起发挥联结龙头企业和农户的桥梁和纽带作用	充当联结龙头企业和农户的桥梁
2007	《中共中央、国务院关于积极发展现代农业扎实推进社会主义新农村建设的若干意见》	积极发展种养专业大户、农民专业合作组织、龙头企业和集体经济组织等各类适应现代农业发展的经营主体	农村重要的经济主体
2012	《中共中央、国务院关于加快推进农业科技创新持续增强农产品供给保障能力的若干意见》	壮大农村集体经济,探索有效实现形式,增强集体组织对农户生产经营的服务能力	发挥生产经营的服务能力
2015	《中共中央、国务院关于加大改革创新力度加快农业现代化建设的若干意见》	创新农村集体经济运行机制,对非经营性资产重点探索有利于提高公共服务能力的集体统一运营管理的有效机制	对非经营性资产提供公共服务功能
2017	《中共中央、国务院关于深入推进农业供给侧结构性改革加快培育农业农村发展新动能的若干意见》	鼓励农村集体经济组织创办乡村旅游合作社,或与社会资本联办乡村旅游企业;鼓励地方开展资源变资产、资金变股金、农民变股东等改革	探索创办企业,"三变"改革的试验站
2019	《中共中央、国务院关于建立健全城乡融合发展体制机制和政策体系的意见》	允许农村集体经济组织探索人才加入机制;创新农村集体经济运行机制,探索混合经营等多种实现形式	人才组织培养、改革试点

资料来源:笔者根据文献整理而得。

（二）甘肃农民专业合作社的实现形式

探索创新农民专业合作社的实现形式，是应时代之需的必然选择。甘肃省农民专业合作社的实现形式，概括来讲，都体现了"民办、民管、民受益"的原则。具体来看包括以下几种模式。

（1）能人牵办型，即由农村当地的致富带头人、生产大户、种养大户牵头，联合农户成立的专业合作社。这种类型的合作社与生产联系的较为紧密，合作社旨在为农户提供农业生产必需的技术、资金、销售等服务，在农村地区非常普遍。

（2）政府领办型，即政府带头组织，依托乡镇基层人才、场地、设施等资源要素，以当地特色优势产业为依托，组建成立的专业合作社或行业协会。这类合作社的特点是具有资源整合的优势，政府既是带头人，又是推进合作的媒介，既有懂技术的专家，又有接地气的农民，便于推动农村改革、技术试点应用等。

（3）龙头企业带动型，即由乡镇龙头企业牵头，以生产基地吸纳农户共同参与的形式组建而成。这类合作社一般具有较大的规模，且相互之间具有紧密的联系，产业化的特点明显，对农户的带动能力也较强。

（4）"村两委"兼管型，即由农村两委干部责任主抓，把分散的农户组织起来，为当地农业生产提供全生命周期服务，推动产业持续健康发展的专业合作社。这类合作社一般具有较大的产业规模，且有村两委班子齐抓共管，具有很强的行政执行力，便于形成"一村一品"。

（5）基层供销社或农业协会转办型，这是传统的农民专业合作社的形态，由基层供销合作社、农村信用合作社等组织牵头，联合农民参与的专业合作社，具有营销网络广泛、实力雄厚的特点。

（三）发展成效

党的十八大以来，甘肃省农民专业合作社的发展势头迅猛，在整合农村资源、连接市场与农户、提高农业经营效率等方面发挥了重要作用，农民专业合作社的数量也在不断提升。根据甘肃省农业农村厅统计数据，2020 年全省登记在册的农民专业合作社达到 8.39 万家，居全国第 11 位，各类家庭农场 8230 个，流转土地面积达 1299 万亩，其中专业大户、合作社和龙头企业等新型主体占比达 87.9%，在土地流转中发挥了重要作用，带动农户 268 万户，占全省农户数的一半以上，其发展成效显著。

三　甘肃农村集体经济股份合作社与农民专业合作社发展对比研究

（一）共性特征

1. 蕴含开放式现代产权结构思想

这两类合作社从其各自的实现形式上可以看出，都蕴含着开放式产权结构的思想，因为利益主体的多元化、社会层级的多样化、资源要素的复合化、组织形态的多变化，使得这两类合作社都面临产权界定的问题。

2. 对集体资源进行统筹利用和整体开发

这两类合作社的本质属性都是农村集体经济，都是对农村资源进行有效整合、统筹利用和整体开发，都是对农村资源提供有效管理和生产性服务的组织，既具有经济属性，也具有政治、社会属性；既服务农业农村生产，又参与乡村治理。

3. 以职业经理为基础的专业化团队运营

农村集体经济股份合作社是对农村集体经济进行股份制改造后的产物，在股金管理、股金分红等方面都按照公司化的方式进行运作管理，而农民专业合作社也吸纳了多元化的市场主体参与，在合作社资金管理等方面，也参考的是公司化的管理模式。

4. 坚持市场化的发展路径

不论是农村集体经济股份合作社，还是农民专业合作社，都面临发展转型的问题，坚持市场化的发展路径和改革方向，是符合市场经济发展规律的必然选择。

（二）差异性特征

1. 社企关系不同

从农村集体经济股份合作社的发展演变可以看出，它脱胎于农村集体经济，具有社企合一的特征，即企业建在合作社。而从农民专业合作社的发展演变可以看出，它是农村集体经济的重要分支，具有社企合作、以企联村、服务带村的特征。

2. 产业领域不同

农村集体经济股份合作社具有较强的组织规模、雄厚的经济实力、多元化的经济主体，因此适宜应用于由政府主导、企业参与的大型产业项目的建设，像农村的水利工程、基础设施建设工程、特色产业发展等，有集中力量办大事的优越性。而农民专业合作社是主要承担生产服务功能的组织，像政府领办型的合作社多应用于改革试点推广、技术推广的产业领域，龙头企业带动型则适用于产业的培育和发展。

3. 产权结构不同

农村集体经济股份合作社的产权构成较复杂，大多数是混合产权，且股权配置多元化。农民专业合作社的产权构成相对单一，大多数是单一产权，股权设置也相较简单。

4. 收益风险不同

从这两类合作社的构成可以看出，农村集体经济股份合作社的组织结构比较正规，因此其收益、风险均较高，且风险相对集中，而农民专业合作社组织结构比较松散，因此其收益、风险都相对较低，且风险相对比较分散。

四　实践启示及对策建议

（一）实践启示

从甘肃省农村集体经济产权制度改革的实践中可以看出，大部分的改革试点都面临以下困扰：集体产权应该封闭还是开放？集体股权应该统一还是多元？

集体成员管理应该静态还是动态？本报告将通过分析我国成熟发展案例，从案例中汲取实践经验，以指导甘肃省农村集体经济产权制度改革更好发展。

案例一：贵州省遵义市汇川区

贵州省遵义市汇川区是第三批入选全国农村集体经济产权制度改革的试点典型，通过明确"十条措施"定改革路线、探索"村社合一"、融合两项改革等方法，走出了"贵州遵义发展模式"。其中最值得借鉴的经验可以概括为"还权于民、赋能集体"，进一步规范集体资产管理并鼓励农民参与，以党建为引领，有效统筹集体经济与村民自治的融合式发展。

案例二：山西省河津市

山西省河津市在推进农村集体经济产权制度改革中，其最值得借鉴的亮点是将产权改革与经济发展紧密融合，围绕城郊厂郊等城镇化难以推进的区域，从出租土地到入股经营，从商贸批发到创建园区，集体经济收入稳中向好，新农村建设日新月异，用商贸并举的方式谱写出乡村振兴的新歌。

案例三：宁夏回族自治区平罗县

宁夏回族自治区平罗县在土地流转确权管理方面，通过创新农民土地承包经营权、宅基地使用权和房屋所有权"三权"管理方式，实行动态管理和有效退出机制，避免了土地流转中的矛盾，进一步推进了移民搬迁。

（二）对策建议

从全国农村集体经济产权制度改革的典型案例中，可以总结出三条经验。一是坚持以人民为中心的改革理念，多措并举提高农村集体经济发展效能。二是推动改革与发展有机结合，以改革为抓手推动经济不断发展。三是探索建立动态管理机制，推动产权改革不断朝着市场化方向迈进。同时，结合甘肃省农村集体经济产权制度改革中存在的困惑，以及农村集体经济股份合作社、农民专业合作社的实践经验，对农村集体经济发展路径提供对策建议。

1.建立开放的现代集体产权制度

集体产权一般存在封闭性的特点，具体表现为集体边界、成员边界、权能边界等方面，但随着甘肃省城乡融合体制机制和政策体系的不断完善，构建开放的现代集体产权制度是规避风险、稳定收益的关键。同时，要及时剥离集体经济组织承担的公共服务职能，让市场法人"轻装上阵"，在更大的市场范围内配置集体资产产权。

2. 集体股权设置应分类指导

基于已有的基层观察，在集体经济产权制度改革中要力求股权设置统一，适宜将其调整为提取公积金或公益金等方式，而在改革之后的农村集体经济组织的经营中，股权设置应该多元化。因此，甘肃省在农村集体经济产权制度改革中，对基于成员权的股权设置要尽量统一，而经营层面的股权设置要尽量多元，把握产权设置的这个原则有利于营造股权顺畅流转、权能顺利实现的制度环境。

3. 集体成员管理应根据改革进度分类管理

甘肃省农村集体经济产权制度改革中，必须对集体成员实行科学合理的管理。要遵循渐进式改革的理念，在改革中实行集体成员的静态管理，在改革完成后实行动态管理，逐步放开成员权，最终建立集体经济成员的动态管理体系。

4. 探索农村集体经济实现形式与发展形态

对于农村集体经济股份合作社和农民专业合作社而言，在未来的发展中，都面临实现形式与发展形态的选择，因此，针对甘肃省经济社会发展实际，在城镇化、工业化水平较高的地区，发展物业租赁+股权投资、工业带动+多元产业的发展模式，而在特色农业、土地资源集中的地区，发展规模经营+生产服务、旅游开发+三产融合的发展模式（见图1）。

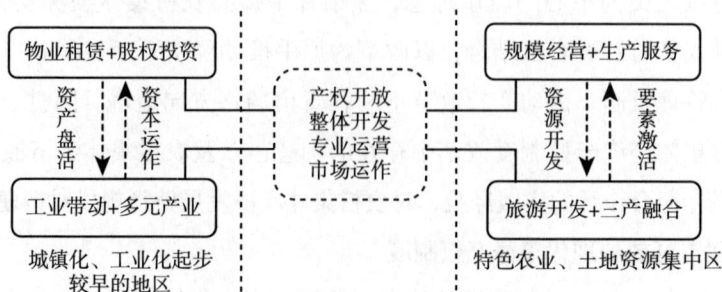

图1 甘肃省农村集体经济实现形式与发展形态

参考文献

"农村集体产权制度改革和政策问题研究"课题组、夏英、袁崇法:《农村集体产权制度改革中的股权设置与管理分析——基于北京、上海、广东的调研》,《农业经济问题》2014 年第 8 期。

张晓山:《我国农村集体所有制的理论探讨》,《中南大学学报》(社会科学版)2019 年第 1 期。

高鸣、芦千文:《中国农村集体经济:70 年发展历程与启示》,《中国农村经济》2019 年第 10 期。

高强、孔祥智:《新中国 70 年的农村产权制度:演进脉络与改革思路》,《理论探索》2019 年第 6 期。

高强:《农村集体经济发展的历史方位、典型模式与路径辨析》,《经济纵横》2020 年第 7 期。

陆雷、赵黎:《从特殊到一般:中国农村集体经济现代化的省思与前瞻》,《中国农村经济》2021 年第 12 期。

社会科学文献出版社

皮 书

智库成果出版与传播平台

✦ 皮书定义 ✦

皮书是对中国与世界发展状况和热点问题进行年度监测，以专业的角度、专家的视野和实证研究方法，针对某一领域或区域现状与发展态势展开分析和预测，具备前沿性、原创性、实证性、连续性、时效性等特点的公开出版物，由一系列权威研究报告组成。

✦ 皮书作者 ✦

皮书系列报告作者以国内外一流研究机构、知名高校等重点智库的研究人员为主，多为相关领域一流专家学者，他们的观点代表了当下学界对中国与世界的现实和未来最高水平的解读与分析。截至2022年底，皮书研创机构逾千家，报告作者累计超过10万人。

✦ 皮书荣誉 ✦

皮书作为中国社会科学院基础理论研究与应用对策研究融合发展的代表性成果，不仅是哲学社会科学工作者服务中国特色社会主义现代化建设的重要成果，更是助力中国特色新型智库建设、构建中国特色哲学社会科学"三大体系"的重要平台。皮书系列先后被列入"十二五""十三五""十四五"时期国家重点出版物出版专项规划项目；2013~2023年，重点皮书列入中国社会科学院国家哲学社会科学创新工程项目。

皮书网

（网址：www.pishu.cn）

发布皮书研创资讯，传播皮书精彩内容
引领皮书出版潮流，打造皮书服务平台

栏目设置

◆关于皮书
何谓皮书、皮书分类、皮书大事记、
皮书荣誉、皮书出版第一人、皮书编辑部

◆最新资讯
通知公告、新闻动态、媒体聚焦、
网站专题、视频直播、下载专区

◆皮书研创
皮书规范、皮书选题、皮书出版、
皮书研究、研创团队

◆皮书评奖评价
指标体系、皮书评价、皮书评奖

◆皮书研究院理事会
理事会章程、理事单位、个人理事、高级
研究员、理事会秘书处、入会指南

所获荣誉

◆2008年、2011年、2014年，皮书网均
在全国新闻出版业网站荣誉评选中获得
"最具商业价值网站"称号；
◆2012年，获得"出版业网站百强"称号。

网库合一

2014年，皮书网与皮书数据库端口合
一，实现资源共享，搭建智库成果融合创
新平台。

皮书网　　"皮书说"　　皮书微博
　　　　　微信公众号

权威报告·连续出版·独家资源

皮书数据库
ANNUAL REPORT(YEARBOOK)
DATABASE

分析解读当下中国发展变迁的高端智库平台

所获荣誉

- 2020年，入选全国新闻出版深度融合发展创新案例
- 2019年，入选国家新闻出版署数字出版精品遴选推荐计划
- 2016年，入选"十三五"国家重点电子出版物出版规划骨干工程
- 2013年，荣获"中国出版政府奖·网络出版物奖"提名奖
- 连续多年荣获中国数字出版博览会"数字出版·优秀品牌"奖

皮书数据库　　"社科数托邦"微信公众号

成为用户

　　登录网址www.pishu.com.cn访问皮书数据库网站或下载皮书数据库APP，通过手机号码验证或邮箱验证即可成为皮书数据库用户。

用户福利

- 已注册用户购书后可免费获赠100元皮书数据库充值卡。刮开充值卡涂层获取充值密码，登录并进入"会员中心"—"在线充值"—"充值卡充值"，充值成功即可购买和查看数据库内容。
- 用户福利最终解释权归社会科学文献出版社所有。

社会科学文献出版社　皮书系列
SOCIAL SCIENCES ACADEMIC PRESS (CHINA)

卡号：496274936678
密码：

数据库服务热线：400-008-6695
数据库服务QQ：2475522410
数据库服务邮箱：database@ssap.cn
图书销售热线：010-59367070/7028
图书服务QQ：1265056568
图书服务邮箱：duzhe@ssap.cn

S 基本子库
UB DATABASE

中国社会发展数据库（下设 12 个专题子库）

紧扣人口、政治、外交、法律、教育、医疗卫生、资源环境等 12 个社会发展领域的前沿和热点，全面整合专业著作、智库报告、学术资讯、调研数据等类型资源，帮助用户追踪中国社会发展动态、研究社会发展战略与政策、了解社会热点问题、分析社会发展趋势。

中国经济发展数据库（下设 12 专题子库）

内容涵盖宏观经济、产业经济、工业经济、农业经济、财政金融、房地产经济、城市经济、商业贸易等 12 个重点经济领域，为把握经济运行态势、洞察经济发展规律、研判经济发展趋势、进行经济调控决策提供参考和依据。

中国行业发展数据库（下设 17 个专题子库）

以中国国民经济行业分类为依据，覆盖金融业、旅游业、交通运输业、能源矿产业、制造业等 100 多个行业，跟踪分析国民经济相关行业市场运行状况和政策导向，汇集行业发展前沿资讯，为投资、从业及各种经济决策提供理论支撑和实践指导。

中国区域发展数据库（下设 4 个专题子库）

对中国特定区域内的经济、社会、文化等领域现状与发展情况进行深度分析和预测，涉及省级行政区、城市群、城市、农村等不同维度，研究层级至县及县以下行政区，为学者研究地方经济社会宏观态势、经验模式、发展案例提供支撑，为地方政府决策提供参考。

中国文化传媒数据库（下设 18 个专题子库）

内容覆盖文化产业、新闻传播、电影娱乐、文学艺术、群众文化、图书情报等 18 个重点研究领域，聚焦文化传媒领域发展前沿、热点话题、行业实践，服务用户的教学科研、文化投资、企业规划等需要。

世界经济与国际关系数据库（下设 6 个专题子库）

整合世界经济、国际政治、世界文化与科技、全球性问题、国际组织与国际法、区域研究 6 大领域研究成果，对世界经济形势、国际形势进行连续性深度分析，对年度热点问题进行专题解读，为研判全球发展趋势提供事实和数据支持。

法律声明